いま、学力を考える

九州大学教育学部［編］

九州大学出版会

序
——『いま，学力を考える』の発刊にあたって——

　　　　　　　　　　　　　　　　　九州大学教育学部長　　針塚　進

　九州大学では，入学試験にアドミッション・オフィス方式という入学試験方法を一部学部等において取り入れており，これは，大学入試センター試験や前期日程・後期日程などで実施される学科試験とは全く異なる方式であります。従来の英数国のような学科試験とは異なる方法によって学生の能力を測り，その能力が学生の大学における学習・研究の展開に期待できるという考え方に基づいています。他方では，最近の入学生の学力が低下している，という見解に基づき，平成16（2004）年度の一般入学試験からは入試センター試験の受験すべき科目数を5教科7科目に増やすことも決定しています。このような入学試験方法の多様化は，今後の入学選抜試験の動向でもあります。このことは，大学が多様な個性を持つ学生を求めているということであり，それは，学科試験によって測られる個性，あるいは討論を展開できるような自己表現力や講義等の要約能力などの個性であります。もし，大学での学習や研究を行いうる能力を学力とするならば，大学は学力を学科試験の得点によって示される能力だけでなく，個人が持つ多様な能力と捉えている，ということになります。

　もともと「学力」問題が話題になり始めたのは，学校の週5日制導入と「ゆとり」教育という考え方に基づく教育課程の改正によって子どもたちの学力が低下した，あるいは低下するのではないか，という議論からでありました。ところが，「ゆとり」教育の背景には，学校の現場での不登校や授業についていけない児童生徒の急激な増加ということがありました。つまり，

「受験」勉強を中心とする「詰め込み」教育を反省するという視点から「ゆとり」の時間や「総合学習」の設定が方向付けられたということです。この「ゆとり」の時間や「総合学習」の時間によって，様々な体験学習や一つの事柄を広い視野に立って見たり・考えたりする学習が行い得る，という効果も上がっているともいわれています。しかし，他方でこのような公立学校の一括した方向転換は，学科試験の成績によって測られる学力が諸外国と比較して低下したのではないかという議論や「受験」を常に射程においている中高一貫教育の私立学校との較差という不安を保護者に引き起こしました。

　最近では，東京都のある区では学力テスト成績の平均点を学校ごとに公表することを決定したといいます。また，習熟度別の授業の取り入れや始業前と下校前に算数や国語のドリルの繰り返しを毎日行う，そして，休みになった土曜日には地区の公民館で「算数・数学」の特別勉強会を保護者が企画しているところもあるようです。さらには，「学力向上コンテスト」を開催し，成績の良かった子どもを表彰することまで行うところも出ているといいます。

　「学力」についての考え方やとらえ方が多様であるばかりでなく，教育をうける子どもも多様な個性を持っている。子どもの持つ個性をどのように認めるかということが，個性を学ぶ力として発揮させるように思われます。

　平成14 (2002) 年度の九州大学文系社会貢献委員会企画の一環として教育学部の責任で「いま，学力を考える」の公開セミナーと公開シンポジウムを開催できたことは時期を得たものであります。この企画の実施にあたっては，文部科学省金森越哉審議官，大槻達也教育課程課長，福岡県教育委員会，福岡県教育センターをはじめセミナーとシンポジウムの講師となって下さった方々の多大なご理解とご協力を戴きました。また，本学文系社会貢献を全面的に推進して戴いている梶山千里総長，早田憲治事務局長と文系社会貢献委員会のバックアップと教育学部の住田正樹教授を中心とした教職員の皆様のご尽力によって実現致しました。これらの皆様のご理解，ご協力とご尽力に感謝申し上げます。

目　次

序——『いま，学力を考える』の発刊にあたって——………針塚　進　i

はじめに——問題の提起——　………………………………住田正樹　1

第Ⅰ部　いま，学力を考える（Ⅰ）
——公開シンポジウムから——

［提案1］学力問題と新しい学習指導要領　………………………大槻達也　11

［提案2］親の立場から学力問題を考える　………………………野上兵一　19
　　　　　——保護者の意識調査の結果から——

［提案3］学力を考える——企業等の面から——　………………石川史郎　26

［提案4］学力を問い直したカリキュラムマネジメント　……中留武昭　33
　　　　　——学力の定着を目指した学校づくり——

第Ⅱ部　いま，学力を考える（Ⅱ）
——公開セミナーから——

第1章　学習指導要領と学力

［提案1］今日の学力問題への学校現場の取組み　…………佐々木秀成　50
　　　　　——高等学校の対応を中心として——

［提案2］「育つ力」と学力　………………………………………倉本哲男　59

［提案3］新学習指導要領と「学力」の基盤　……………………中留武昭　68

［コメント1］第1回セミナーを振り返って　……………………土戸敏彦　73

［コメント2］這いずり回る「教授者」から見た「学力」　…久米　弘　78

第2章　学力と「総合的な学習」

［提案1］高校教育行政の立場から，
　　　　　「教育の正道」をめざす……………………………今泉柔剛　*84*

［提案2］国際的な学力観から見た「学力」水準と
　　　　　総合的な学習………………………………………坂野慎二　*93*

［提案3］実社会で必要とされる学力と
　　　　　教育改革のダイナミックス………………………吉本圭一　*101*

［コメント］「総合的な学習」と学力………………南里悦史・吉本圭一　*109*

第3章　中学生・高校生の学力問題

［提案1］学力を向上させるために………………………………北島龍雄　*120*

［提案2］国際競争力回復に向け，「教科書内容の充実による
　　　　　喪失学力の再生」を…………………………………筒井勝美　*136*

［提案3］もうひとつの学力問題から考える……………………吉谷武志　*150*
　　　　　──多文化的な環境に生きる子どもたちの場合──

［コメント］学力問題の多様な教育的文脈…………………………坂元一光　*164*

第4章　大学と学力──入試と大学での学び──

［提案1］大学生の学力問題とは何か……………………………新谷恭明　*172*

［提案2］大学が期待している学力………………………………武谷峻一　*175*
　　　　　──AO入試の実践を通して──

［提案3］大学生に求められる学力………………………………丸野俊一　*180*
　　　　　──創造的ディスカッション能力──

［質疑応答］………………………………………………………………… *190*

［コメント］「大学と学力──入試と大学での学び──」をふりかえって
　　　　　──「いかに生きるか」という問いをめぐって──
　　　　　　　　　　　　　　　　　　　　　　………野々村淑子　*197*

第5章　世界の学力問題

［提案１］韓国の学力議論と対応，そして今後の課題 ………鄭　廣姫　208

［提案２］シンガポールにおける学力問題 ……………………竹熊真波　216

［提案３］欧米の学力問題 ………………………………………望田研吾　222
　　　　　──イギリス・アメリカを中心に──

［質疑応答］………………………………………………………………………228

［コメント１］各国の様々な試み ………………………………稲葉継雄　234

［コメント２］４ヵ国の取組みから ……………………………竹熊尚夫　238
　　　　　──「それぞれ」の学力観の模索──

第Ⅲ部　学力問題をめぐって

［公開シンポジウム］二つの学力観と子どもの学力問題 ……松田武雄　245

［公開セミナー］子どもと学力のリアリティはみいだされたか
　　　　　──公開セミナーを終えて──
　　　　　　　　　　　　　　　　　　　　　………吉谷武志　257

あとがき……………………………………………………………住田正樹　271
九州大学教育学部「公開シンポジウム」・「公開セミナー」一覧 ……273
九州大学教育学部社会貢献実行委員会委員・実施委員 ………………275

はじめに ── 問題の提起 ──

九州大学教育学部教授　住田　正樹

1．現代の学力問題

　いま,「学力低下」をめぐる論議が盛んに行われております。しかし, 学力低下の問題は何も今日に限ったことではなく, これまでにも何度か論議されてきました。既に1950年代には, 戦後教育によって子どもたちの学力が低下したのではないかという指摘が多方面からなされたため, その事実を確かめるべくさまざまな学力調査が行われました。そうした調査報告のなかには, 算数の力は戦前に比べて2ヵ年以上も劣っているというショッキングな報告もあって, 学力低下の問題は大きな社会問題となりました。この1950年代の学力低下の問題を第1期としますと, 第2期の学力低下の問題は, 1970年代におこりました。1970年代になると, 授業についていけない子どもたちのことが問題になりました。半数以上の子どもが授業を理解できていないという調査の結果が報告されて,「落ちこぼれ」という言葉が生まれました。そして「落ちこぼれ」を恐れて塾が繁盛し,「乱塾時代」と言われたのも, この1970年代です。

　そしていま, 三たび「学力低下」の問題がクローズアップされているわけです。ですからいまの「学力低下」の問題は, 第3期の「学力低下」問題だと言ってもよいでしょう。

　しかし, いま正に論議されている, この第3期の「学力低下」の問題は, これまでの第1期, 第2期とは違って, たんに教育界のみならず, 国民全体

を巻き込んだ非常に大きな社会的話題とも言えるほどにまで拡大して，広い範囲のなかで論議されています。これまでの第1期，第2期での「学力低下」の問題も，確かに大きな社会問題でしたけれども，しかしそれは，初等・中等教育を中心として，教育行政と教育現場，あるいは一部教育学者が加わった，いわば教育界のなかだけでの問題でした。しかしいま論議されている，この第3期の「学力低下」の問題は，国民全体を巻き込んでの社会問題になっていると言ってもよいでしょう。学力問題，そして学力に関わる教育問題がこれほどまでに広範囲にわたって論議されるのは，これまでにはなかったことです。新聞，雑誌，テレビなどのマスコミも頻繁に特集や特別番組を組んで，大々的に取り上げておりますし，また教育関係団体はいうに及ばず，経済団体や労働団体なども「学力低下」の問題についてさまざまな発言や提言をしています。民間の教育研究機関のなかには独自に学力調査を実施して，「学力低下」の現実を示しているところもあります。研究者の集まりである学会もそれぞれに「学力」をめぐってのシンポジウムや討論会を開いております。

　いま，盛んに論議されております，この第3期の「学力低下」の問題には，これまでの第1期，第2期の論議とは違って，大きく3つの特徴があるように思います。1つは，「学力低下」の問題が高等教育である大学から提起されたということです。これまでの学力問題は初等・中等教育が中心でした。しかし今回の，第3期の「学力低下」の問題は，大学教育の惨憺たる現状に危機感を抱いた大学教員のグループがいろいろと調査をし，その現状を公表したことが論議のきっかけになりました。『分数ができない大学生』(1999)，『小数ができない大学生』(2000)，『算数ができない大学生』(2001)（いずれも岡部恒治・戸瀬信之・西根和雄編，東洋経済新報社）が論争のきっかけになったのです。今日の大学生の，例えば数学の力は，中学生レベル，問題によっては小学生レベルでしかないという実に惨憺たる状況が大学教育の現場から報告されたわけです。しかも小・中学校レベルの数学力しかないという，その大学生が日本を代表する有名国立大学や有名私立大学の学生でしたから，なおさら人々の大きな関心と反響を呼んだのです。そのために学力問題は国

民的な広がりを見せて，教育問題としてのみならず社会問題として浮上してきたのです。第1期，第2期と違い，国民の間に広く論議を巻き起こした社会問題だということ，これが第3期の第2の特徴です。日本PTA全国協議会が2002年に公立小・中学校の保護者6,000人を対象とした調査によりますと，約75％もの保護者が学力低下に懸念を抱いております（『内外教育』2002年8月27日付）。ですから実に多くの人たちが「学力低下」の問題に関心を持っているわけです。

　そして第3に，「学力低下」の問題は，高等教育である大学から提起されましたが，それが初等教育・中等教育の学力問題にも波及していったこと，また「学力低下」の原因として大学入試，学習指導要領，文部科学省の教育政策や地方教育行政，さらには教員の資質問題，保護者のしつけ問題，幼児教育の問題までもが指摘されるようになって，正にあらゆる教育問題がこの「学力問題」に関連づけられ，あらゆる教育問題が「学力問題」に凝集されて論じられているということです。

　「学力低下」の問題は，唯一，人的資源に依存しなければならない日本にとって，きわめて重要な問題です。戦後日本の経済復興を成し遂げてきた経済力や技術力が日本人の基礎学力によるところが大きいことはよく知られています。しかしその経済力や技術力を支えてきた学力が低下しているとなれば，日本の将来にとって正に危機的と言わざるを得ません。ですから早急に対策を講じなければなりません。しかし，そのためには，単なる抽象的な論議を繰り返すのではなく，遠回りのようですけれども，まず私たちが直面している現実を実証的に把握することから始めなければならないと思います。何よりも問題なのは，これまでに行われてきたさまざまな教育改革が，その結果を何ら検討もせず評価もせず，したがって根拠が曖昧なままに，次々と実践されてきたということです。しかも「ゆとり教育」とか「生きる力」とか「豊かな心」といったような曖昧な抽象的概念に基づいて実践されてきたために多くの人々には，言葉（概念）だけの内実に乏しい改革が次々と繰り返されているようにしか映っていないのではないかと思います。ですから，そうした教育政策の結果の現実を実証的に，具体的に把握し，究明していく

ことが何よりも必要だと思います。

2．「学力低下」の原因

　こうした「学力低下」の原因としては，上記のようにさまざまな問題が指摘されていますけれども，これまでの論議を見ますと，大きくは大学入試制度の問題と学習指導要領の問題の2つにまとめられるように思います。

　大学入試制度の問題というのは，要するに大学入試科目の問題です。これまで，大学は学生を確保するために「入試の負担軽減」を図って，受験しやすいように入試科目を減らしてきたわけです。しかしそうすれば当然のことながら受験生は入試科目しか勉強しなくなります。そのために大学に入っても，専門科目を学ぶのに必要な基礎的学力，基礎的知識が欠如してきているのです。経済学部の学生なのに経済学に必要な数学の知識がない，医学部の学生なのに医学に必要な生物学の知識がない，法学部の学生なのに政治学に必要な世界史の知識がない，というわけです。そのために最近は新入生を対象に補習をする大学も出てきました。またそうした欠陥を補うために来年度（2003年度）の入試から国立大学はセンター試験の科目を増やす方針を打ち出しています。実際は，大学入試のあり方が高校以下の教育を縛っているともいえるでしょうから，大学入試科目数や出題範囲の変更は大きな影響を及ぼすでしょう。しかし数ある大学のなかでそれを実行できるのは一部の上位の大学に過ぎません。学生確保に奔走している大学では入試科目数を増やしたり出題範囲を広げたりすれば学生が逃げるだけですので，したくてもできないのが現状でしょう。

　学習指導要領の問題というのは，平成元（1989）年に旧文部省が学習指導要領を改訂して提唱した「新学力観」に関わる問題です。旧文部省は，それまでの知識重視の教育を反省して，子どもたちが自ら学ぶ自主性や主体性，思考力や判断力を重視するような教育へと転換させようとしたわけです。子どもたちが「自ら考え，自ら学ぶ」力の必要性を強調しました。この，子どもの自主性と主体性を重視した考え方を，それ以前の，伝統的な「知識」重

視の学力観と区別して「新学力観」と呼んでいます。それ以前は知識重視の詰め込み教育が行われていたために授業についていけない，いわゆる「落ちこぼれ」の子どもたちが続出してきた，だからそうした「知識偏重」教育を脱して，もっと子どもたちに「ゆとり」を持たせ，子どもたち一人ひとりの自主性と主体性を尊重して，子どもたちが自らの学習意欲にしたがって学んでいけるような，個性に応じた教育を行おうというわけです。これが新学力観の考え方です。「ゆとりのある充実した学校生活」を目標に掲げたのです。そのためにどうしたかというと，授業時間や教育内容を削減したのです。授業時間や教育内容を削減して「ゆとり」ある教育をすればすべての子どもたちが授業を理解できるようになり，「落ちこぼれ」はなくなるだろうというわけです。しかし実際に授業時間や教育内容を削減してどうなったかというと，子どもたちの学力低下をもたらしたのです。授業時間が減り，教える内容が減れば，当然に子どもたちが習得する知識量は大幅に減ることになるでしょう。しかし1999年の教育白書には「ゆとり路線でも児童生徒に学力低下の懸念はない」と述べられています。「生きる力」が向上しているからだというのです。「生きる力」とは1996年の中央教育審議会答申で登場してきた言葉です。しかし「生きる力」とは一体何のことでしょう。

3．学力問題を巡る諸問題

しかしながら，今日の「学力低下」が大学入試制度や学習指導要領から引き起こされた問題なのかどうかは未だ明確には分かりません。それどころか実際に子どもたちの学力が低下しているのかどうかさえ未だ明確ではないのです。未だに「学力低下」を証明する十分な資料がないのです。確かに理数系の科目では学力が低下しているという資料があります。理数系の科目の教科内容は系統的になっていますから，基礎的知識が不足していれば，はっきりと評価に表れます。しかし英語とか国語とかの人文系はどうか，あるいは社会系はどうかといいますと，学力低下を示す資料は未だ何もないのです。

ですから先に言いましたように，まずは子どもたちの学力の実態を正確に

調査し，分析し，検討しなければなりません。その上で，抽象論や印象論ではなく，その事実に即して具体的に論議を展開していかなくてはなりません。果たして事実はどうなのか。実際に小学生，中学生，高校生の学力は低下しているのかどうか，低下しているとすればそれは一部の科目なのか全科目なのか，その原因は一体何なのか，学力低下を防ぐためにはどのような対策が必要なのか，授業時間を増やし，教育内容を増やしさえすれば学力は向上するのかどうか，そしてまた今日の大学生の学力低下は事実なのかどうか。大学生の学力低下を問題にしているのはもっぱら理数系の大学人だけれども文科系，社会科学系の大学人はどのように判断しているのか。大学生の学力低下は大学入試科目数や出題範囲を増やせば解決できる問題なのかどうか。そもそもこれからの社会に必要な学力とは一体何なのか。

こうした問題は，子どもたちの「自ら学ぶ意欲」とか「自ら問題を解決していく力」が必要だとか，あるいは「生きる力」が必要だとかといったような，響きはよいが，抽象的で，定義さえ明確にできないような言葉だけを横に並べたところで解決できる問題ではありません。

4．「公開シンポジウム」と「公開セミナー」の趣旨

2002年12月に文部科学省は，その年の1月から2月にかけて実施した小学生・中学生の学力テスト（「教育課程実施状況調査」）の結果を公表し，「学力低下の傾向はなく，全体としてはおおむね良好」とのコメントを出して，学力低下を否定しました。これに対して多くの研究者は集計・分析方法に疑問を呈し，マスコミも疑問を投げかけて，むしろ学力低下の傾向を指摘しました。学力の低下が事実だとすれば，深刻な問題だと言わざるを得ません[注]。

しかし，子どもたちの学力が低下しているにしろ，そうでないにしろ，学力の問題は，文部科学省や教育行政，あるいは一部の教育関係者に任せておけば済むような問題ではありません。問題を解決していくためには，一般の親，一般の人々の参加がどうしても必要なのです。もっとも一般の親や一般の人々の参加が必要なことは，何も学力の問題に限ったことではなく，あら

ゆる教育問題について言えることです。子どもは，もちろん学校教育において多くを学びますけれども，家庭や地域社会においても多くを学びますし，また多くの影響を受けるからです。

ですから，学力の問題も，多くの人々の参加を得て事実に即して具体的に考えていかなければなりません。それも特定の意見や視点に偏ることなく，幅広い視点から考えていく必要があります。

こうした問題意識から私たち九州大学教育学部では，市民の方々を対象にした学力を巡っての「公開シンポジウム」と「公開セミナー」を企画しました。そしてセミナーでは身近な，具体的な学力に関わる問題を取り上げることにし，シンポジウムでは全般的な学力の問題を取り上げることにしました。しかし学力に関わる問題といっても実に多様な問題を含んでいますから，セミナーは5回に分けて行うことにし，教育学専攻の教官が5つのグループをつくって担当することにしました。そして私たち教官の研究領域も考慮して，「学習指導要領と学力」，「学力と『総合的な学習』」，「中学生・高校生の学力問題」，「大学と学力」，「世界の学力問題」の5つのテーマを考えました。シンポジウムについては，このシンポジウムとセミナーの企画のために設置された社会貢献実行委員会の事務局が担当することにしました。「公開シンポジウム」においても「公開セミナー」においても，学力問題を幅広い視点から，具体的に取り上げるようにし，講師の先生方には分かりやすく話していただくようにお願いいたしました。ただし本書では，紙数の関係上，一部の資料については割愛させていただきました。

注） しかし文部科学省は，平成15（2003）年5月12日に，この小学生・中学生の学力テスト（「教育課程実施状況調査」）について教科ごとの詳細な分析結果を公表した。そのなかで，数学や算数，英語などで基礎的な知識・技能や日常生活に関連づけた理解力が不足しているとして学力低下の傾向を指摘している（「毎日新聞」平成15（2003）年5月12日付による）。

第Ⅰ部

いま，学力を考える（Ⅰ）

―――公開シンポジウムから―――

[提案1]

学力問題と新しい学習指導要領

文部科学省教育課程課長　大槻　達也

　今回は，九州大学教育学部主催の公開シンポジウムにお招き頂きまして，このような機会を与えて頂きましたことをまずお礼を申し上げたいと思います。

　平成14（2002）年度という年は非常に教育，学校教育にとりまして，大きな動きのあった年でございまして，この中にも学校の先生方もいらっしゃるでしょうし，保護者の方もいらっしゃると思います。まずは大きくは，小中学校で新しい学習指導要領が完全実施に移された年，それから高校まで通じまして完全学校週5日制が始まる。小中学校の指導要領の中でも総合的な学習の時間という新しい領域が入ってきた。さらには評価の問題が，いわゆる相対評価と言われたものから絶対評価へ変わってきたというようなこと，さらには直接，子どもにすぐにどうということはありませんけれども，学校の自己点検，自己評価が，小中高等学校を通じて努力義務にされて，情報を提供するということが義務化された最初の年であります。そういったことでいろいろな大きな，一つひとつとってみても大きな改革の流れが一挙にこの平成14（2002）年度という年に集まったわけでございます。

　新指導要領をめぐりまして，学力問題について，大きな議論がありました。これまで，学習指導要領といいますと，学校の先生，あるいは教育行政，さらには教育関係の学者さんだけのどちらかというと狭い議論であったものが，今回の学習指導要領については，学力問題ということで，かなり広範な方々の関心を呼んで，いろいろな活発な議論が行われたということでは，大きな

意義があったんだろうというふうに思っております。そのことをこれから皆様方にお話をさせていただくわけでございます。

1．これからの時代に求められる学力とは

　まずその前段と致しまして，新指導要領，平成14（2002）年度から行われております新指導要領がどういうものなのかということを中心に私の方でお話をさせて頂きたいと思います。新しい学習指導要領は平成14（2002）年度から実施されているわけでございますが，このもとになりましたのが，平成8（1996）年，もう6，7年前でございますけれども，中央教育審議会というところで，これからの21世紀，どういうふうに教育を行っていったらいいかということをお考え頂いたわけでございます。そこで，これからの子どもたちに求められる学力は一体どうあるべきかというようなことをご議論頂いたわけでございます。その前提になりましたのが，その当時の子どもたちの状況と，これから考えられる世の中の変化ということを踏まえているわけでございます。配付資料にあります通り，最初に，「これからの時代に求められる学力とは」とあるわけでございます。21世紀というのは，20世紀も相当変化が激しい時代であったわけでございますが，21世紀というのは，これまで以上に，我々が想像できないぐらい激しい変化がやってくる時代，特にその中でこれから育っていく子どもたちというのは，基礎・基本はもちろんしっかり押さえてもらう必要があるわけですけれども，それだけではなくて変化に自分で進んで対処していくような力を身につけるという必要があるということで，当時「生きる力」という言い方がされたわけでございます。これは今でも「生きる力」として私ども使っているわけでございますが，「生きる力」ということを全面に出した教育の考え方というのが中教審から平成8（1996）年に答申されたわけでございます。

　それを受けまして，教育課程審議会というところが，学校教育の基準となる学習指導要領のもと，考え方をご審議頂く審議会でございますが，そこで，今の中教審の「生きる力」というような大きな考え方を受けまして，答申を

平成10 (1998) 年に頂いて，それをもとに学習指導要領ができました。それをこの平成14 (2002) 年度から小中学校で実施していくという大きな流れになるわけでございます。その中で，知識・技能というのはもちろん重要でございます。それは，単なる知識の量だけではなくて，学ぶ意欲や思考力・判断力・表現力なども含めて大きな学力として捉える必要があるということでござまいす。もちろん「生きる力」といった時には今言うような確かな学力だけではありません。豊かな心，それから体力ということを合わせて「生きる力」という風に言っているわけでございます。この3要素がこれからの時代に必要であるということでございますが，本日は学力ということを中心にお話しするということでございますので，学力面に焦点を当てていきたいと思います。

　ここ数年のいわゆる学力をめぐるいろいろな考え方を私なりに整理してみますと，学力というのがどうも論者によっていろいろな捉えられ方をしているというところで，意見，議論がかみ合わないというような面もあったかと思います。大きく分けていいのかどうか分かりませんが，一つには，従来から学力の中心的な考え方とされております，知識・技能というところを学力ととらえる考え方と，それからもう一つは，それも重要だけれどもそれだけではなくて，学ぶ意欲，思考力，判断力，表現力も含めて学力ととらえるべきだという考え方があります。中央教育審議会なり教育課程審議会，文部科学省は後者の学力観をとっているわけでございます。ここで留意しなければいけないのは，この学力というのは，実は決して二律背反，相対立するものではないということでございまして，広い学力観，我々のとっているような広い学力観であっても決して，基礎・基本，知識・技能というものを軽視すべきではないということでございます。知識・技能が身に付いていないところに思考力・判断力というのはないわけでございますので，それを欠いた議論はいけないわけでございますが，どうもそこが幅広い学力観の方は知識・技能を軽視しているんではないかという議論が，知識・技能を学力と捉える方々，狭い学力と言いますか，そういう方からなされたわけでございますが，そこは，違うということでございます。そこに留意する必要があるだろうと

思っております。われわれは，広い，バランスがとれた学力と言いましょうか，それを「確かな学力」というふうに言っているわけでございます。これをこれから目指していくべきではないかということでございます。

2．子どもたちの学力の現状

子どもたちの学力の現状は，ではどうなのか。これは指導要領をつくる前の現状でもありますし，それから今に至っても引き続く現状であろうかと思いますが，全体として概ね良好であると。知識・技能やそれを活用する力というのは国際的にも上位にあるということは言えると思います。しかし学習内容を十分理解できていない子どもが少なくない，あるいは勉強が必ずしも好きではない，学ぶ習慣が身に付いていない，あるいは子どもの学びを支える自然体験・社会体験が不足している，そういった問題があるというふうに認識しております。

我々はいくつかの調査をもとにそういう議論をしているわけでございますが，ひとつには国際的な調査と言いますと古くはIEA（国際評価学会），国際理科数学到達度調査，というのがありまして，その調査では，一貫して日本の子どもたちの数学，理科の学力は上位にあるわけでございます。これは旧来型の知識・技能を中心としたペーパーテストであるわけでございますが，もう一つ，2000年に行われました国際調査，経済協力開発機構が行いましたPISAという調査があるわけでございますが，これは読解力，それから数学的リテラシー，科学的リテラシーという3つの要素をはかっているわけでございますが，読解力では，フィンランドが1位グループ，日本は2位グループにあると，それから，数学や理科のリテラシーについては，1位グループに日本があるわけでございます。

この調査は非常に良い調査でございまして，聞いている内容が単なる知識・理解ということではなくて，生きて働くような学力をはかろうということでございます。例えば，全部の問題が公表されているわけではないんですが，公表されている問題もありまして，ご覧頂いた方はお分かりだと思いま

すが，確か19世紀だったと思いますが，オーストリアの医者の日記を題材にしています。その頃はまだ出産の時の産褥熱という病気が分からなかった。ただどうもその時期に亡くなる方が多いということで，その原因をどうやって追求していくかということを，ある医師の日記から，いろんな証拠をとりながら読解していくわけでございますが，そういうテストでも，日本の子どもたちは非常に成績が良いという結果が出ているわけでございます。従って，決して日本の子どもたちの学力状況が全体として悪いわけではないのでございます。

　もう一つ大きな調査として引用させて頂きたいのは，資料にもございますが，平成13（2001）年度の小中学校教育課程実施状況調査というものがございまして，これは，45万人の小中学生に実施した調査で，12月に発表致しましたのでご記憶の方も多いかと思います。小学校の4教科と中学校の5教科について実施を致しました。私どもがとりました手法は，外部の専門家の方に問題をつくって頂くとともに，学習指導要領で想定される指導を行った場合に何割くらいの方が正解，あるいは準正解をされるかということを設定通過率というふうに致しまして，それと実際の結果を比べるという手法をとったわけでございます。その結果，延べ23教科のうち20教科では設定通過率と同等以上であったということでございます。他方，過去に平成5，6（1993, 1994）年と6, 7（1994, 1995）年にやっておりますものと同一の問題を全体の3分の1ほど入れてございましたが，それと比較したところ，延べ23教科中3教科が上昇して，10教科が同様，10教科が低下というところでございます。マスコミの報道では，10教科低下というところが大きくなって，確かに算数・数学と社会についてはかなり同一問題では低下しているという傾向があったわけでございますが，上昇している，あるいは低下しているといっても変化の幅はおおむね3～4％以内という状況であったわけでございます。

　ただ私ども，先ほどのPISAなり今回の調査で非常に注目しておりますのは，何点とったかとか何割ということとともに，同時にアンケート調査を実施しておりまして，そちらの方とのクロス集計もかなり重視しているわけ

でございます。一つは，両方の調査で言えることでございますが，わが国の子どもの学ぶ意欲というものが他の先進国に比べても低い，あるいは学習習慣が身に付いていない子どもが多いということが言えるわけでございます。ペーパーテストでパフォーマンスが多少良くとも，学ぶ意欲が低いということであると，これはもっと大きな問題であろうというふうに私どもは思っております。そういったことで，子どもたちの学ぶ意欲をどのように向上させるかということが一番大きな課題であろうかというふうに思っているところでございます。それで，いくつかのヒントになるようなものが今回の調査で分かっているわけでございますが，アンケート調査とペーパーテストの結果の関係ということでございます。これは極めて当たり前のことが出てきたと言えるかもしれません。まず，授業で分からないことがあった場合にどうするか，というふうに問うたところ，自分で調べたり先生に聞くと，要するにほっとかないという子どものペーパーテストの成績が良かったということでございます。それから基本的な生活習慣が身に付いている子どもの成績もいい。それから先生の方が宿題を出したり，発展や補充の指導をしている，そういった受け持ちの子どもほど成績が良いと。これらは相関関係でございますが，そういったことがありまして，私どもこれからのヒントになるのではないかというふうに考えております。

　こういった全国的な調査をこれからも継続してやっていって，指導の改善なり学習指導要領の改善に役立てていきたいというふうに思っているところでございますが，他方，これは飽くまでも全国平均の話でございます。我々重要だと思っておりますのは，それぞれの地域，都道府県でも結構ですし，市町村単位でも結構です。あるいは学校単位でもいいんですが，具体的に自分たちの子どもの学習の状況，学力の状況というのを把握して頂いて，それで，課題があればその課題に応じた具体的な改善を是非して頂きたいということでございます。私どもが推奨しておりますのは，例えば個に応じた指導ということで，習熟度別指導を取り入れてやって頂きたいということをお願いしているわけでございます。これについては，かなり最近の調査では取り入れている学校が増えてきております。これによって刺激されているのは，

これまで分からなかったという子どもが分かるようになったということで一番良かったという，これは子どものアンケート調査でも出ているわけでございます。ただし，ここで留意しなければいけませんのは，習熟度別の集団を固定してしまったり，あるいはその逆にその子どもたちのやる気を失わせるようなやり方でやるということは，これは逆効果になるわけでして，これは子どもの集団の分け方，あるいはどういう場合に習熟度別指導を行うかということ，あるいはネーミングの問題等といろいろと留意して頂きたい。特に重要なのは，そういうことをやるということについて，特に学年が上がっていく場合は子どもたちにも十分その意義というものを分かってもらう。あるいは保護者の方にも説明して理解を得ながら進めていくということが必要ではないかというふうに思っているところでございます。

3．新しい学習指導要領のねらい

　新しい学習指導要領のねらいは，お読み頂ければお分かりだと思いますし，後ほどいろいろなご質問が出てくれば，お答えする機会もあるだろうと思います。一番大きなことは，「生きる力」を育むためにどうしたらいいか，例えば学力で言いますと「確かな学力」を育むということで，どうしたらいいのかということでございます。一つには教育内容の厳選ということが言われております。よく3割削減ということだけが表に出てしまうわけでございますが，3割削減というのは，卒業するまでに習うことが3割減るということでは決してございません。例えばある学年をとってみれば学習内容が3割減るということもあるわけでございます。これはどういうことかと言いますと，例えば小学校と中学校で図形の合同というのを両方習うんですけれども，小学校で習う部分を中学校に統合するとか，あるいは小学校の保健体育と理科で人間の体というのを学んでいるのを片方に回せるというような，移行統合を中心にしてかなりの部分を減らしているところがありますので，全く7割になるということではありません。その点は誤解があって，3割も習うことが減るのかという風に誤解になることもあるかと思いますが，決してそうで

はないということでございます。

　もう一つ大きな点は「総合的な学習の時間」の導入ということでございます。これは、これまでの教科だけでは得られないような、体験ですとか問題解決的な学習をやっていこうということで導入された時間でございます。移行期間中を含めまして、小中学校では3年目ということもありまして、かなり全国的にはいい取り組みが出ていると思います。相当これで学校が変わったと、あるいは子どもが変わったという声も聞いておりますが、他方、まだまだ「総合的な学習の時間」の趣旨を活かしきれていない学校もあろうかと思います。例えば、単に体験主義に陥ってしまったりしているような学校もあるので、そこでご留意頂きたいのは、「総合的な学習の時間」といって、何でもその場で、子どもたちの意志を尊重してやるということではなくて、学校としてあるいは学年として、どういうことを「総合的な学習の時間」で子どもたちに身につけてもらいたいのかということを明らかにして、それに応じたカリキュラムを一応もってみると。カリキュラムをもったうえで、子どもたちに合わせていく、「総合的な学習の時間」を展開していくということが必要なのではないかというふうに思っております。

　時間もかなり参ってきておりますので、一度締めたいと思いますが、相当、平成14（2002）年度の初めには新学習指導要領ないし完全学校週5日制に対する不安の声も多かったわけでございます。PTAもそうです、後でご報告もあろうかと思いますが、まだまだ学年の初めではそういう声が多かった。最近出てきている、ただこれは規模が小さい調査なので全国的な傾向と言えるかどうか分かりませんが、東京の世田谷のPTAの調査ですとか、あるいは地域の調査でいうと、5日制について肯定的な意見の方が増えてきているという状況もございます。あるいは総合的な学習についてのご理解も進んでいるというようなことも出てきておりますので、是非、新指導要領ですとか総合的な学習の時間、5日制の趣旨というものが、定着するようにしていきたいというふうに思っております。

［提案２］

親の立場から学力問題を考える
――保護者の意識調査の結果から――

日本PTA全国協議会常任幹事　　野上　兵一

　石川県PTA連合会の会長をしております野上と申します。日本PTA全国協議会では昨年度（2001年度），教育問題委員会の委員長をさせていただいていた関係上，この場にお呼びいただいたと思っております。よろしくお願いいたします。日本PTA全国協議会は，全国に60協議会ございまして，それの集まった団体でございまして，会員数1,100万人ということで，かなり大きな団体でございます。60協議会というのは48都道府県プラス，政令指定都市あわせて60協議会ということでございまして，その会長さんが集まって，全国協議会の活動をしております。その中で，教育問題を考える委員会が教育問題委員会ということでございます。

1．学校教育改革についての保護者の意識調査

　私は石川県PTA連合会の会長をして3年目になるんですけれども，その前に金沢市のPTA協議会の会長をしていたんですが，その時から，「平成14（2002）年の4月1日から完全学校週5日制になるよ，それから新学習指導要領が導入されるよ」ということで，「どうなるんだろう，どうなるんだろう」ということをいつもPTAの仲間たちと話して，保護者の間でもいろんな疑問やら不安なり心配がいっぱい出てきていたわけです。その導入前には，県，市の単位にですね，いろいろ説明はあったわけですけれども，今ひとつ分からないところがいっぱいあったというのがほんとうのところでござ

います。それで，県の会長をしますと，日本PTA全国協議会に出てきまして，文部科学省の課長さんとお話しする機会もあり，少しずつ分かるようになってきたわけでございます。

　まだまだ私自身も勉強不足ではありますけれども，一昨年（2001年）の教育問題委員会では，去年（2002年）の4月1日から教育改革が始まる，全国の保護者の方はどんな思いで，そしてどの程度までこの教育改革を分かっているのかな，それから期待しているのかな，どんなことを不安に思っているのかな，ということを問うてみようということになりまして，昨年（2002年）の5月から7月にかけて調査を行いました。お手元に資料があると思うんですけれども，学校教育改革についての保護者の意識調査報告書という，これは抜粋でございまして，いろいろたくさん項目があるんですけれども，今日は学力についてということなので，抜粋で資料をお持ちしました。全国のPTA会員の6,000人にアンケート調査をさせていただきました。1協議会100人ということになりますけれども，回収数は4,827で回収率は80.5％，かなり良い回収率で戻ってまいりました。調査の内容は，5日制，新学習指導要領，総合的な学習の時間，学力低下の問題，学校評議員，学校評価，学校選択，コミュニティ・スクール，それから教育基本法についてというのもありまして，このような項目で調査をさせていただきました。先ほども言いましたように，5月から7月にかけて，まだ始まってすぐなので，まだ意識だけの話でですね，実際，皆さんちゃんとわかっていてアンケートに答えられたのか，というところにちょっと疑問が残りますけれども，早速そうさせていただいたわけでございます。

2．学力低下の問題

　学力低下の問題について，昨年（2002年）の8月に全国協議会の全国大会が埼玉でありまして，その時に中間報告ということで発表させていただきました。8月に新聞報道なんかで一番言われていたのが，新学習指導要領による学力低下への心配ということでした。そこで，「新しい学習指導要領につ

いて学力の低下を心配する声がありますが，あなたはどのようにお感じになりますか」という問いがあって，その中で，「多少心配している」，「かなり心配している」というのを合わせると74.6％だった，という結果が出ています。全体の4分の3の保護者が，学力低下について「心配している」という調査結果が出ました。学習内容の3割削減と，先ほども課長の方から言われましたけれども，3割削減とかですね，そういう風に言われると，学力が落ちるんじゃないか，という保護者の心配が出てしまったのかな，と思います。これは，3割削減とマスコミ等で報道されてしまいますとどうもそれが頭の中に残っていまして，削減されると学力が低下する，という風に短絡的に思ってしまうことがかなり多かったかなあ，と思ってはいます。実際のところ，本当に低下したのかどうかは全然わかっていません。ただ意識的にはそういうマスコミ報道がありますとどうしても不安にかられてしまうというのが現実に結果に現れてしまったんじゃないかな，と思っています。

　細かく見ていきますと，学力低下もそうですけれども，現代の子どもに低下している力，という問いもありまして，「現代の子どもは，次のうちどのような『力』が低下していると感じますか」ということで，全体ではほとんどの保護者の方がですね，今の子どもはなんでも，学力もさることながらいろんな力が低下していると感じているわけです。自分の子を振り返ってみると，大体親というのは自分のことを一番先に基準において子どもを評価しますから，自分と比べたら，できなかったらすぐ力がついてないと思ってしまう傾向があります。それは皆さんもご経験があると思いますが，そういうことをちょっと頭に入れてこのアンケート調査を見ていただければいいと思います。

　最も指摘が多いのは，「自ら学び自ら考える力」，これが57.6％ですね，次に「自分の考えを表現し伝える力」，これが47.7％，「ものごとに進んで関わり解決する力」43.1％，こういう風に続いています。いくつ選んでもよいということでやりましたので，こういう結果になっておりますけれども，これを年齢別に見ますと，「自分の考えを表現し伝える力」の低下を指摘するのは若い親御さんが多くて，「基礎的な教養や深く考える力」と読み書き

計算ですね，基礎基本の学力がなくなっていると思っている親というのは45〜49歳，50〜54歳の保護者，という結果が出ております。皆さんはいかがでしょうか。やっぱり自分で学んで自分で考えて，自分でこれを学んでやろう，という意識，それから，自分の考えを相手に伝える力，というのは今の子どもに欠けている，ということを保護者の方は思っている，そういうことになりますと，今の新しい新学習指導要領は非常にあたっているということになると思います。

3．コミュニティ・スクールと教育改革について

アンケート調査の中のコミュニティ・スクールについてですが，コミュニティ・スクールといいますと，地域につくる学校ということでアメリカのチャータースクールに近い形のものを想定されることと思いますけれども，コミュニティ・スクールに賛成する層ほど高くなっているのは，「自ら学び自ら考える力」，「想像力やコミュニケーション力」，「学ぶ意欲や関心」という項目です。コミュニティ・スクールに賛成する方，つまり地域で子どもを育てようと思う方は，自ら学び自ら考える力を子どもにつけさせてあげたい，と思っている方が多いような，アンケート調査の結果であります。

次に，「現在進められている教育改革によって低下が心配される『力』」はどんなものですか，というアンケートですけれども，一番多いのは，「読・書・算など基礎・基本」，次に「基礎的な教養や深く考える力」，次に「自ら学び自ら考える力」ということで，基本的な知識がこの教育改革によって低下するんじゃないかと，いわゆる学力低下につながるんではないかという風に思っていらっしゃる保護者の方が結構いらっしゃるということです。これも先ほど言いましたように，3割削減といわれると，どうしても以前からの，新しい学力観ではない，普通の知識，理論が低下していくんじゃないかなという風に思ってしまう。私もそう思います。ですから，3割削減という報道は非常に影響力があったかなと思っています。実際のところはいま進んでいますので，どの程度なのかちょっと分かりませんけれども。

現在進んでいる教育改革に関わって低下している力について,「総合学習時間への印象」別に見ると,特に低下を心配していないとする割合は,「総合学習時間」に対してプラス効果を期待する人ほど高くなっているということでありまして,総合的な学習の時間を期待する人としてない人ではだいぶアンケートの結果が変わっているということであります。ただ,総合的学習の時間も,われわれ保護者にとってみると,あまりよくわかっていないところでありまして,本当にどんなことをやるんだ,そしてそれはどんな評価をするのかなということが非常に疑問でありますし,不安でありますし,心配でありますし,そういうことがここに現れているのかな,という気もします。そういうのもやはり,われわれ親が経験していないことなんです。われわれ小中学校で総合的な学習の時間がなかったですから,そういう保護者が新しいことを子どもに教えられるということがあると不安になるのは当然かな,というところもありますから,もっと保護者も勉強しなければいけないんでしょうけれども,学校ももっと説明をしていただきたいなというところだと思います。

　それから,新学習指導要領になったときの心配の度合い別が資料にありますし,それから5日制の問題についても資料にあります。5日制ですけれども,「完全学校週5日制について感じること」別に見ると,心配しているという割合は,完全学校週5日制に抵抗を感じている層ほど高くなっている。「安心して働きに出られないなど非常に困っている」や,「正直言って,まだ戸惑っているところである」という層では,学力の低下を心配している人は9割もいます。今ほとんどの親御さんが働きに出られていますので,ご自分で面倒を見られない場合があり,そういう意味では不安に思われる,これは当然のことだと思います。

4．不安に思う保護者——教育改革についてもっと説明を——

　アンケート調査に基づいて,今ざっと学力についてお話をさせていただきましたけれども,やはり不安に思っていらっしゃる方がほとんどであります

し，まして，今まで子どもの教育について関心のない保護者の方ほど不安に思っていらっしゃるということは間違いないと思います。今までずっと，自分で子どもの勉強を見てあげられるという保護者の方は，まあ一生懸命見てやればいいわ，というところもあると思うんですけれども，急に学校に行く時間が少なくなって，さあ家庭で教育してくださいよと言われた時に，そういう親御さんたちは非常に不安に思われてしまう，それは当然のことだと思いますので，そういう保護者の方にとって非常に不安な教育改革だということになるのかもしれません。

　教育改革，新学習指導要領は去年（2002年）の4月からですけれども，その前に，われわれは，ゆとり教育ということで，5日制になると，子どもにゆとりが生まれて，ゆったり学校教育をしていただけるのかな，という思いがありました。去年（2002年）の2月に，文部科学省の資料にも載っていますけれども，「学びのすすめ」が出まして，今までゆとり教育はゆっくりやればよいとわれわれは感覚的に思っていたんですけれども，「学びのすすめ」が出た時に，「あれ，また偏差値教育に戻ってしまうの」みたいなところがありまして，去年（2002年）の夏の全国協議会のパネルディスカッションでもその点を文部科学省の課長さんにはお話ししたんですけれども，なんかブレーキとアクセル一緒に踏んでいるようで，ちょっと戸惑いの感が非常にあったということは間違いないわけです。

　これは保護者だけではなくて学校の先生は，現場の先生は特にそれを思われたんじゃないかなと思って，現場では混乱されたかなと思います。私の子どもは，一番下は中学2年生なんですけれども，中学校に行って校長先生に，「これどう思います」と言ったら，「いや―困ったな」とおっしゃるんですね。4月からこういう風にゆとり教育とかカリキュラムを組んでいたのに，これはどうすればいいの，みたいなところがあって，「野上さんどうしましょう」と私に相談されても困るんですけれども，そういう戸惑いがですね，かなり現場ではあったように思います。だからその点，学力低下しないように，文部科学省の方が考えてご説明されたりされたわけですけれども，今まで勉強しなくていいということは思ってないと，文部科学省の方はおっしゃったん

ですけど、ゆとり教育、ゆとり教育とずっと聞いているわれわれにとってみれば、逆のことを急に言われた感覚になったわけです。ですからもっともっとそこのところの説明をね、われわれ何回も聞きましたけれども、現場の方にも説明するべきではないかなあと思っています。これでもう1年たちますから、浸透したのかもしれませんけれども、まだ分からないでいる保護者の方、先生方いらっしゃるんじゃないかな、と思っています。以上で終わります。

[提案3]

学力を考える ——企業等の面から——

経済同友会幹事　石川　史郎

　こんにちは，まずは九州大学で，これだけのシンポジウムを開かれるというのはおそらく国立大学でも初めてのことであると私は思いますし，非常に感動しています。またこういうふうにお招きいただきまして，非常に感謝しています。

1．学力を考える——学力の二つの側面——

　実は，私たちの周りは，このホールもそうですが，床，壁，天井，照明器具，その照明エネルギー，この机そして我々の服，みんな自然から削り取ったものです。私たちは，それを日常当たり前なことと思っているのですが，本当に自然に感謝し，自然と交わっているでしょうか。子どもたちに自然を見せていますか。自然の中に放り込んでいますか。感性を育てるためには，やはり子どもたちを自然の中におかなくてはならない。私の娘は小さい時のこと，よく覚えています。3歳の時です。甲山（カブト）っていう山に行きました。夏になるともう暑くて，クーラーは自宅についていませんから，涼むために夕方その甲山に登るんです。みんな下山した後です。お日様はずうっと遠いところにあるんですが，夏でも西に沈むお日様っていうのは大きい。子どもに聞かれます。「どうしてお日様は大きくなるの。どうしてお日様が沈む時は上がってくる時と違うの」って質問する。何でも，「どうしてどうしてどうして」です。これはまだ小学校に入る前のことですが大人になってもまだ

忘れずに残っているんですね。だから子どもにとって自然はものすごく大事。つまり感性，五感，その中に子どもが浸るということは学力の基本前提です。それを文部省は一行も書いていないとはけしからん。こんな感じですね。

　さて，皆さんに2つ質問をしてみたい。よく聞いてください。一つ目の質問です。就職の問題です。1991年，168万人の中学生が入学しました。そして中学校を卒業して高校へ行って，それから大学に行って，就職した人もいれば，家庭などに入った人，そのまま進学した人もいます。大学に進んだ人は2001年に大学を卒業したわけです。さて問題は，中卒から大卒まで，就職して3年間以上転職せず働いている人は，2001年度の3月現在何人いますか。125万人から45万人の間を20万人刻みで質問しますので手を挙げてください。168万人中125万人が職についていると思う人は？―0人です。105万人？―0人。85万人は？―大体30人ですね。65万人は？―大体おんなじくらい。45万人は？―18人います。正解です。正解の人はもう帰っていただいてよいほど勉強して居られる。実は168万人中45万人（27％）しか残っていないのです。なぜか。

　私の資料の一番最後のページを開けてください。"キャリアデザインの「必要性」と「難しさ」"についての図があります（図1）。

　図の左側に自己概念とありますが，これ自分のことですね。子ども一人ひとりが自分のことをどのくらい知っているか，ということです。右側の方はたまたま会社のことを書いていますが，いろんな職業のことですね。子どもは自分というものがどんな人間なのか，またこの世の中にどんな職業があるのかを知らないので，左側と右側がうまく結び付けることができないまま育つ，だから職業観（キャリアデザイン）も形成されないのではないかと思います。このような理由もあって今新卒無業者がものすごく急速に増大している。フリーターが増大している。パラサイトも増えている。いかに学力があっても，自己認識，あるいは他者認識，社会認識がないと，どうしたらよいか判らないというのが現状なのだと思います。

　二つ目の質問です。先週ある国立大学の数学者と話をしていたんですが，「石川さん，ちょっと質問したいんだけど。知と知恵と知識と3つあるが，

キャリアデザインのプロセス

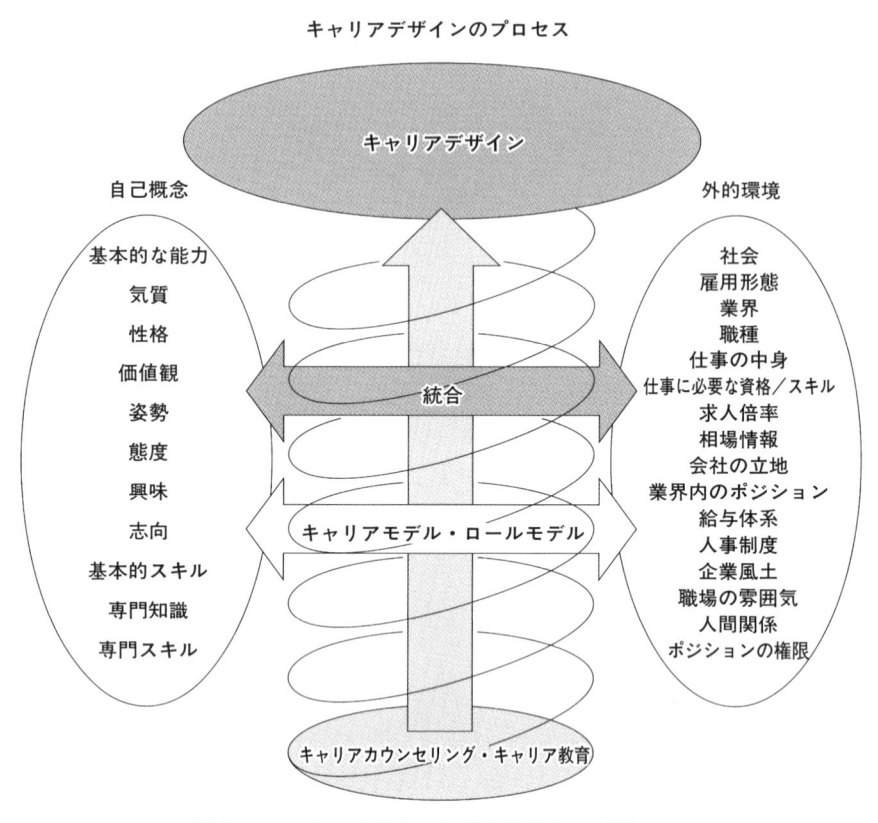

```
                    キャリアデザイン

   自己概念                              外的環境

   基本的な能力                           社会
   気質                                  雇用形態
   性格                                  業界
   価値観                                職種
                                         仕事の中身
   姿勢          ←  統合  →              仕事に必要な資格／スキル
   態度                                  求人倍率
                                         相場情報
   興味                                  会社の立地
   志向          キャリアモデル・ロールモデル  業界内のポジション
                                         給与体系
   基本的スキル                           人事制度
   専門知識                               企業風土
   専門スキル                             職場の雰囲気
                                         人間関係
                                         ポジションの権限

            キャリアカウンセリング・キャリア教育
```

図1　キャリアデザインの「必要性」と「難しさ」

"数学ができる"というのは，この3つのうちどれだと思う」と。さて皆さんどれだと思いますか。ちょっとヒントを言いますと，先生は「数学とは身近なものについてつくるもので，考えるものではない」そして「数学は，感性というイメージ，驚きと感動からつくられる」と言われるのです。私はびっくりしました。また，この大学の高校生向けの数学コンテストの問題ですが例えば「牛乳の入ったコップがあります。上から，水を一滴ポトリと落としました，この落とした水と牛乳とがどういうふうに変わっていくか」これを数学などで解く，「高校生はいろんな素晴らしい発想でこれを解いてい

くんです」と言われました。さて先ほどの問題，まず，知だと思う人は，手を挙げてください。1人。知恵は？―殆んどの人ですね。知識は？―0人。皆さんさすがです。実は私も「先生，ちょっと時間ください」って少し考えて「先生，知恵でしょう」と答えたら「そうだ。では，知とはおまえ何だと思う」「学際的なことでしょう，いろんな学問が集まってなんか作っていくことでしょう」「そう，それが総合化ですよ」。なるほど数学の世界でもそうか，と非常に感心したわけです。さてもう一つ，「学問」ってなんだろうと。実は，哲学とは英語でフィロソフィーですね。語源的にフィロというのは愛，ソフィーは知なんですね。ギリシア時代に，ソクラテスが言ったのは愛知，知を愛す。これがフィロソフィーの原点です。更に学力は，感性と精神だと思います。学ぶことを愛し，探し求めるためには感性と精神が必要であると私は思っています。

なぜかというと，幼稚園にも行かない子どもですら，夕日を見て「どうしてあんなに真っ赤になるの」と自然にそういう感性を持っているのです。ですから，学力っていう言葉は学ぼうとする心の力と五感という感性です。そしてそれを引き起こすのはエネルギーです。エネルギーを持っていれば，そこからパワーも出てきます。これが学力の原点です。学んだ力だけではないのです，学力テストの点数だけではないのです。ですから学ぼうとする力の動機づけをどうするか，ということが根っこにあるわけです。学問の世界であろうと，職業の世界であろうと，同じことが言えると思うのです。仕事を愛す。自分のこの仕事は一生の仕事だと思って，これを愛す。好きになる。これが非常に大事なことではないかと私は思います。

2．なぜ学ぶのか ―― 内からのエネルギー ――

学力論争は，終戦後，私が中学を卒業した後，混乱の時代に始まったわけです。右へいったり，左へいったりですけれども文部省が定期的に測定していますが，測定は知識を中心としたものです。これは結果としての知識，学力だと思います。本当の測定はその学力を動かすものですが，これはなかな

か測定はできません。ただ言えることは，目標設定と達成動機を心理学上の意欲であるとすれば，達成動機を動かすことが，いわゆるモチベーションを揺り動かすことが一番学力のためには必要です。いくら試験をやったって変わらないです。だから動機づけをキチッとしてやることが親と先生の仕事です。

　しかしテストは結果とはいうものの，結果でプロセスをチェックするということができますし非常に大事です。結果でプロセスをチェックするということは，これはもう企業では当たり前の話です。悪い結果が出ると，つまり目標にしていたことよりも悪いということがあると，このギャップが問題です。どうもやり方がまずかったのではないか，仕組み，仕かけがおかしいのではないか，というように原因を追求し，改善していくわけです。文部省としても，学力テストの結果をこの辺の所まで持っていきたい，各教科ごとにここまで持っていきたい，じゃあギャップが出たら何故か，どうするかを追求する。そして手を打つ。これを文部省が全国的に個々にやるのは無理ですけれども，県とか市とかの単位で各学校ごとにフィードバックされてしかるべき，というふうに私は思うわけです。

　皆さんちょっと気をつけていただきたいのは，この人間の世の中はばらつきの世界なんです。いろんなものがばらついていて全く同じというのがない，ですから学力調査であろうとなんであろうと，きちんと統計的な手法を使って，標本抽出して，統計的な整理をして，データを出してバラツキの少なくなるような手を打つことが大事です。最近私がどうかと思うのは，ご存知のように，親の学歴によってその学力テストの結果に差がでる。それらは相関しているってはっきり言われている人がおられます。ところが，母集団が限定され，サンプリングはどのようにしたのか判らない。ばらつきも出していますけれども母集団がしっかりしていない，偏っている。これは，統計的にきちんと納得できるもので説明していただかないと，信頼性がぼやけてきます。

　話は変わりますが実は阪神大震災の時，私の娘夫婦は非常に厳しい条件の中で，何とかしのいで生き延びたわけですけど，幼いときに厳しい自然条件

の山などに連れて行って良かったと思っています。それは何を言いたいかと言いますと、まず「健康」です。病気をしない、疾患がないということです。次に「体力」です。「体力」には「防衛体力」と「行動体力」の２つがあります[注1]。「防衛体力」とは何かと具体例で言いますと、阪神大震災の時、すごい寒さの中に放り出され、更に満足に寝る空間もないというような状況、これを物理的、あるいは化学的なストレスというんだそうであります。それから生理的なストレス、あの時は皆空腹でした。更に疲労に不眠、水不足、風呂に何日も入れない。そういう生理的ストレスを受けました。それから生物的ストレス、風邪、インフルエンザウイルスとか、細菌とか、お茶碗なんかを水で洗ってきれいにしてご飯を食べられる状態ではなかった。それから最後は、精神的な恐怖。余震がいつ来るのか、絶えざる不安と苦痛に悩まされた。次の「行動体力」とは筋力、持久力、平衡感覚などのことです。少なくとも、あるレベルまでこの２つの体力は鍛えてほしいと願うわけであります。

　最後に、学力低下という話です。じゃあ学力低下というのは、単に点数が下がった、あるいは国際比較で低下したと捉えられるものではないのです。それは、先ほど言いましたように、学ぼうとするパワーだとか、エネルギーの低下なんですね。そして感性が相対的に低下したなどと捉えていかなければいけないのではないかと思っています。企業においても社員が学ぶことをやめた時、その人の能力（学力）は間もなく低下していく、やがて会社の中で落ちこぼれて結果的に辞めていく。今の社会の情勢からでは辞めさせられてしまうという状況になります。そういう意味で、自分で学んでいかなければならないというパワー、エネルギーは、人間にとっての一生のものなのです。学び続ける限りにおいて能力が低下することはないと思います。今日ご出席の皆さん方もそうです。ここに来られた方は、みんな学ぶ意欲エネルギーがあったからここに来られたすごい方たちだと私は敬服しております。ですから、私たちはそういうエネルギーを生涯持ち続けられるような人間になれるよう、現在子どもたちの可能性を育てていかなければならないのだと思っています。

そろそろ私の持ち時間はなくなってまいりました。話題は変わりますが、昨夜 TV で寅さんの映画を見ました。寅さんというヤクザな男がプラトニックラブを抱きながら片思いで終わってしまうという結末が判っていても、結局最後まで見てしまいます。これは、笑いとペーソスの中に寅さんが持つ相手の身になって考える優しさ、つまり思いやりの感性に心が打たれるからだと思います。それでは皆さん、明るく楽しく元気よく前を向いて、しっかり歩もうではありませんか。以上で終わります。

注1） 池上晴夫著『健康のためのスポーツ医学』19 頁，講談社ブルーバックス。

［提案4］

学力を問い直したカリキュラムマネジメント
―― 学力の定着を目指した学校づくり ――

九州大学教育学部教授　　中留　武昭

1．学力低下の実態に関わる情報論争

　ご承知のように、この学力低下問題のスタートは、大学生の学力問題が1つの起爆剤となっています。それが、このたびの新学習指導要領と関わって、つまり、小・中・高校における学校週5日制や教育内容の3割削減といった変化に関連して、学力低下をめぐる大論争として今日まで続いているわけです。

　後ほど申し上げますが、今日まで続いてきたとはいうものの、先が私は見えてきたような気がします。その点は、後ほど申し上げたいと思います。

　さて、これまで実はかなりの数の学力調査が行われてきました。ここでは、その中からいくつかの調査の結果を報告いたします。

　1つは、先ほど文部科学省の大槻課長からも紹介されました、IEAの国際学力到達度調査です。これまでに3回行われていますけれども、これは私も気になっている調査です。この調査の結果を見ますと、日本の小学生と中学生の学力は、かつてより低下する傾向を確かに示していますが、国際的に比較すると現在でも世界のトップに入っています。しかし、科学的な潮流や科学に対する関心は、一般市民、つまり私たち大人の方の関心が低く、小・中学生の学力低下よりむしろ大人の問題だという指摘があります。

　また、子どもたちの大半が学年を追うに従って勉強嫌いになる、勉強しなくなるというのです。このことを東京大学の佐藤学さんは、「学びからの逃

避」という言葉で表現されています。今，「学びからの逃避」が深刻化している。そして，このような「学びからの逃避」あるいは「逃走」の方が，学力低下の問題よりもはるかに深刻化している，と述べておられます。

　それから，毎年低下してきていると思われている，大学生の学力の低下ですが，これに対しましては，大学における入試科目が削減された，それから，高等学校における選択科目がかなり増えてきた，というようなことから，これらをして学力低下の原因と見ているのであります。

　さらに加えまして，同じく大槻課長からございましたように，最近出された国立教育政策研究所の調査をもとに，文部科学省は白書を作りました。その白書の最終的な結論は，「ほぼ満足できる状況」であるという認識でございます（第Ⅰ部「提案1　学力問題と新しい学習指導要領」参照）。

　ここで，2つの大きな論争が出てきています。1つは，ゆとりとか学力が低下しているというものであり，もう1つは，ゆとりとか学力といったものを新しい学習指導要領によって推進していかなければならない，というものです。このような2つの視点の対立が，今日，現れてきているわけです。そのうち，後者の立場，これは先ほど石川さんがご紹介されました調査でございます。

　これについて，私は別な面から非常に重要な問題だと思っております。この調査については，確かに母集団の問題もございます。関西地区のある都市に限定しているという都市の限定性の問題性が1つ。それから，前々回の学習指導要領の時のテスト――大阪大学で開発されたテストなのですが――をほぼそのままの形で，もちろん指導要領は変わっておりますから，内容的に変わっている所は削除されてはおりますけれども，ほぼ同様の形で，追跡調査をしているわけです。その結果，平均点が確かにこの10年間の間に，約10点ほど低下してきている。そのあり方について，2つ問題があると思います。1つは統計上の問題です。それよりももっと問題なのは，その調査グループが，前回の学習指導要領がちょうど終わる2000年，2001年に最初に調査を行っているわけです。つまりこれは，前回の学習指導要領，言うならば新しい学力観を経てきているわけです。そこでどういう結論を出してい

るかと申しますと,「ゆとりなどという形で新しい学力観が入ってきた,子どもや子どもの主体性といったことは結構だけれども,新しい学力というものはこのようにして基礎学力を低下させたんだ」という,この結論の持っていき方は非常に危険であります。

　それは単なる平均点の低下を,新しい学力観と無理に連関させようとしている,関係づけようとしている。しかし,このことが持つ意味は,そんなに簡単ではありません。つまり,新しい学力観が,どのような指導の方法で,どのような教材を使って行われたのかということとまったく関係なく学力低下だというわけです。新しい学力観がいったいどうして基礎・基本をダメにしたのかという,論理的な根拠にはならない,こういうことを申し上げておきたいと思います。

2．学力を改めて問い直す

　さて,お手元の図（図1参照）をちょっと見て頂きたいと思います。これは1995年に私が作成した「学力観と総合的な学習との関係」を表した「総合」の樹の図であります。実は私自身,前回の「新しい学力観と教育課程の創造と展開」という,文部省の「指導資料」作成の委員をやっておりまして3年ほど関わっていました。ここで,「新しい学力観」を実は出しております。実際のところ,新しい学力観というのは,前回の学習指導要録の中の観点別評価にも出てきた用語であります。それを受けまして,この教育課程一般の指導資料が作成されたわけであります。こういう形で新しい学力観が入りました。この「指導資料」のなかに,「指導目標設定」という部分に,「新しい学力観かつ学習指導の方法」という部分,これは指導資料の17頁でありますけれども,2-1から3の項目でありますけれども,その中の(2)として「子どもたちが新しい学力観,かつ学力の中心となる資質や能力である,関心・意欲・態度,思考・判断・技能・表現または技能及び知識・理解を身につけることを重視して指導目標を設定する」というようにあります。つまり,学習の指導目標のレベルでこの新しい学力観を位置づけるのであります。

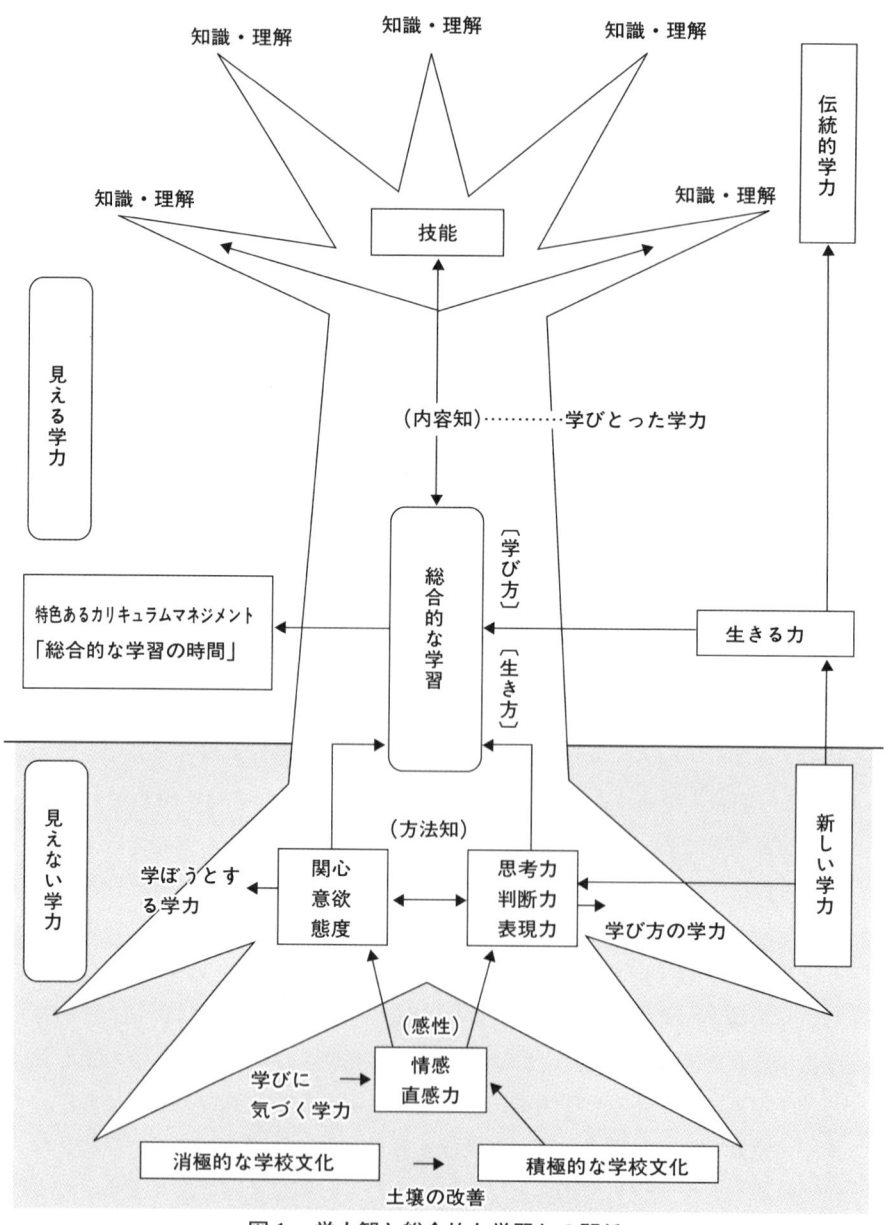

図1　学力観と総合的な学習との関係

しかしここにありますように,「及び」のところですね,「及び知識・理解を身につける」ということになっています。この「及び」というのは,関心・意欲・態度・思考・判断・表現能力といったいどういう関係があるのかといった点にはふれていません。だが,学習指導上の工夫として,「子ども一人ひとりが新しい学力観,かつ学力を身につけることができるよう,学習指導を工夫する」となっており,そして「その学習指導が弾力的に展開できるように,配慮する」とあります。また,学習指導の流れの中で,先ほどの新しい学力観というのをどう組み込んでいったらいいのかということを,説明している部分がございます。例えば,各教科等の学習指導においては,「子どもたちは,自ら考え主体的に考え判断したり表現することを重視した,問題解決的な学習活動や体験的な学習活動を積極的に取り入れる」と,「その際にできるだけ子どもたちは自分の課題を見つけそれを追求し,課題解決的な学習活動を実施する」とあります。

　要するに,学習の指導目標と学習過程の工夫の中に,新しい学力観が入ったということです。

　さて,先ほどの図をご覧下さい。そういう前提がありまして,これは一研究者としてですが,これまでの学力と新しい学力との連関をつけなければならない。そこで,総合的な学習の「樹」を見て下さい。これは1995年に作ったものですから,まだその時には総合的な学習はできておりませんでした。伝統的な学力と新しい学力とを結びつける何かが必要だということで,この「樹」の絵の中の「総合的な学習」という部分を抜かした形で当時は出しておきました。今回,この「樹」の中心に「総合」を位置づけました。この図は,こういうことです。これは一本の「樹」でありますが,これは子どもと見て頂いて結構です。この子どもの「樹」は,知識・理解・技能といわれている,つまり内容知の部分ですが,これは目に見える樹の幹や枝・葉にあたります。これはご承知のように伝統的な学力といわれているものであります。これは,どこの国であっても,学校という組織が培ってきたところの,資質・能力,つまり「学びとった」目に見える学力であります。問題は,この「樹」の見える部分,ここは強制されるとお勉強の世界になります。ドリ

ルと記憶と,そしてこの反復と言えることでも行われるわけです。そして,他人との競争,これが偏差値によって一層,知識,技能の修得は激しくなっていきます。ところで,この「樹」が命を持つために,その地面の中にある根の部分が,見えない部分,これが重要であって,これは見えない学力といってもいいと思います。つまり,新しい学力でありまして,そこにあるのが関心・意欲・思考・判断力・表現力,感性といわれるものであります。ここで,これを学力という形で申しますと,知識・理解・技能といったものは内容知でありますから,「学び取った学力」であります。それは誰もが客観的な数値で判断できるわけです。それに対して,根にあたる部分は方法知,関心・意欲・態度,これは「これから学ぼうとする力」です。それから思考力・判断力・創造力,これは「学習のスキル」すなわち学習のスキルです。それから最も重要なこの感性といわれるもの,情感・直感,これは学びに「はっ」と気づく,感性・情感です。これらは,形で見えるものではない。しかし,大事なことは,目に見える樹の部分である知識・理解・技能と,ここに方法知とを結びつけるカリキュラムが一つどうしても必要になってきます。それが実は「総合的な学習」の時間であります。わかりやすく申しますと,この時間は教科等で得た知識・理解・技能を,関心・意欲・思考力・判断力などのスキルを通して,「生きる力」すなわち,「生きる知恵」(知性)に変えていく,そういう時間です。この樹の部分の知識・理解・技能と同じような形で,この総合的な学習の学力を測定することは不可能です。評価を別の方法で考えなければいけないわけです。「総合」にかかわっては基本的に考え方を変えていかなければいけない。学校観も,教材観もカリキュラム観も,児童,生徒観も指導観もです。その考え方が変わらないでいて,この時間を国際理解や環境など,何かあてはめてやっていれば何とかなるという,そういう考え方では行き詰まるのです。この総合的な学習の時間がうまくいくかどうかということは,21世紀の学校の大きな課題だと思うんです。

　さて,もう1つ申しあげましょう。この「樹」の根の部分ですが,関心・意欲・態度を子どもたちにつけてやろうと思ってもどうもうまくいかない。ヤル気や興味,関心といっても学習のための学級や学校の雰囲気や風土など

がポジティブな状況の場合とネガティブな場合とでは子どもの学習のヤル気が異なっているはずです。それが土壌です。土壌の質が悪かったならば、この根はうまく培われない、成長しない。だからどうするか。この土壌の質を変えなければならない。土壌とは別のコトバでいえば学校の文化のことです。学校の文化とは端的にはその学校の構成員である教師や子どもたちの大方のメンバーが長い間に醸成してきた「ものの見方や考え方」です。そこには価値観や規範までもが内在しており、それが表出してくると「雰囲気」とか「風土」即ち「土壌」といってもよいでしょう。この学校文化にはカリキュラムに対する見方、考え方、教師の当該校における組織観など、あるいは学級文化などがあります。これらを内在化させた学校文化がポジティブでないと「樹」の根はもちろんのこと、「樹」全体の育ちがうまくいかない。学力にも学校文化は間接的、直接的に影響を及ぼすというのが仮説です。ここの土壌の部分につきましては、図2をご覧下さい。

3．新しい学校づくりのためのカリキュラムマネジメント

　これは『「総合的学習」のカリキュラムマネジメントに関する理論的、実証的考察』という研究を文部省科学研究補助費（代表、中留）で行った際の調査のごく一部分です。これは、1999年4月にA県A市、それからB地区の小学校・中学校、あわせて378校の校長先生を対象として行いました。回収率は260校、67.8％です。さて、ここで大事なことを申し上げておきますと、先ほど申し上げました土壌の部分——その学校における組織構成員のできるだけ多くの者が「ごく当然のごとく見ているモノの見方・考え方」——これがネガティブだと、ダメなんです。そこのところを同僚性・革新性・自律性といった組織文化を指標とする設問を作って調査を実施しました。おのおのについて1つずつ申しますと、同僚性であれば「この学校では授業内容について関係教員と話し合う雰囲気がある」か、革新性であれば「この学校では伝統的にも環境の変化に対応しようとする雰囲気がある」かどうか、自律性であれば「この学校では進んで模範を示して高めあう雰囲気がある」

同僚性
- (1) 授業内容について関連教科と話し合う雰囲気がある。
- (7) 他の部門の仕事に積極的に参加しようとする雰囲気がある。
- (10) 観点別評価など，評価のあり方について教科や学年で話し合う。
- (13) 生徒の問題が起きたとき，組織的に取り組んでいこうとする雰囲気がある。
- (15) 学級担任の創意工夫を生かそうとする雰囲気がある。
- (16) 保護者との関係が良好であり，協力的である。

革新性
- (2) 伝統よりも環境の変化に対応しようとする雰囲気がある。
- (5) 体験学習や参加型の学習など，指導方法の工夫改善をはかろうとする雰囲気がある。
- (8) 一斉授業だけでなく，グループ学習など学習形態の工夫改善をはかろうとする雰囲気がある。
- (11) 伝統的な指導方法に固執するという雰囲気はない。
- (12) 教科書に縛られているといった拘束感をもつ教師は少ない。
- (17) 学校改善ということが頻繁に話題にのぼっている。

自律性
- (3) 進んで模範を示したり，お互いに諫め合う雰囲気がある。
- (4) 到達度の低い生徒に対する学習指導を全校的課題として取り組もうとする雰囲気がある。
- (6) 教職員に服務規律に対する自覚を持とうとする雰囲気がある。
- (9) 教育に対する使命感などがよく話題になる。
- (14) 各教科において基礎・基本を明確にし，教材の精選，工夫をはかろうとする雰囲気がある。
- (18) お互いに授業を見せあい建設的に批判し合う雰囲気がある。

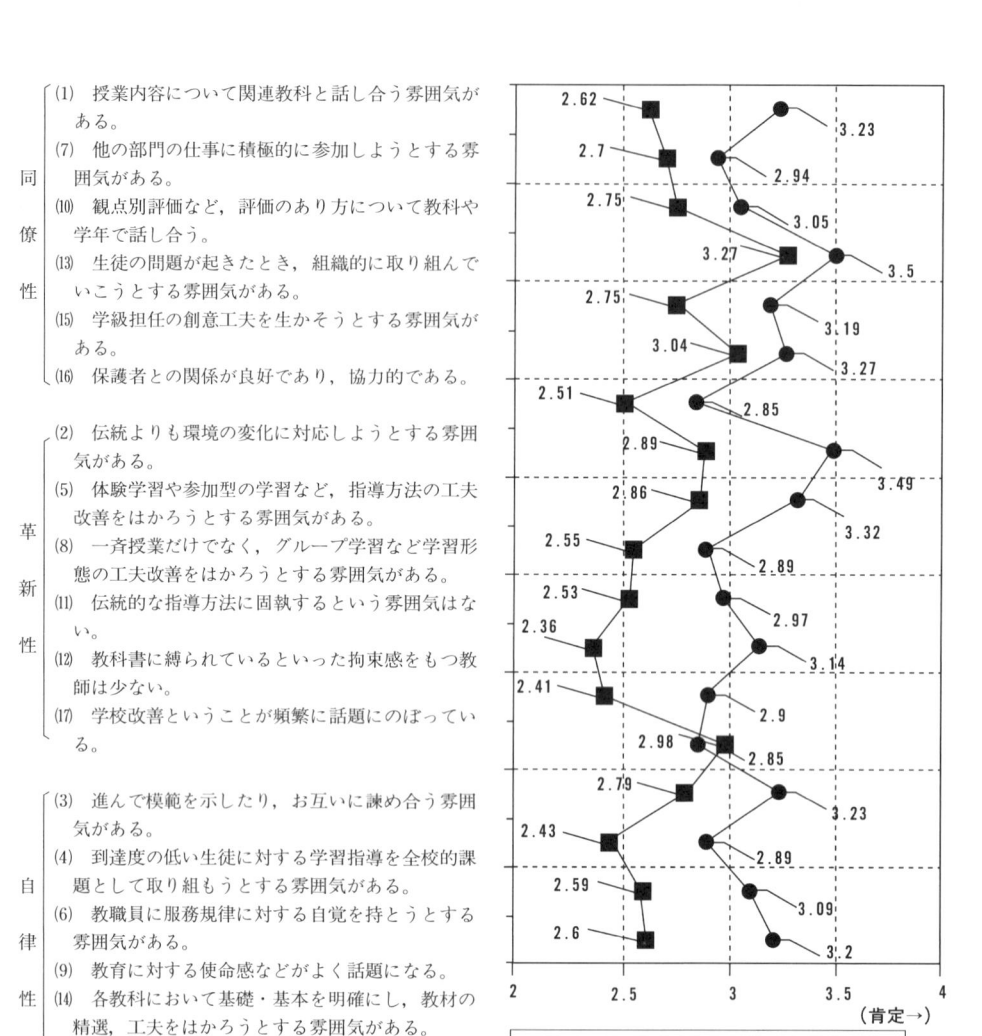

図 2　学校文化の現状認識に対する未実施校・実施校の相違

といった類のものです。ここで実施校というのは，この当時は総合的学習の移行期でありますから，総合的な学習をすでに実施していた学校は黒丸，そしてもう1つは未実施の学校です。未実施の学校は四角の部分であります。1項目を除いてすべて「総合的な学習」を実施していた学校の方が「未実施」の学校よりもポジティブな学校文化（即ち組織文化）にあったということです。端的に言いますと新しい学力観をベースにした総合的な学習の導入にはネガティブな学校文化をポジティブな文化に変えながら，実施していくことがポイントということになります。むろん学校文化が学力形成に直接結びつくということは，まだ仮説の域を出ませんが，学校文化の在り方が何か，たとえば総合的な学習のような新しい教育革新や学校を変えて改善していこうとする場合に誘因となっていることはこの調査結果からもある程度は言い得ると考えられます。

　それだけではないんです。もう少しこの調査にかかわって驚くべきことをちょっと申しあげますと，一般には学校規模が大きくなればなるほど，この状況は変わってくるのではないかと考えられますが，わかりやすく申し上げますと，学校規模が大きくなると，同僚性・革新性・自律性といったような学校組織文化というものはネガティブになっていくのではないかと，こういうふうに仮説されます。ところが，全然違うのです。規模が大きくなればなるほど学校文化はポジティブになっています。もう1つ，校長先生たちの経験年数，これは実施校と未実施校で経験年数1年から3年までの傾向は全部一定しています。もちろん，実施校の方が高いのでありますけれども，一定した形であります。このように，こういう見えない世界と言ったらいいんでしょうか，これはやはり新しい学力などを導入していく場合，捉えておく必要があるんだというふうに思います。

　次に，図3をご覧下さい。これは今回の教育改革の基軸（基本的な見方，考え方）といえますが，それは「学校の自主性・自律性の確立」と，「教育課程の基準の大綱化・弾力化」のセット化だと思います。ここで重要なのは，ロケットの部分です。そして，真ん中にある総合的な学習の時間を，これを軸にして，道徳・教科との連関性を持ったカリキュラムづくり，これが今回

42　第Ⅰ部　いま，学力を考える（Ⅰ）

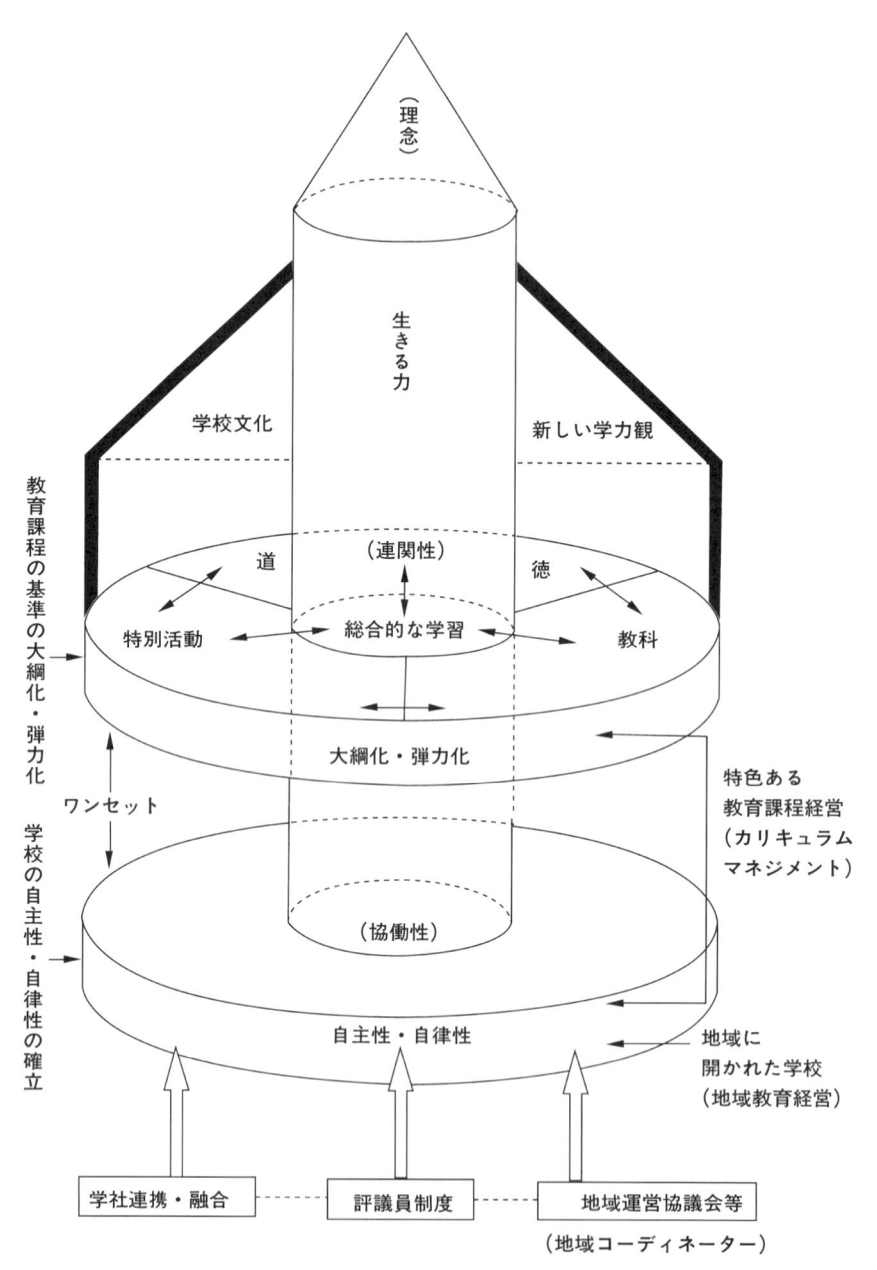

図3　総合的な学習のカリキュラムマネジメントの基軸

の1つの重要なポイントです。これがないと，「教科」と「総合」とは二分化していく。言い換えれば，二項対立していくわけです。そして二項対立していくと，先程の調査のような結果になります。ところが，結果というのは考え方が出てくるわけです。しかし，この2つは二項対立するものではないんです。何度も申し上げましたとおり，教科で得た知識や技能を，総合的な学習において——体験的，課題解決的な学びを通して——，場合によっては地域に対して，地域の生徒の「生きる力」に変えていく，そういうことです。大事なことは，知識を生きる力，人のために役に立つといったような知性に変えていく，また，逆に総合的な学習で学んだことを各教科で更に意味づけをしていく，そういう時間であります。そういうことでいえば，学力というものを，新たにもう一度捉えて見る必要がある，これは研究者も同じであります。

　教科等との連関性（関係性）を欠いた「総合」はイベントになりやすいだけではなく，教科の基礎，基本という伝統的な学力をも向上させるものとはならない。そこで連関性とは何かということになります。図4をご覧下さい。この大分市の金池小学校は私が，文科省の研究開発学校の企画，評価委員として，直接関わってきたところであります。その中の6年生の「みんなと私のまちづくり」における教科等との関連であります。これは，「ひしのみタイム」というのは総合的な学習の時間でやったことを再び教科に返していくという，こういう往復連動を行う。それからその次の図5を見て下さい。これは，アメリカ的な総合的な学習といえるサービスラーニングのある単元です。教科での学習を地域のために役立つサービス（ボランティア）活動に結びつける。学習とボランティアとしてのサービス活動との連関性でもあります。アメリカでも，教科と体験・行動等をどうやって結びつけていくかということを，悩んでいるんです。偏見，人権にしても，これだけの広範な教科の中で，この偏見の問題にアプローチしていくわけです。教科の枠に単純にとらわれない，とらわれる必要はないんです。ただし，アメリカのサービスラーニングの場合は，日本の総合的な学習の時間のような，特定の枠組みのある時間がないんです。教科からやらなければいけないわけです。だから教

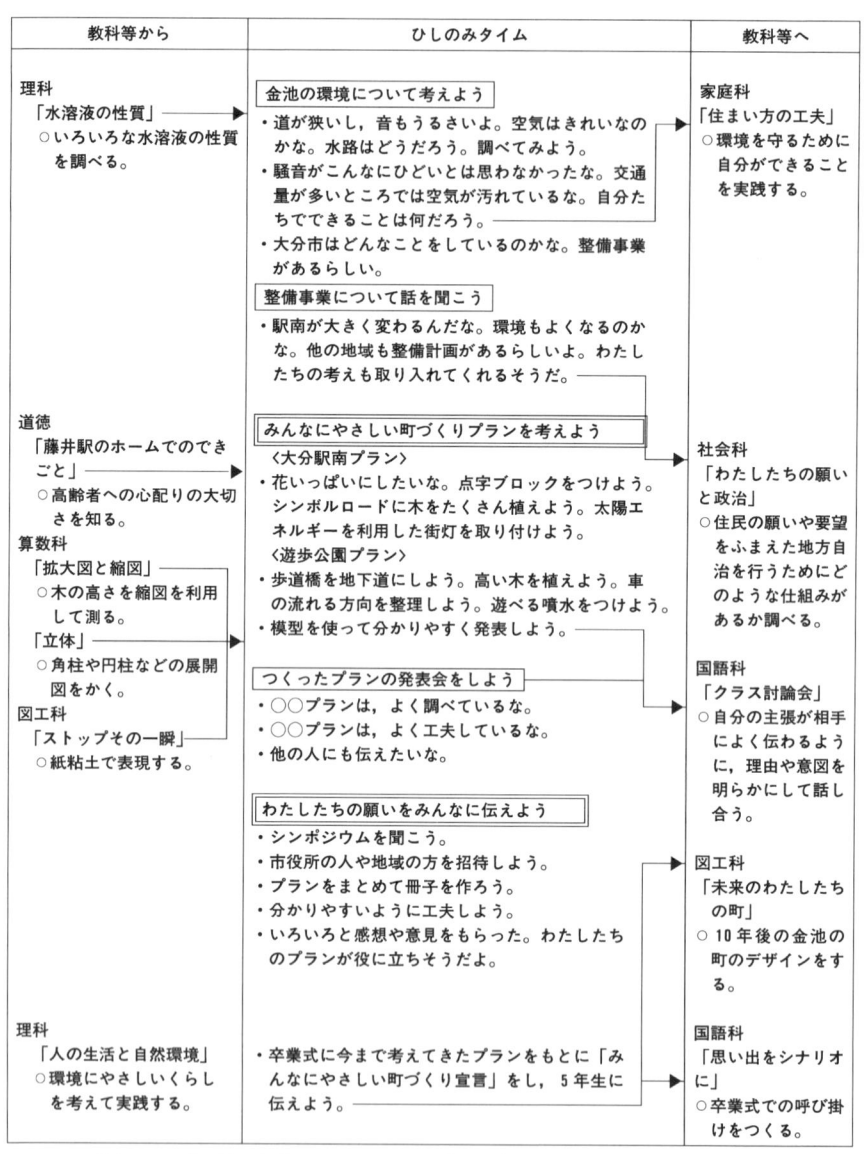

教科等から	ひしのみタイム	教科等へ
理科 「水溶液の性質」 ○いろいろな水溶液の性質を調べる。	**金池の環境について考えよう** ・道が狭いし，音もうるさいよ。空気はきれいなのかな。水路はどうだろう。調べてみよう。 ・騒音がこんなにひどいとは思わなかったな。交通量が多いところでは空気が汚れているな。自分たちでできることは何だろう。 ・大分市はどんなことをしているのかな。整備事業があるらしい。 **整備事業について話を聞こう** ・駅南が大きく変わるんだな。環境もよくなるのかな。他の地域も整備計画があるらしいよ。わたしたちの考えも取り入れてくれるそうだ。	家庭科 「住まい方の工夫」 ○環境を守るために自分ができることを実践する。
道徳 「藤井駅のホームでのできごと」 ○高齢者への心配りの大切さを知る。 算数科 「拡大図と縮図」 ○木の高さを縮図を利用して測る。 「立体」 ○角柱や円柱などの展開図をかく。 図工科 「ストップその一瞬」 ○紙粘土で表現する。	**みんなにやさしい町づくりプランを考えよう** 〈大分駅南プラン〉 ・花いっぱいにしたいな。点字ブロックをつけよう。シンボルロードに木をたくさん植えよう。太陽エネルギーを利用した街灯を取り付けよう。 〈遊歩公園プラン〉 ・歩道橋を地下道にしよう。高い木を植えよう。車の流れる方向を整理しよう。遊べる噴水をつけよう。 ・模型を使って分かりやすく発表しよう。 **つくったプランの発表会をしよう** ・○○プランは，よく調べているな。 ・○○プランは，よく工夫しているな。 ・他の人にも伝えたいな。 **わたしたちの願いをみんなに伝えよう** ・シンポジウムを聞こう。 ・市役所の人や地域の方を招待しよう。 ・プランをまとめて冊子を作ろう。 ・分かりやすいように工夫しよう。 ・いろいろと感想や意見をもらった。わたしたちのプランが役に立ちそうだよ。	社会科 「わたしたちの願いと政治」 ○住民の願いや要望をふまえた地方自治を行うためにどのような仕組みがあるか調べる。 国語科 「クラス討論会」 ○自分の主張が相手によく伝わるように，理由や意図を明らかにして話し合う。 図工科 「未来のわたしたちの町」 ○10年後の金池の町のデザインをする。
理科 「人の生活と自然環境」 ○環境にやさしいくらしを考えて実践する。	・卒業式に今まで考えてきたプランをもとに「みんなにやさしい町づくり宣言」をし，5年生に伝えよう。	国語科 「思い出をシナリオに」 ○卒業式での呼び掛けをつくる。

図4 6年「みんなにやさしい町づくり」における教科等との関連
（大分市立金池小学校）

第Ⅰ部　いま，学力を考える（Ⅰ）

国語／言語技術
P. 結び合うことに反対して偏見をうけたグループを表にまとめる。そして、偏見に関する物語を読み、分析する。
IA. 文化的平等のために即興劇用のシナリオをつくる。
DA. 包容的なコトバを書けるようなワークショップを行う。
AA. 全生徒がシンボルにおいて結び合った約束に同意することを可能にする「寛容性契約書」のようなプロジェクトをつくる。
R. 偏見についてのディベートを行う（善／悪／正／誤／正常／異常にわけて）。

保健体育
P. 「エイズ患者の名前を明らかにするべきか」について討論する。Ryan White の VTR をみて、個人的見解を示す。
IA. 健康に関連させて、遊歩道を管理する。・健康フェアを行う。
DA. 障害者オリンピックで働く。
AA. スポーツにおける偏見に気づかせるためのビラをつくり、配布する。
R. このプロジェクトを開始してからどのように考え方が変わったのか、作文を書く。

数学
P. 全教科で学ぶ前後の学習態度を統計的に調べる。
IA. 遊歩道プロジェクトをするのに要した財政措置を計算する。
DA. 偏見／憎しみの犠牲者に対するホットラインで奉仕する。
AA. より多くの数学コースにより、多くの女子生徒がいかに参加したらよいかを主張する。
R. 新しい数学の貢献者を明らかにしてトピックスと関連づけ、その結果をブルテンに残す。

芸術
P. 政治マンガや広告に見られる芸術性を追ってみる。
IA. 生徒に「合衆国についてのすばらしいこと！ 学校における生徒の多様性」という名のブルテンをつくらせる。
DA. 老人や障害者、ホームレスの人々との芸術プロジェクトを行う。
AA. 芸術作品の「文化市」を異文化の共有として開く。
R. 今日の偏見を具体的なマンガで示し、コメントや分析結果をつけて役所の広報担当に送る。

ビジネス教育
P. 職場におけるマイノリティ、障害者、女性の問題を調べる。
IA. 遊歩道を管理し、コンピュータでプログラム化を図る。
DA. ホームレスの避難所を訪れ、人々にレジュメの書き方を支援する。
AA. 学校のためにセクシュアル・ハラスメントの研修会を開く。
R. 参加者にその研修会前後の評価をしてもらう。

家庭科
P. ホームレスの避難所を見学し、家族に向けられた偏見に関する感情や影響を討論する一大きな紙に家族のライフスタイルを表にする。グループごとにお互いのニックネームや認識をあげさせ、偏見を分析する。
IA. お互いの国別の料理本をつくり、慈善寄付する。
DA. ホームレスの避難所の子どもたちと仲よしになる。
AA. 国別の食べ物市を開く。
R. 家族がいかに寛容性と偏見とを教えたらよいかを調査する。

外国語
P. 多様性に反対する偏見の本を読み、ディスカスし、スピーチを通して民族グループがいかに見られているかを討論する。
IA. 危機（ハリケーンや竜巻）に対処する状況について、他の国のコトバによるパンフレットやビデオを準備する。
DA. 英語を話せないホームレスの人々の介護をする。
AA. 外国語ウィークを設け、言語の多様性を祝う。
R. 移民に移民の問題について語ってもらう。

理科
P. 人間の遺伝的な違いと進化を調べ、人類の多様性の欠如と他の動物における多様性について討論する。
IA. 遺伝的病気の研究に関連したチャリティ用の基金をつくる。
DA. ホームレスの子どもたちとともに理科の実験を行う。
AA. 学校新聞で準備の段階で調べたことを発表する。
R. 遺伝病に対する偏見をなくすための科学的貢献を討論する。

音楽
P. 音楽の発展史における偏見問題を取りあげ、いかに音楽が年齢を超えて人権を奪ってきたかを討論する。
IA. テープソングを作成し、それを偏見をなくそうとしている関係者に送る。
DA. 地域の小学校に出かけ、多様な国々の文化を背景にした歌を子どもに教える。
AA. 多様な文化の音楽をフェスティバルで実演する。
R. 多様な民族の音楽を聴き、その感想を述べ合う。

テクノロジー教育
P. 障害者に役立つテクノロジーと玩具を調べる。
IA. 地域の公園や建物にいる障害者がテクノロジーにアクセスできるように働く。
DA. ホームレスの子どもたちのために遊び場や避難所の改善を図るよう支援する。
AA. 偏見を扱ったコンピュータソフトのゲームを開発し、配分する。
R. コンピュータゲーム開発前後の態度変容を知る。

社会科
P. 志願者名簿や投票名簿に見られる人種別グループのリストを分析し、なぜか、またいかに人々を類型化するのかを討論する。
IA. 女性、アフリカ系アメリカ人を中心にした文化祭を計画し、開く。
DA. 調停グループをつくり、対立・葛藤の解決プログラムを開き、司会役や大虐殺（ホロコースト）の生存役をつとめる。
AA. 準備段階での討論の成果を主張し、公刊する。
R. 大虐殺の博物館を訪問し、ディスカスする。

中央：**偏見（人権）(bias)**

祝福：全教科で文化祭を通してプロジェクトを出す。多文化の食料・芸術など。メディアや親、住民を招く。

略号
P=準備（Preparation）
IA=間接行動（Indirect Action）
DA=直接行動（Direct Action）
AA=主張・助言（行動）
R=省察（振り返り）

図5　アメリカのサービスラーニングにおける学際的な連関性（偏見・大単元）

科に引きつけてやっていくという形ですね。その点，総合的な学習の時間があるということは，日本は大変に恵まれているということですね。

　いずれにせよ学力の問題を考えていく場合，以上述べましたような観点から学力を問い直してみる1つの考え方を提供させていただきました。

第Ⅱ部

いま，学力を考える（Ⅱ）

——公開セミナーから——

第1章　学習指導要領と学力

[提案1]　今日の学力問題への学校現場の取組み
　　　　　——高等学校の対応を中心として——
　　　　　　　　　　　　福岡県教育センター教育指導部長　佐々木秀成
[提案2]　「育つ力」と学力
　　　　　　　　　熊本県水俣市立袋小学校・九州大学大学院　倉本　哲男
[提案3]　新学習指導要領と「学力」の基盤
　　　　　　　　　　　　　　　九州大学教育学部教授　中留　武昭
[コメント1]　第1回セミナーを振り返って
　　　　　　　　　　　　　　　九州大学教育学部教授　土戸　敏彦
[コメント2]　這いずり回る「教授者」から見た「学力」
　　　　　　　　　　　　　　九州大学教育学部助教授　久米　弘

[提案1]

今日の学力問題への学校現場の取組み
―― 高等学校の対応を中心として ――

福岡県教育センター教育指導部長　佐々木秀成

1. 学習指導要領及び学力の意義

　今日のテーマは「学習指導要領と学力」となっています。そこで，具体の提案に入る前に，まず，学習指導要領とはどういうものか，あるいは学力って何だろう，というようなことをおさえておきたいと思います。学習指導要領とは小学校・中学校・高等学校等における教育課程の基準を国が公にしたものといえます。小学校，中学校，高等学校といった学校種別に応じて，それぞれの学習指導要領がありますが，この学習指導要領が，それぞれの学校の教育課程の基準になっているものです。法律的には学校教育法の施行規則で規定されています。さらにいえば，たとえば学校教育法にいう学校には幼稚園や特殊教育諸学校も含まれますので，幼稚園教育要領というものも学習指導要領の範疇に入りますし，あるいは特殊教育諸学校における学習指導要領といったものも同様です。要するに北は北海道から南は沖縄まで，もっといえば海外の日本人学校においてもこの学習指導要領にもとづいて日々の学習活動が展開されているというわけです。仮に福岡から札幌に転勤になったとしても福岡と同様の教育が継続できるのは，こういった共通的な基準が全国的に認められているからであります。戦前にも教授要目というものがあったのですが，この教授要目の面目を一新して，米国の指導等もあって導入されたのがこの学習指導要領ということです。

　次に学力についてですが，教育学上の用語として，いわゆる「学力」とい

う言葉が登場してくるのは，第二次世界大戦が終わってからのことだといわれています。戦後といってもすでに半世紀以上が経過しているわけで，その中で学力論争というのは何回もあったわけです。たとえば，戦後の新教育による学力の低下が懸念されるというようなこともございました。私は学校現場におりましたとき，高等学校ですが，いわゆる社会科，今の地歴・公民科を担当していました。で，社会科あたりも「這い回る社会科」というような批判とか揶揄が昭和20年代に行われたのは，そういう新教育との絡みであり，体験学習重視に偏り過ぎ系統的な学習や計画的な授業展開ができていないという批判でもあったのです。その他にも，昭和30年代にはご存じのように全国学力テストといった問題等もありました。それ以降も学力問題は，折に触れて議論に上がってきております。もっと厳密にいえば明治期にも，近代国家ができてから知識重視教育に対する批判とか是正とか復活とかそういうような議論も起こったわけですけれども，その延長線上に，今まさに新たに学力問題が提起されているということです。

　さて，この学力に関する文部科学省の見解ですが，これについては学力観の問題と関連しますけれども，学習指導要領をどのようなものとして定めようとしていたのかということにもなります。よく七五三ということを申します。おそらく何度もきかれてご承知だと思うのですが，授業の分からない子どもたちが小学校で3割，中学校で5割，高等学校で7割いるということで，そういった現状の打開というニーズに応えて「ゆとり教育」というものが導入されてきたわけです。これは何も，今回の学習指導要領の改訂だけではなくて，その前回の段階で基本的な考え方があったわけですけれども，今回は，学校完全週5日制の導入と相まって，授業内容の，特に3割削減というようなことが，授業日数の削減の問題ともからんで学力低下を引き起こすのではないかという懸念を生じさせているようです。そういった経緯で，小・中・高等学校における学力問題が大学生の学力低下というところに端を発して今日まで来ているんですが，では学力というのはどのようなものなんだろうという問題を考える必要があります。

　学力とは，一般的には学習によって獲得された能力といわれています。こ

の学力は,大きく2通りの概念に分けられるのではないかと思います。一つは知識の総量といいますか,いろんなことを知っている,いろんな分野や領域のことを知っているという知識の量の問題。もう一つは,そのような知識だけに終始するのではなくて,自ら学び自ら考える,そういったいわゆる「生きる力」というものを育成する基盤としての知識や技能,もっと平たくいえば学力とは本来応用性のあるものでなければいけないという考え方です。この2番目に見ました定義づけといいますのは,今回の学習指導要領改訂の基となった平成10（1998）年7月の教育課程審議会答申の中の文言です。それを凝縮すれば,応用力があるかどうか,応用力の基礎が身についているかどうかといったことになるだろうと思います。それは基礎・基本を否定するのではなくて,それをうまく発揮できるということだと私は理解しております。

2．わが国児童生徒の学力の現状

いま学力低下とか学力論争といわれるんですが,実はどうなのかということが次に確認される必要があるかと思います。つまり,学力低下の事実の有無や経度というものを検証するということです。そういった観点から見たときに,主観的に各人がどう思っているというのではなくて,学力の現状に関する客観的なデータで確認していくということが大事だと思います。そうした場合にもっとも直近のものとして,文部科学省のいわゆる学力テスト,（正式には「教育課程実施状況調査」）というものが昨年（2002年）1月,2月に行われ,結果が同年12月に公表されています。その概要が「小・中学生全国テスト,算数・社会の学力低下」といったかたちで新聞で報道されました。実は,この学力テストと共通的なものが6年前（1997年）に実施されております。今回の調査が小学校・中学校合わせて45万人ということなんですが,この調査で見ますと,6年前と同一の問題の平均の正答率というものが低下傾向にあるということです。のべ23教科が調査の対象になっていますが,そのうち6教科で低下している。ただ3教科,つまり小学校6年の

理科，中学校3年の英語と国語では上昇傾向が見られます。残りの教科については，ほとんど変わらないというような状況です。特に中1数学の正答率が低くなっておりまして，62.9％といった数値が出ています。前回調査よりも5.7ポイント，ダウンしているという状況があるようです。

その他，国際的な調査もあります。たとえば，経済協力開発機構（OECD）の「生徒の学習到達度調査」が，平成12（2000）年に，欧米，韓国，日本など32ヵ国の参加を得て行われています。この調査は15歳の生徒（わが国の場合，全日制の高校1年生）を対象にということで，調査結果は，日本の生徒は「勉強嫌い，でも応用力トップ級」というような見出しで新聞で報道されました。合計32ヵ国のうち，日本は読解力で8位，数学的応用力で1位，科学的応用力で2位といった状況です。この数値だけで見ますと，結構健闘してるじゃないかということになろうかと思います。もっとも，先程の全国学力テストの結果で見ますと，対象は小学校・中学校ですが，決して楽観できない結果がでており，やはり学力低下ということは否めないんじゃないかと思います。ともかく，私は今までご説明したところよりも重視すべきは，この調査結果からも明らかなとおり，わが国の生徒が普段勉強する時間は参加国中最低である，という点ではないかと思います。1週間当たり3.3時間という数字が出ています。また，読書をしない生徒の割合は加盟国平均の31％を大幅に上回る53％となっています。要するに，全く読書をしない生徒諸君が半数を超えているということです。この状況を前提としますと，この部分を打開することが真の学力の向上ということに繋がってくるのではないかと，私は考えています。このことをふまえると，知識を増やすという次元ではなくて，先程申しました意味での真の学力を形成するというところに繋がってくるというふうに考えている次第です。

ほかにも，国際教育到達度評価学会の調査とか，色々調査がございます。また各県独自の調査の動きもでております。新聞報道によれば，25の県で今年度（2002年度）実施の予定であるといったことが取り上げられていましたが，前年度（2001年度）に比べても県独自の調査が今年度（2002年度）12県増加しているような状況もあります。またベネッセという民間の教育機関

ですが，そこの調査結果によりますと，高校生の勉強量・学力の面で二極化傾向が見られるとのことです。要するに，する者としない者との格差が極めて大きい。やっている者は毎日コンスタントに2時間でも3時間でもやっているが，やっていない者は全くやっていないという状況があるようです。ただ，私は学力問題というのは現状でいいという楽観論も適当でないし，かといってあまりにそのことに終始して，悲観論に走ってもいけないと思います。先程申しましたように，活路を見いだすといいますか，現状でこの程度であればそういったところを本当に工夫して，学ぶ意欲だとか学ぶ楽しさを生徒一人ひとりが見つければ，以前の学力水準が確実に身に付いてくるのではないかと考えています。

　私たちは現場の人間ですから，では学校でどういうようなことをやっているのか，取組みはどうなんだというようなことを，特に私は高校の所属でしたので高校を中心にした各学校の対応というかたちでお話ししたいと思います。高校におきましても，いわゆる習熟度別授業，つまり学習内容の習熟度，理解の程度に応じてきめ細かく指導するという授業形態が，特に数学・英語といった教科を中心に実施されております。習熟度別授業は，福岡の場合は110校の県立の全日制の学校がありますが，そのうちの103校が現時点で実施しております。規模の小さい学校等もありますから，そういうところは個別に現状でも対応できるというところもあります。そういった習熟度別授業の実施から，さらには補習授業といったことが各学校で生徒の実態に応じて展開されているのです。

　それから次に，学校間の連携ということについてですが，学校間の連携というのは，例えば高・大連携ということで大学の先生方に高校のほうにおいでいただいて，大学ではこんなことを勉強しているんだよという学問の導入部分といいますか，基礎の基礎をお話しいただくことで生徒諸君の進路意識の高揚ということを図っていますし，逆に高校から中学校のほうに（出前授業といっていますが）伺って，各教科の基礎的な事柄を一緒に勉強するといったようなかたちで，学校間の連携によって円滑な接続ができるようにしようという取組みが行われております。それから，完全学校週5日制が実施

されましたが，土曜日をどう使うかということで，土曜講座とか土曜セミナーというかたちで単なる補習授業じゃない，プラスアルファといいますか，生徒の状況に応じた学習指導ができるように，教養講座的なものも含めて，そういう講座を土曜日に実施しています。これは県立高校の7割程度で実施をしております。

　そのほか，個別に各学校で工夫した取組みが行われていますが，2，3，例を挙げたいと思います。まず，福岡地区の県立城南高校ですが，ドリカムプランというのを平成6（1994）年度から実施しています。要するに，生徒の進路に対する夢を現実にするために何をするかという，教師主導の進路指導を脱却して生徒主体の進路学習を具体化していくということです。今日お見えの九州大学の中留先生をはじめ，各先生方にご指導，あるいはご助言をいただきながらその企画を進めて，現に功を奏しており，進路実績も格段に伸びています。単に受験の学力の増強でなくて，もっと根源的に，学ぶことへの意欲とか興味とか関心とか，そういうものを引き出す展開が行われています。3年間の指導体系というものを計画的に組みまして，これに基づいて1年次から個別の指導を行っているということです。法律関係に職を得たいとか，あるいは看護の道を進みたい，といったそれぞれの希望に応じて各職場を訪問・見学して，自分が頭で描いたことを体験してみるといったようなことが実際に行われています。このほか，福岡市内で申しますと，修猷館高校のスーパーサイエンスハイスクールといったような試み，理科教育・数学教育に重点をおいたカリキュラム開発ということで，これも連携と申しますか，大学のほうから，九州大学の先生方に来ていただいたり，出前講義をしていただいたり，あるいはゼミ的なものを行っていただいたり，といろんな取組みを実施しております。

　それから次に北九州地区ですが，門司高校の例を引きたいと思います。実は，私は教育センターに勤める前は，同校に校長として勤務しておりました。門司高校は普通科のみの学校ですが，この普通科の中の特色あるコースとして「数理科学コース」を設置しています。このコースでは，理数コースとほぼ同様のカリキュラムを編成しています。これは同校に限りませんが，この

ようなコースや専門学科として普通科とは別個の「理数科」を設置している学校ではこれに属する生徒を筑波研究学園都市に引率しまして，だいたい高校1年の夏休みや春休みに，たとえば筑波宇宙センターですとか，高エネルギー研究所ですとか，あるいは他にも国のいろんな研究機関がございますが，そういったところを見学しております。何でこういうことをやっているかといいますと，生徒諸君が現代科学の最先端を体験することで，大いなる刺激を受け本当に勉強する気持ちを培ってもらいたいということです。これは普通高校だけではありません。専門高校でも，農業・工業・商業・水産・家庭等それぞれに取り組んでおりまして，たとえば八幡工業高校のインターンシップ，職場体験学習ですが，安川電機の協力を得て，もう10年以上になりますが，こういう体験研修をしております。各高校での本当の意味での学習意欲の向上に，このような働きかけをしているということ，決して勉強の詰め込みだけで対応しているのではないという状況をご理解いただきたいと思います。それから，中学校も同様の取組みをしております。一例だけ挙げてみますと，田川市立の鎮西中学校のケースです。先程のインターンシップと類似していますが，消防署での人命救助の体験学習，あるいは病院での体験学習といったような事柄が中学校段階でも行われております。また，幼稚園での体験，福祉施設での体験，こういったことも中学校段階で実施しているということです。なお，以上のような取組みは，県立や公立・国立の学校だけでなく，私立の中学校や高校においても各学校や生徒の実態に応じて種々行われていること，もちろんです。

3．今後に向けての提案等

それでは，今後に向けての提案，そしてまとめをさせていただきたいと思います。大きく分けて3つのものがあろうかと思います。まず，今ご紹介したように，中学校，高校ともに3年間を見据えた進路指導，主体的な進路学習をさせて，本当の意味で学ぶことの必要性とか学ぶことの楽しさを知ってもらおうという働きかけがもっと工夫されてもよいと思います。次にやはり，

基礎・基本の定着の促進ということですが、これを凝縮して申しますと、やはり学習時間を確保するということだと思います。ある県立高校の例を挙げます。決して進学だけに重点を置いた学校ではなかったのですが、年々の積み重ねの結果、3年生の3分の1以上が国公立大学に合格するというような学校に変容してきております。それは日々の小テストですとか、あるいは、宿題を付与して必ずそれを採点して次の日には返すというような地道な、また継続的な取組みがこういう成果を生んでいると思います。「勉強をしなさい」で勉強をする子どもというのは100人に1人もおりません。やはりそのような、やらないといけない条件づくりが必要でしょうし、上記のような地道かつ継続的な取組みがその根本だろうと思います。それから、もう一つ、読書指導ということが必要だと私は思います。私どもが生徒にいくら「読書をしなさい」といってもなかなかきっかけがつかめない状況もありますので、高校段階でも「朝の10分間読書」というものが小・中学校に準じてずいぶんと導入されてきております。こういった機会を通じて10分間の読書ではありますけれども、そこを読んだら次を読みたくなるのが人情で、ついに1冊読み終えた、それで読書の喜びを知ったといったような生徒諸君も多数おります。因みに、平成14（2002）年度、県立の全日制110校のうち、57校がこの制度を導入しています。導入校は年々増加していますが、読書を積み重ねてきている生徒諸君は、大学に入ってから、あるいは社会人になってから、色んな方面からものを見ることができるようになるでしょう。こういった地道な読書指導、その徹底が大切であろうと思います。

　終わりにまとめということで提言をさせていただきます。生徒に学力向上を求めることは大切なことですが、そのためにはやはり私どもは現場の人間ですから、教員一人ひとりが、指導力の向上のために各種の研修に取組むということが必要だと思います。学力の問題は見方を変えれば指導力の問題でもあるといえます。冒頭でお話しした学習指導要領は、字義からも明らかなように学習者と指導者の両方を対象とした国の基準である、ということからしますと、学力の問題も、あるいは指導力の問題もそこには含まれていると思いますので、これはまずもって大事であろうと思います。また学校も、教

育委員会，あるいは家庭，地域社会と連携・協働して子どもたちが伸びていけるための，働きかけを継続していくということが大切かと思います。そしてそういったことの積み重ねが，児童・生徒一人ひとりの真の学力の向上に繋がってくるのではないかというふうに理解をしております。

　では，以上で私の発表を終わらせていただきます。ご清聴ありがとうございました。

［提案2］

「育つ力」と学力

熊本県水俣市立袋小学校・九州大学大学院　　倉本　哲男

はじめに

　熊本県水俣市の袋小学校に勤めております，倉本と申します。九州大学の大学院の博士課程にお世話になっているものですから，この2つの立場からお話をさせていただきたいと思います。

　最初に結論から申し上げます。私は，狭い意味での学力というところに焦点を絞って議論が起きているような気がしてなりません。小学校に勤めております私の立場から申し上げますと，全人格的な「育つ力」が実は必要でないか，というのがこれからお話しする事柄の結論です。

　現在，学力低下論争がとても盛んです。書店に行けば学力低下を危惧する声と，その対策としての通信教育，参考書，問題集が溢れかえっています。マスコミでは，平成14（2002）年の12月中旬の文部省の学力調査結果を受けて，新指導要領へのバッシングが高まっていたように思います。日本経済の低調さと不透明さが将来への不安を搔き立てるのでしょうか。こういうような状況の中で私なりに考える，学力低下問題ということについて述べさせていただきます。

1．学力低下は問題か（アメリカとの比較）

　次に，なぜ学力低下が問題かということを，アメリカの教育との比較から，

お話ししたいと思います。

　学力低下は本当に問題なのでしょうか。私事ですが，私は国際結婚をしております。妻はシアトルの出身です。そして私自身も大学院で，アメリカ研究をさせていただいています。そのため，アメリカに対する興味関心が非常に高うございます。さて，ここで話題にしたいのが，「学力低下は本当に問題なのか」についてです。サンプルとしては数少ないのですが，妻を含めた親戚，友人，留学時代の友人の話や，その後の米国生活の中で感じるのは，少なくとも「アメリカ人は知識量はあまり多くないのではないか。しかし，また別の異なる能力を身につけているのではないか」ということです。これがここで最も言いたいことなんです。

　以下は，体験談レベルで日米を比較したものです。事例報告として受け取っていただければ幸いです。私がアメリカでお世話になった時代に，教育学の講義で日本教育の質の高さについて質問されたことがありました。と言いましても十数年前の話です。当時は日本経済の最盛期であり，アメリカでは『危機に立つ国家』が出版され，日本経済の成功は教育の質の高さにある，と指摘され始めた時代でした。私は威張って，全国津々浦々，高校2年生の数学では微分積分を学習するよう指導要領に定められ，質の高いカリキュラムが開発されていると答えました。何か1つ例を示すように言われたので，威張って，黒板に微分積分の問題を解いてみたんです。

　そのとき，褒められるかと思ったのですが，講義室では批判と同情の声が主流を占めました。そのコメントには以下のようなものがあったのを覚えています。「こんな微分積分など，大学教授である私でさえ学習したことがない。まして，私の人生に全く必要がない。私は教育が何であるのかを考えさせるのが仕事であり，数学者を育成する必要は全くない。これを日本全国の高校生にやらせるとは，意義はいったい何なのか」，「これを，全国の高校生に学習させるとすれば，小学生・中学生の数学教育はいったいどうなっているのか。よほど進んでいるのか，よほどゆがんでいるかに違いない」。そして，中には「私は高校時代たしかに微分積分を学習した。しかし，それは私が特別に数学が得意だったからであって，高校でアドバンス数学をとってい

たんだ」。そして，最後にジョークを交えてでしたが，「生徒にとっては拷問に近いんじゃないのか」というようなことを言われました。その次に「いったい日本では，どれほどの割合の高校生が微分積分を理解できるのか。そしてこれを全国の高校生に学習させる教育的意義は何か」という質問を受けました。

　私はとても困惑しました。板書しろと言われたからやっただけなのに，とぶつぶつ思っていたんですが……。確かに高校生の20％程度しか微分積分をマスターできていない，という話は聞きます。私は「少なくとも高校生時代理解できませんでした。予備校に行ってやっと少しは理解できるようになりました」と答えました。すると，「予備校とは何か，何のために行くのか」というような質問が次に起こりました。私は「大学受験にパスしなかったから，受験科目を勉強して再受験するためです」と答えました。それが好奇心に火をつけたようでした。「微分積分をマスターするために予備校まで行くのか」とか，「微分積分をマスターできず，予備校にも行けない生徒はどんな人生が待っているのか」とか，「もしも，大部分の生徒が微分積分を理解できないのなら何のためにカリキュラムへ組み込むのか」などなど。まして「予備校まで必要な日本の教育はいったい何なんだ」というふうな質問を受けました。当時は，「日本経済の成功は教育にあり」と言われた1980年代ですが，そのうち私にもだんだんと疑問に思えてまいりました。

　日本のような全国的に拘束力を持つ学習指導要領システムは，アメリカにはありません。「アメリカではもっと州レベル，学校区レベルで教育の自主権がある。もちろん基準はあるが，もっと柔軟に対応できるカリキュラムを開発し，本当に必要な教育が実施できる。全国の高校生が微分積分を履修しなければならないとは理解しがたい」という指摘をされました。この国（日本）の学習指導要領のカリキュラム開発は，本当に正しい方向に向かっているのだろうか，と私はだんだんと思うようになってまいりました。総合的学習がやっと実施され，カリキュラム開発の自主権が一部保障されるようになったけれども，なぜ，学校レベルや教師レベルでカリキュラムを開発するのを，もっと保障してくれないのか，それから，そもそも学力とは本当は何

のことなんだろうかと。このことに関して私はまだまだ若輩者です。会場の皆様のご意見を伺いたいと思っています。

　最後に，この講義の担当教授が結論部分でこう言われました。「教科における到達度，ほぼ一般的な意味での学力と，教育的到達度，広い意味での学力，または全人格的な能力は異なる概念である。このことを追究していくことが，我々，教育者の使命，重要なことではないか」と。皆様はどのようにお考えになりますか。

　次の話は，アメリカのSATについてです。SATはセンター試験のモデルになったと言われているものです。ちなみにインターネットで3問引っ張り出してきました。時間がありませんので2問だけをご紹介します。まず，〈3ドルと5ドルのチケットがあります。そのチケットを合わせて50枚売り尽くし，230ドルの売上になりました。では，3ドルのチケットは何枚売れたのでしょうか，A～Eから選びなさい〉という問題です。私の（学校の）小学生にさせたところ，26人中，4人できました。これは大学入試問題です。アメリカの大学入試問題なのですができました。2問目の，〈$3n+5(50-n)=230$〉，おそらく中学生ならかなりの確率でできるんじゃないでしょうか。

　このように，カリキュラムを考察する場合には（日本とアメリカでは）大きな開きがあるように感じています。これらを見ると，「アメリカは遅れた国なのか」という疑問もでてきますが，そんなことはありません。確実に経済大国で，IT大国，進んだ技術を持っています。では，これらのことを考え合わせたときに，学力とはいったい何なんだろうというような疑問を，今でも，教壇に立ちながら持っています。あとで会場の皆様のご意見をお聞かせ下さい。

　次にアメリカの学校視察から考えることです。私は1989年から，アメリカの学校を視察する機会に恵まれました。それを踏まえて，「求めるべき学力」とするのがいったい何なのかという視点を示してみたいと思います。誤解のないように明記いたしますが，アメリカでは知識定着も重要事項ですし，画一的な標準テストもあります。その成績が，学校長の進退問題に及ぶよう

なこともあります。ですから何もかも自由奔放だという意味では全くありません。

ですが，ワシントン州のBattle Ground High Schoolというところの科学の授業を参観いたしました時に，とても示唆に富む授業がありました。その授業では，高校の先生がポットを持ってこられて，ピュシュと開けられたんです。「音がしたね。なぜだと思う？」，発問はそれだけです。そして日本ではおよそ考えられないような豊富な機材が揃った科学室で2時間，高校生が自由にああだこうだと言いながら動き，授業をやっていたのを観ました。私がかつて授業を受けたときには——私は共通一次世代ですので——おそらく，「これはなぜ音がするのでしょう？ 内圧と外圧の違いです。a, b, c,から選びなさい」，マル。おそらく1分もかからない授業になってしまうと思うんです。

さて，このような教育を小学校段階から高校まで受け続けてきた人材と，一方，私の小学校では学力テストの前にはドリルで詰め込みますけれども，そのような教育をずっと受けてきた人材では，いったいどのような違いがでるのでしょうか。個人的な見解ですが，確実に育っている能力が違うと思うのです。皆様はいかがお考えでしょうか。

2．「育つ力」とは何か（小学校の実践より）

次は，私の小学校の実践からの提案です。キーワードは「育つ力」です。私の主張は，「学力という狭い意味でのものではなく，全人格的な『育つ力』を育みましょう」ということです。「育つ力」を私たちの学校では以下のように定義しています。「子どもにとって身近な生活圏・地域社会・グローバルの各レベルにおいて，自ら問題に気づき・考え・実行することを通して，子ども自身に主体的な全人格的要素を育むことができる力」。そして学校ではまず，「袋っ子タイム」というのを設けました。「袋っ子タイム」というのは，毎日の昼休みを50分に変えたものです。なぜこの時間を設けたのかと言いますと，300人規模の学校なのですが，不登校児が約10名います。不

登校傾向（の子ども）まで入れると，非常に高い割合になります。これをなんとかしたいと，職員で知恵を出しました。そこで決まったことが，休息時間20分に勤務時間30分を組み込んで50分の昼休みを作り上げることでした。そして，勤務時間であるからには，教師も一緒に出て一緒に遊びましょう，ということを決めました。校長先生自身が，一緒に外に出て子どもたちと遊ぶという姿も時々見かけます。子どもの遊びの中にいわゆる学力と言いますか，育つ力があるのではないかということで始まった取組みです。多少の時間割上の歪みはありますが，私はすばらしい取組みだと評価をしております。不登校傾向の子どもが学校に出てきたときに，その子を囲んで全員で遊ぶ中で，子ども集団の育ちが起きている。人格的な伸びが起こり，そして不登校傾向が少しずつ解消されているという事実があります。けれども，やはり一般的には学力は教科の力，というのが通説ではないでしょうか。

　そこで本校（袋小学校）で始めましたのは，コース別学習，言葉を選ばず言いますと「能力別編成」です。下位グループ，中位グループ，上位グループに分け，ふざけた名前ですが，おでんの料理にたとえまして，きざみコース，味付けコース，煮込みコース，と呼んでいます。子どもたちに上中下という意識を持たせない，せめてもの努力です。子どもたちは，「私はきざみコースに行く」とか「味付けコースに行く」と呼んでおります。このようにして取り組んできまして，本校の数学の平均偏差値が学区で40.2だったのが，少しずつ上がって子どもたちの中に伸びが出てきました。偏差値だけで話をするのはよくないことは重々承知の上ですが。そして，「今まで，算数がわからないことがあっても黙っているしかなかった。つまらない時間だったけれど，今は自分のペースで勉強できるし，わからないことを友だちや先生に聞こうと思うようになった」。「算数は私は得意な方なので，――これはできる子の話です――ゆっくり過ぎて退屈な時間だった。こんな言い方はよくないけどそれが本当の気持ちだった。でも，煮込みに入ってから，――これがここでの表現では上位コースといいますが――進んだ勉強もできるし，スピードもちょうどいいと思う」というコメントがみられました。若手教師は，「子どもが生き生きとしてくれるのがうれしい。1学期は平気

で30点とかとっていた子どもが90点台をとったときには，やったーと思いました。このコース別学習は良いアイディアですね。私もやる気がでました」というコメントをしてくれました。

　ただし，課題はやっぱりあります。保護者の中に，上のコース，下のコースというふうに平気で言う人はやっぱり，そのように呼ばれますし——子どもたちに序列がつかないようにととても配慮していますが，私たちの知らないところで序列がついているのかもしれません。何が本当の子どもにとっていいことなのか，これからの模索段階かなと思います。ぜひご意見をお聞かせ下さい。

　では，今度は，6年生の実践です。ここでも結論から申し上げます。私たちは，「学力とは『育つ力』である，全人格的な能力である」というふうに捉えております。私はサービスラーニングというのを研究しております。サービスラーニングというのは，アメリカの総合的な学習だと受けとっていただければ幸いです。「育つ力」を育むためにはどうしたらいいか，サービスラーニングの理論によれば，「体験学習の中に教科を生かすことが重要である」ということになります。教科の力なくして，子どもは活動できません。特に国語の力，社会の力，理科の研究する力，というものはとても重要です。それから表現するときの，小学校では図工の力，そういうようなものを大事にしていくのです。

　まず，子どもたちがより対外的な活動ができるようになるという意図で，職業体験学習をしました。水俣市は，ご承知のとおり水俣病が発生した地域です。私の勤めている袋小学校地域は水俣病患者が多数発生した，非常に複雑な様相を抱えている地域です。その中で環境再生という動きがあります。環境にこだわった和紙づくりの「浮浪雲工房」というところに子どもたちが出かけまして，自分で和紙づくりを学びました。それから今年度（2002年度）の実践では，職業体験を福祉的なものに絞りまして，5ヵ所の中から選ぶというかたちに変えてみました。

　また，2学期の修学旅行では，「どんな水俣について伝えたいですか」という問いに対して自分の課題を考えます。これは課題を自分で設定し，自分

で追究するという総合学習の理論に則っております。修学旅行先の長崎で，再生した水俣や環境 ISO の取組みのこと，それから，水俣市がゴミを 23 にも分別することなどについてまとめています。また，水俣市では水銀会議というものが行われました。国際水銀会議という，全世界の水銀研究者が 300 人ほど集まりまして，非常に大きな会議が開かれたんですが，そのときに子どもたちが，水俣の印象はどうですかとか，なぜ水俣病に関心があるのですかとか，英語でインタビューしました。それから，国際水銀会議で私たちは水俣をテーマにしたハイヤ節を踊りました。参加者が 300 人をも超すレセプションでしたので，子どもたちにとっては非常に有意義だったように思います。

　さらにこういうことをまとめ上げて，長崎の小島小学校というところに行って，ポスターセッションの発表をしました。長崎の小学校は，平和教育についてのポスターセッションをしてくれました。私たちは平和について学んで帰ってまいりましたので，「ノーモアナガサキ，修学旅行で学んだ平和についてなにか表現をしよう」ということになりました。被爆者の永井博士が原爆病と戦いながら生きていく姿を劇にして，「心ふれあい集会」と銘を打って，日曜日に行っております。これが昨年度（2001 年度）の 1 年間の総合学習の取組みです。私のなかで，この取組みはサービスラーニングなんですけれども，「学力とは何か」に対する答えは，「学力とは『育つ力』である」，つまり，全人格な能力ではないかと思います。誤解がありませんように，子どもたちは勉強全然してないわけじゃありません。先ほどのようなコース別学習も取り入れながら，子どもの実態に応じた実践も続けています。

　以上が，学力とは「育つ力」であるという主張のまとめです。

おわりに

　最後に，こうした実践のモデルとなっていたものが，サービスラーニングというアメリカの総合学習です。これはひとことで申しますと，社会，国語の教科の力を使ってボランティア体験学習をして，また国語や社会の力，理

科の力へとつなげるというように，単なる体験学習にせず，教科から出発し，体験を通してまた教科に戻る，という理論です。こういうことを意識してやっていけば，低学力だ，ということにならずに，少しでも「育つ力」というものを育成できるのではないでしょうか。確かに，テストの点数を上げるためには，居残しをして，プリント攻撃をして，わからない子について教えて，知識の定着のためにやっていくほうが最も効果は高いように思います。しかし，それでは子ども自身が学ぶ意味を学べません。そこでこのようなことを考えながらやっているつもりです。つたない実践でしたが，ご清聴のほどありがとうございました。

［提案3］

新学習指導要領と「学力」の基盤

九州大学教育学部教授　中留　武昭

　私は文部科学省の研究開発学校の企画，評価委員を10年ほどしております。研究開発学校は学習指導要領改訂のために，学習指導要領の持つ法的拘束性を免除されて，自由なカリキュラムを試行し，その成果をもって次期の学習指導要領のいわば目玉とか特色をつくることを目的のひとつにしています。前回の生活科や今回の「総合的な学習」の創設などはその例です。そのことと関わりつつ，今回の学習指導要領の内容に関しまして，少し誤解があるような点もございますので，ちょっとお話ししてみたいと思います。

　今回の学習指導要領は実はいくつかの特色を持っています。学力の問題と関わって申し上げますが，1つは教育内容を非常に厳選したということと，同時に個に応じた指導を徹底するという方向転換をしたわけです。ご承知のように，基礎的，基本的な内容を学習できるような観点から，全員が一律に学ぶ部分に応じて，内容を上級学年に，あるいは学校段階，学年間，教科間などで繰り上げたわけです。重複する内容を削除したということです。そこで，そこから起こってきた疑問が学力低下になるのではないかというわけです。

1．学力指導要領の改訂と学力低下論

　学習指導要領の問題として，「子どもの学力低下を招くような学習指導要領は破棄しろ」という世間の批判も出てきています。ですが，これに対して

は実は次のような工夫を学習指導要領の中には取り入れられているわけです。まず，内容の厳選のみではなく，併せて理解や習熟の程度に応じた個別指導，グループ指導といった一人ひとりの個性や能力に応じたきめの細かい指導を徹底し，このことによって学力低下を防御しようとしています。さらに，この全員が一律に学ぶ部分というものを縮減し，共通に学ぶ部分に発展的学習や補充学習といった考え方を取り入れました。これは基準の明確化とかかわっています。それから先ほど申し上げましたが，一人ひとりの個に合った指導を徹底するということから，中学あるいは高校における選択幅を拡大し，子どもの能力・適性あるいは興味・関心，進路希望などが多様化する中等教育段階で，最大，週あたり5時間を選択学習に取り組んでいます。

しかし，今回の学習指導要領が出た後に，いろいろと学力低下等の問題がかなり出て参りました。その一つが上で述べました学習指導要領の最低基準性の問題です。最低基準性の明確化は総則の中でもうたっていますが，これに答えるために，いずれの学校でも取り扱わなければならない部分として，学習指導要領をすべての子どもが共通に学ぶ内容として厳選しながら，同時に学校の判断で子どもに応じて裁量の余地を拡大し，特色あるカリキュラムを作っていくという素地を作ったわけです。

ところで，学力低下の問題については，学問的にも厄介な問題を抱えています。例えば，基礎的学力と言われるものにしましても，①読み・書き・算という3R，これを基礎的学力とする考え方，②教科の学習を続けていくための基礎学力とする考え方，③国民としての学校教育終了段階で共通に必要な学力という考え方があります。ところがこの3つのような共通に獲得してほしい教育の内容を学力とする言い方と，さらに④として，学力構造に対する知識や理解，あるいは問題解決力，意欲といった学力の構造の基礎に関わる部分とする解釈もあります。この学力の解釈に関しては基礎学力一つをとっても，国民の間でも，研究者の間，現場の先生の間でも合意がとれていません。このような現状が一層，学力の問題を複雑にしているわけです。

ここで図をちょっと見ていただきます（本書36頁の図1参照）。

この図は実はもう数年前に作成したものです。これは1本の地に生えた樹

ですが，この樹を子どもだと思ってください。従前の学力と言われるものはご承知のように地面の上の部分，目に見える部分でありました。樹の幹であり，枝であり，そしてこれにあたる部分が知識，技能であります。これは誰の目にも見えるいわゆる狭い意味での伝統的な学力であります。これは目に見えるし，見えるどころか例えば受験学力というようなものとして，学力低下の問題が指摘されています。一面においては，受験学力の問題は大きな教育病理を生み出してきたことも事実ですから，受験学力を回復してという展開はおかしいのです。いずれにせよ，世間で言われている学力低下はおよそこの「樹」の図に見え，測定可能な知識，技能の部分です。

ところが，学力は実はこの目に見える部分だけではなく，地面の中の根の部分があるのです。目に見える部分ではなく目に見えにくい部分，そこに何があるのか。それは関心・意欲・態度といったような，あるいは思考力・判断力・表現力・そして最も重要な感性と言われる部分があるのです。

これらの部分をもう少し学力という点でみていきますと，関心・意欲・態度というのは，学ぼうとする学力です，学んでいこうとする力です。それから思考力・判断力・表現力というのは学び方の学力，スキルとしての学力です。また感性といわれるものは学びに気づく学力になります。これらはみんな学力，いわゆる方法知とよばれている学力です。これに対して図の上部にある知識・理解・技能というのは学び取った学力となります。大事なことは，この学び取った学力とそれからここにある樹の根の部分を分離して考えてはいけないということです。ここの分離が始まると，必ず知識・理解・技能の部分で学力低下とか言われるのです。非常に問題となっているのは狭い意味での学力の所のみを指しているのです。即ち，学力をトータルに見ていくことが必要だと考えられます。

国際学力調査等もご承知と思いますけれども，確かに国際調査の中で学力は確かに「見える学力」として，知識・理解の問題では，実際に日本はトップクラスです。しかしもっと問題なのは何かというと，実はこの調査の後でも出てくるのですが，数学あるいは理科に対する学習への興味・関心が32ヵ国中の世界最低となっていることです。このような学力観を取っていると，

長期的に見たらますます学力は下がっていくでしょう。

　既に示した樹の図をもう一度見ていただきたいのです，この真ん中にあるのが「総合的な学習」の時間です。これは確かに授業内容を3割削減した代わりに総合が入ってきましたものですから，単純にそこから学力低下がもたらされたとする誤解があります。

　そうではありません。なぜこの「総合」が重要かと申しますと，この樹の見える部分（幹・枝・葉）は教科にあたるわけですが，この教科で得た知識や技能を総合的な学習の時間によって生きて働く学力，即ち知性に変えることが重要なのです。その時に必要なのは興味・関心・態度，思考力・判断力・表現力といった学ぼうとする学力や学び方の学力であります。この目に見えない部分が，総合的な学習の時間の方法論を作っているわけです。ただし，皆様の中にはこういった興味・関心，思考力・判断力といった学力は教科の中でできないのかという指摘が出てくるとおもいますが，実際できてこなかったのです。教科書中心の一斉授業方式が長らく授業文化として根づいてしまったからです。それは総合的な学習といったものが入ったことにより，知識を転化する必要性が出てきた，それで役に立つ知識に転換していくわけです。

2．新学習指導要領とカリキュラムの大綱化

　今回の学習指導要領は，実は中教審による学校の自主性・自律性の確立によって，学校の裁量権として，カリキュラムにかなりの大綱化が進められてきています。財政，人事はある程度までしか進んでいませんが。しかし，一人ひとりの子どもを大事にする行政・経営の基盤の変化と教育課程の基準の大綱化・弾力化がワンセットになったということです。特に学校の自主性・自律性は，約42年間もの間，地教行法によって変わらなかったのですが，これを改正したのです。従って，これを受けて各地方が学校管理規則を変えて教育改革は法制度的に動き始めている状況であります。

　そこで，このワンセットになったことの意味をもう少し申し上げますが，

2つ大きなことがいえると思います。その一つは，この樹の根の部分に土壌の改善と表現しています。この根をよくするためには，土壌が悪くてはだめなのです。この土壌とは何かと申しますと，これは学校の文化です。学校の組織，学校の文化とは学校の顔です。

　学校文化とはその学校の構成員の大方の者が，ごく当然のことと認識しているものの見方，考え方です。それは雰囲気とか風土と言ってもよいと思います。例えば，ある学校を訪問した時に，なんとなく温かいようなそういう印象を受ける学校があるわけです。あるいは非常に冷たい印象を持たれる場合もあると思います。つまりここで言っているのは，この学校における人間の関係であり，生徒同士あるいは教師と子どもたちの，その関係がネガティブだとこの樹は育ちにくいのです。学校文化の持つポジティブ性，ネガティブ性については私も調査をしてまいりました。

　学校文化がネガティブであるのとポジティブであるのとではどのような違いがあるのでしょうか。ここで一つの結果だけを紹介しておきたいと思います。ネガティブな雰囲気を持っている学校は，確かに学級規模，学校規模が大きくなるに従って，同僚性についても革新性についても自律性についても低くなっていきます。しかし，ポジティブな雰囲気のある学校では，自律性にしても同僚性についても革新性についても，学校規模とは関係ありませんでした。

　今ひとつ，総合的な学習を考えていくときに大切なことは，教科と総合的な学習との連関をはかることが非常に大事になっていきます。各教科から総合的な学習においてつけたい学力を，内容的にも方法的にも連関させることが重要になっていきます。生徒の学習活動と反応，それから教科と総合的な学習の領域との関連を持たせて押さえていくことが大事になってきます。

　もうおわかりとは思いますが，こういう連関性をつかみながら総合を進めている学校とそうでない学校とでは，学力の差が出てくるとともに，学力間格差が出てくるものと仮説されます。この点は今後，検討してみるつもりです。学力，それも生きて働く学力が実現可能な学校の条件づくりとしてのポジティブな学校文化の形成ということが今後大事になっていくと思います。

[コメント１]

第１回セミナーを振り返って

九州大学教育学部教授　　土戸　敏彦

　公開セミナーの先陣を切って「学習指導要領と学力」というテーマが設定され，教育各界を代表する３名の先生による報告提案が行われた。そのお三方とは，かつて高校現場で教鞭をとられ，現在は福岡県教育センター・教育指導部長である佐々木秀成氏，熊本県水俣市の袋小学校教諭であり，アメリカの教育事情にも造詣の深い倉本哲男氏，そして九州大学大学院人間環境学研究院で教育経営学を専門として研究してこられ，今年（2003年）３月をもって定年退官される中留武昭氏である。

　各報告提案者の報告内容には，それぞれの立場と特徴がよく表れており，当該テーマの概要全体をある意味でカバーするものとなっている。

　まず佐々木氏の報告であるが，学習指導要領の解説から入って，学力という言葉の意味を解きほぐし，そして今日の学力低下をめぐる論議へと進む，わかりやすい展開となっている。そして，この問題に対する現在の学校における取り組みが具体的に示される。たとえば，高校と大学の連携や中高の連携，さまざまな工夫をこらした進路指導，あるいは地道な読書指導など，オーソドックスな教育の基本ともいうべき提案である。

　次いで倉本氏の報告では，歯切れのよさとともにポイントが明確に呈示される。氏は，現在の学力をめぐる議論に対し根本的な問いを投げかける。すなわち，学力低下は本当に問題なのだろうか，と。具体例を豊富に用いた日米の比較はすこぶる興味深く，説得性に富んでいる。そして，「育つ力」をキーワードとした自らの小学校での実践が紹介される。要するに，学力とは

「育つ力」であり，全人格的な能力ではないかという問題提起である。

最後に，研究開発学校の審査に関わりつつ，学習指導要領の検討に当たっておられる中留氏は，学力低下問題にからんで「基礎的学力」の解釈にもいろいろ存在することをまず指摘する。そして示されるのが，年来の主張である「樹の図」である。地中にある根の部分は，重要であるにもかかわらず見えにくい。それが実は，狭い意味での学力とは異なる方法知と呼ばれる学力だと述べる。総合的な学習が学力低下をもたらしたという一部の批判に対して，氏は総合的な学習の時間こそが知識を生きて働く学力に変えるというのである。

さて，以上のような報告提案を受けて，会場からいくつか鋭い質問が提案者に向けられた（休憩時間中に多くの質問紙が寄せられたが，時間の制約があり，残念ながらそのすべてに回答していただくことはできなかった）。

まず，その1つは「学校週5日制になり，授業時間が削減されたところへ総合学習が導入されたために，教科指導が減少したのは問題ではないか」という質問であるが，これに対して中留氏が答えている。その骨子はおおむね次のような内容である。すなわち，教科はそれぞれの親学問に由来しており，系統性がある。しかし，生きる力は教科の基礎基本だけからは出てこない。それを現実の生活の中で生きて働く力に変えていくことが必要である。

次に，「育つ力」についての質問に対して倉本氏は，子どもが水俣病の問題に現実に取り組むことによってある種の自立を果たしていった例を挙げ，社会科の面でも，コンピュータのスキルについても，あるいは作文能力という点でも，要するに総合的に力をつけていくことの重要性を指摘している。すなわち，学力とは，偏差値や点数のことだけではなく，人間が育つということだという解釈を示している。

さらに氏は，コース別学習，つまりは能力別編成学習についても答える。それによると，学校は子どもの生活の場であり，勉強がすべてではない。コース別学習がもつ意味というのは，子どもの生活の場を保障すること，言い換えれば学校の中に居場所があると子どもが感じられるようにすることだとされる。学校に通うことが，単純に塾に行くこととは異なるとすれば，そ

のような意味でだろうと述べている。

　佐々木氏への質問としては，子どもたちの家庭学習や自主学習の時間，読書の時間が減少した理由は何であると考えるか，というものがあった。そしてさらに，その課題に対して学校が対応するだけでよいのか，という点も合わせて質問内容に含まれていた。

　氏はこれについて，不況だとはいいながら相対的にはわが国の現在は物質的に豊かであり，したがって遊びの拡大という状況の中で，子どもたちはおのずとそちらへ向かってしまう傾向にあり，こうして学ぶ意欲や喜びを見失ってしまうという結果になっているのではないか，と推測する。そしてこのことへの対策としては，家庭との連携は当然だが，何よりも小・中・高が連携して計画的・系統的な学習の習慣づけを行う必要があると回答している。読書についても，朝の10分間読書の大切さに触れつつ，その喜びを知らせる努力の必要性を強調した。

　以上は質問紙に対する提案者の回答であるが，会場からの質問および意見も受け付けた。

　まず率直な問いとして，学習指導要領の3割削減ということについて，必要な部分までも削減されているのではないか，という疑問が提出された。

　これに対して，中留氏が3割削減の意味について述べた。すなわち，3割の部分がなくなったわけではなく上の学年に移されたということ，および分量的な内容の問題に注目されがちだが，肝要なのは学習指導の方法や指導組織の面であり，これが学習指導要領に書かれるべきだろうとの説明があった。

　同じ質問者の問いであるが，倉本氏が行っているような授業に対して，保護者あるいは管理職から，そのような総合学習ではなくて教科学習にもっと力を入れてもらいたいとの要求があった場合どうすればいいのか，というきわめて実際的な質問もなされた。

　倉本氏は，これに対して次のように明快に答えている。「子どもの姿を親に，保護者に見ていただくのがベストだ」と。たとえば，ボランティア活動に保護者も一緒に参加してもらうとか，総合学習ノートに子どもが書いたことを保護者がつねに目にし，通信欄に親子で書き込むなど，保護者の理解を

得ていく工夫と努力をする。ただ，テストの点数が下がれば絶対に理解してもらえないので，その点は周到な配慮をするとのことである。なお，管理職への対応についても，基本的には同じ考えだと氏は述べている。
　会場からの最後の質問として，次のような発言があった。日米を比較した場合，総合学習というものを受け入れる態勢が異なっているのではないか。高校や大学，企業は総合学習をどのように捉えているのか。これがまず第一点。第二は，高校受験・大学受験には入試の出題範囲として基礎学力が前提されているが，総合学習というようなやり方でそれらに対応できるのか，という問いである。
　後者に対してまず，中留氏が答えた。それによると，インドクトリネーション（教え込み）と総合的な学習が目指そうとしている生きる力とは，矛盾するものではない。両方とも必要なのであって，肝心なのは総合的な学習が，眠っている教科の認識力を生きて働かせることなのだとされる。
　さらに第一点目について，倉本氏が滞米経験をもとに，アメリカではたとえば社会奉仕活動が浸透していることを挙げ，質問者の指摘の通りであることを認めたうえで，しかしそれで諦めるのではなくて，われわれとしてはどうするのかを考えるべきだという観点から実践を行っていると，みずからの姿勢を示した。
　これらを補足する形で佐々木氏の方から，近年の入試方法の変化，たとえば小論文入試の実施等で，教科融合的な力量が問われていること，これは受験学力のレベルではなくてその子どもの身についている重要な要素であること，これらを踏まえて九州全体で入試改善の努力がなされていること，などが語られた。
　ちなみにこの公開セミナー第1回の雰囲気であるが，入場者に関しては会場満杯とまでいかなかったものの，相当数の来場者があり盛況であったことは確かである。その成果として何がどれだけ得られたかは，時間が経ってみないとわからないが，少なくとも問題提起としての種子を播くことはできたのではないかと思われる。
　すでに「学力」については，各所で多くが語られている。しかしながら，

多くが語られはしても，それで問題がすべて決着をみたということにはならない。まだまだ語り続けられねばならないこともあるだろう。

それゆえにこその3名の提案者の登場であった。今回の提案者のお三方とも，学力をいわば「広義の学力」として解釈する点では一致している。すなわち，「生きる力」「育つ力」「自ら学ぶ力」が，そこでは強調されている。たぶん，今後の日本の社会で生き延びていく子どもたちに要求されているのは，まちがいなくこうした力であろう。この力が必要なことを否定する人は，まずいまい。

ただ気になるのは，この力が「狭義の学力」，つまり学業成績の向上と抵触する面があるのではないかと危惧する見方の存在である。この問題については，本セミナーの中で各提案者がそれぞれ理論的にあるいは実践的な経験から解決の展望を示しているし，とりわけ中留氏がそのような疑義に対する周到な反論を展開してきたところでもある。

だからこそ──というべきか，この点に関連して，ないものねだり的な欲を言わせてもらえば，総合的な学習に対して批判的なスタンスをとる論客が提案者に加わっていれば，さらに盛り上がりを見せたかなという印象は残る。

今や胎動の域を越えて，すでに歩み始めている「生きる力」であるが，注釈者としてはこの「広義の学力」さえもが「管理された学力」になってしまわないことをねがうのみである。

最後に，この問題は，学校や教育の関係者だけのものではないように思われる。というのも，肝要なのは「学力」の解釈ではなくて，それを支える価値観だからである。だとすれば，社会全体が「学力」について，さらにはそれを支えている価値観について，自らの問題として「反省」する必要があるように思われてくる。

［コメント2］

這いずり回る「教授者」から見た「学力」

九州大学教育学部助教授　久米　弘

1.「じゃあさ」と「でもさ」

　パズル作家の芦ヶ原伸之によれば，「薬の名前は『ん』で終わる」という。確かに，漢方薬に由来する日本の薬は，粉ならば「○○散」，練って丸めれば「○○丸」となる（ちなみに煎ずれば○○湯）。また，西洋医学系の薬名や商品名も，例えばイブプロフェンやインドメタシンなど「ん」で終わっている。

　先の芦ヶ原の言葉をルール（法則）とみなし，実例や事例を探そうとする行動のことを，Jahsa thinking と呼ぶことにする。「じゃあさ，シトグロビンもそうなの？」という具合に，次々と例を探索していく行動である。一方，「でもさ，塩化リゾチームや硝酸ミコナゾールは違うじゃないか！」と反例，例外例を探し始めることも可能だ。このような行動のことを Demosah thinking と呼ぶことにする。どちらの方向に進むにせよ，頭の中では，既有の知識を総動員して「考える」という行動をとっていることになる。教授ストラテジストの細谷純はこれをル・エグ変換と呼んだ。

2. 学力はどこにあるか

　学力について議論する場合，当然のことながら，議論する者それぞれが学力に対して同じ定義を持っていることが前提条件となる。したがって，どの

ような意味で学力という言葉を使っているのか，ということを明確にし，その上で議論することが必要不可欠である。

例えば，学力を，学習者の内部にあるものか外部にあるものか，また，教授者が自由に変化させることの難しい（制御不可能な）要因として存在するのか，それとも教授者が自ら積極的に（ある程度自在に）変化させることの可能な（制御可能な）要因なのかという属性で分類することが可能である。

		学習者	
		内部	外部
教授者	制御可能	①	③
	制御不可能	②	④

この分類に従うならば，学力は，①学習者の内部にあって制御可能なもの，②学習者の内部にあって制御不可能なもの，③学習者の外部にあって制御可能なもの，④学習者の外部にあって制御不可能なもの，という4つに分類できる（上表参照）。実際，学力をこの表のどこに位置させるかは，当事者（教授者，管理者，指導主事，役人，官僚，研究者等があり得る）の考え方や立場（手足の動かせる範囲），教育目標あるいは方法によって異なるであろう。

3．学力をどう考えるか

周知のように，学力テストで測定できるものが学力であるという考え方が存在している。この場合，学力は学習者の外部にあり，学力テストで測定可能なものである。いわゆるこの学力テストの成績がその時点での学習者の理解度を示すことになる。教育目標は学習指導要領で決まっているのだから，その目標に従って学力テストの問題を作成することになり，評価基準は明確，結果は数値として明示され，序列をつけることも可能である。しかしながら，

このような学力テストで測定できる事柄は当該の学力テストの内容に限られ，それ以外の事柄については測定され得ない。したがって，ここでいう学力の示す範囲は極端に狭いものになる。もっとも，ものは考えようであり，具体的な問題の作成方法については学習指導要領に明記されていないため，問題の作り方によって別の角度から学習者たちの学力を測定することも可能である。もし，その部分を「業者まかせ」にしてしまうなら，狭い範囲の学力についてだけしか測れない（明確にできない）ことを覚悟しなければならない。

一方，「育つ力」を学力とするならば，その学力は学習者の内部に存在することになる。この場合，字義通りに受け取れば，「(学習者以外が) 育てる」のではなくて「(学習者が) 育つ」のだから，その「育つ」方向は，教授者ではなく，学習者たちが決めることになるため，多方向に進む可能性があり，統一的な評価基準をつくることは極めて難しい。いわば学習者たちの変化（事前の状態と事後の状態との比較）を追っていくことしかできないし，学習者ごとに評価基準を設ける必要が出てくる。一般には，教授者は，学習者たちの「学習の環境づくり」に専念するという美名のもと，何もせず「育つ」ことを待つ（教授者にとっては制御不可能な）ことになる。教授者としては敗北宣言であろう。

甚だ個人的な意見となるが，（大学の）教授者の一人としては，学力を学習者の内部にあり，しかも制御可能なものであると考えたい。そうでなければ，教育の可能性を自ら狭めることになってしまうからである。逆に，そうであるならば，学習者の学力に関する教育の可能性はかなりの程度広がることになる。

学力を制御可能なものとした場合，教授者の教育目標，教授内容の決め方（制御の仕方）によって，学習者の学力はかなりの程度向上が期待できる。したがって，教育目標，方法，教授内容を決定し，教育の方向性をある程度決定することが教授者に求められることになり，その点において教授者の力量が試されることになる。また，学力が学習者たちの内部にあるものだからこそ，でき得る限り測定可能な形に射影されることが必要である。いわゆる「見えない学力」という存在，そしてその重要性については否定しないが，

見えないからこそ可視化する努力を（教授者も研究者も）惜しんではならないはずだ。「見えない学力が重要だ」と主張するだけならば，やはり敗北宣言を行っているに過ぎない。

　敗北しないためには，まず学習者の学習の前提となる状況（ヴィゴツキーの言う「現在の発達水準」）を把握（この行動がアセスメントとなる）し，教育目標あるいは教授目標を測定可能な具体的な目標に変換（そもそも「わかりやすさ」と「正確さ」は反比例する！），予測される学習者の変化が，でき得る限り具体的に測定できるような発問と教示の系列を作成する必要がある。極めて地道で地味な作業だ！

　教授者である限りは，校種を問わず，学習者の内なる学力，あるいは，ヴィゴツキーの言う「発達の最近接領域」をできるだけ拡大させる方向を探し続けることこそ，最重要課題とすべきであろう。個人的なことで恐縮ではあるが，この課題を解決すべく努力している教師たちをいかに支援すべきか，日々，身をくねらせよじらせて悩んでいる。

4．ルールと実例，実例・事例探し

　教師あるいは教授者の役割は，いかにして学習者に「考えさせるか」を考えることである。学習者にとって，「考える葦である」という言葉を引用するまでもなく，「ヒト」ではなく「人間」としての「生きる力」の前提には，まさに「考えること」が必要なのだから。その際，冒頭で示したような「じゃあさ」あるいは「でもさ」と学習者に発言させることが，その一つの方略（ル・エグ変換，実例探し・事例探し，「Jahsa thinking と Demosah thinking」）であり，さらには，学習者がそう発言することこそ，その方略が成功した証しとなる。したがって，学力の向上を願う（願わない親も教師もいないはずだ！）なら，学習者の前提値（ヴィゴツキーの言う「現在の発達水準」）の把握のためのアセスメント，それらを考慮した上で「じゃあさ」や「でもさ」と発言させ得る発問と教示の系列の吟味，そして，評価活動（果たしてその方略で学力が向上したのか否かを判断する必要がある！）が

不可欠なのである。これらなくして,そもそも学力を問う(あるいは論ずる)資格はない。

第2章　学力と「総合的な学習」

［提案1］　高校教育行政の立場から，「教育の正道」をめざす
　　　　　　　　　　　　福岡県教育庁高校教育課長　　今泉　柔剛

［提案2］　国際的な学力観から見た「学力」水準と総合的な学習
　　　　　　　　国立教育政策研究所教育政策・評価研究部総括研究官　　坂野　慎二

［提案3］　実社会で必要とされる学力と
　　　　　　教育改革のダイナミックス
　　　　　　　　　　　　九州大学教育学部助教授　　吉本　圭一

［コメント］　「総合的な学習」と学力
　　　　　　　　　　　　九州大学教育学部教授　　南里　悦史
　　　　　　　　　　　　九州大学教育学部助教授　　吉本　圭一

[提案1]

高校教育行政の立場から，「教育の正道」をめざす

福岡県教育庁高校教育課長　今泉　柔剛

　私は，平成6年に文部省に入省し，現在，福岡県の教育庁の高校教育課長として赴任しています。私は根っからの行政官で，私の仕事は，ビジョンを示し，そのためのストラテジーを立てる。そしてそれを具体的に施策化してマネージメントしていく，そういう仕事です。

　きょうは，学力と「総合的な学習の時間」というテーマで，高校教育課長として，福岡県の高校教育において総合的な学習の時間をどう組み立てていくのか，提言をしたいと思います。そもそも高校教育課長として，高校教育はどういうふうにあるべきか，どういう方向性に持っていこうとしているのか。私の考え方を要約すれば，真に教育の成果をあげるためには，学習者のモチベーションがあること，それにその適切かつ効果的な教育が提供されること，この2つです。

1．「教育の正道」をめざす

　福岡県の高校生には，将来を見越した10年後，20年後，実社会で役に立つ学習を，ぜひ高校在学中にしてもらいたい，と考えております。それでは実社会において役に立つ学習とはどういうものなのか。これは，学習指導要領に出てくる，「相手の言うことを適切に理解する能力」，「相手の言うことを頭の中で応用させる想像力と応用力」，また「頭の中で考えたことを論理的に整理する，論理的思考力」，「論理的に組み立てたことを相手に正確に伝

える表現力，そして知識，技能」などが，実社会では重要だと思います。

　ただ実社会ではそれだけではなく，友人関係を通じて，こうすれば人を傷つけ，こうすれば人から喜ばれる。そういう人間関係の機微を学び，その学校において基本的なルールの遵守を学ぶ。さらにいわゆる健康な肉体を育成し，健康な体を育成する。これは，実社会で役に立つものだと考えております。ただ，これらは言ってみれば，実社会で役に立つためのひとつの武器です。自分が持っている武器，道具を実際どう使っていくのか，そこへの想いがさらに必要です。いわゆる自分が持っている能力を使って何を成し遂げたいのか，自分がどうなりたいのか。そういうその「志」を持つことが重要です。これをぜひ高校教育において目指していきたいというふうに考えております。

　私は現在県立高等学校に対して，全校にメールマガジンというものを送っております。その中で高校教育課長としての施策の方向性を示しております。その中で，今年の抱負として「教育の正道を目指す」というのをあげました。私の考えている「教育の正道」というのは，学力ももちろん重要だけれども，学校においては，多様な学びをしていきたい。そこでは，学習者のモチベーション，学習意欲の向上と，適切かつ効果的な教育が必要。これをひとつのスタンスに持って施策に組んでいこうとしているところでございます。

2．学習者のモチベーションと「総合的な学習の時間」

　それを，具体的に「総合的な学習の時間」とどう関係を持たせていくのか。私は，「総合的な学習の時間」は，この「学習意欲の向上」に非常に役に立つものではないかと認識しています。

　いままで行政は，教員を養成し，研修し，そのための免許をつくり，学校という建物をつくり，システムをつくる。そして教育内容を決め，教科書を提供し，そして必要な教材を用意する。このように，教育に対して，予定調和型の，十分・不十分はあるにせよ，非常に丁寧な配慮を行ってきた。ただ，その一方，学習者のモチベーションの向上についてはなかなか具体的な施策

が見えていなかった。そういう状況にあります。今回の新学習指導要領で，学習意欲の向上がうたわれましたが，この「総合的な学習の時間」こそ，学習意欲の向上に使えるのではないか，というふうに私は考えています。

では，具体的にどうしたら学習意欲が向上するのか。高等学校は義務教育ではない以上，そこでは，与えられる学習というよりも自分から求める学習であるべきと考えております。自分がこの高校で何を学ぶのか，なぜ学ばなくてはいけないのか，そして将来その学んだことを使って何をしたいのか，そういうことを意識していることが重要です。つまり，その高校生に自分の将来に対する目的意識を持たせる。そして，なぜ高等学校で自分が学ぶのかを意識させる，こういう取組みをしていきたい。

これについては，城南高校がドリカムプランというものを設けて，その中でドリカムノートというものをつくりました。私がこれに賛意を感じるのは，私の求めている「教育の正道」と，軌を同じくしている点です。つまり，高校において将来自分が何になりたいのか，それを生徒に意識させる。そして，それにもとづいて自分に学習計画を立てさせて，いろんなフィールドワークなり，課題研究なりを行わせる。福岡県立高校111校すべてにこの教育の王道の部分は共通するのではないかと思います。もちろん各学校でその取組みの方法は，変わってくるものと思います。ただ私の思っている「教育の正道」は，まさにそこの部分で，生徒にモチベーションを持たせる，そういうことをひとつの施策として取り組んでいきたいというふうに考えております。

3．学校側のアプローチの重要性

そうした「総合的な学習」を生徒が行うためには，学校の側からのアプローチが必要となります。つまり，学校側が自分たちの学校はこういう教育を提供します，そういうことを積極的にPRし，生徒に周知していくことが大事です。大学では，シラバスというものがございますけれども，高校においても必要なのじゃないか。もしも私が教師とすれば，この受持ちの教科においては，生徒たちのどういう部分の学力を伸ばしたいと思うのか。そして，

1年間どういうスケジュールで授業を組んでいくのか。どういう文献を読む必要があって，どういうノートの取り方をするべきなのか。評価はどうするのか。そこについて，学校側の情報提供があってもいいのではないか，と考えています。

　また，中学を卒業して初めて高校に入った高校生には，基礎的な学習スキルのオリエンテーションも必要なのではないか。高校における学習スキル，どういうふうなノートをとる，どういうふうな情報収集の仕方をする，文献の収集をする，そういうことについてオリエンテーションが必要なのではないか，こういうふうに考えているところでございます。

　高校の「総合的な学習の時間」のねらいについては，新学習指導要領で，2つ挙げられております。ひとつは「自ら課題を見つけ，自ら学び……」で，よりよく問題を解決する資質や能力を育てること，いわゆる生きる力を育てること。もう一つが，学びやものの考え方を身に付け，問題の解決や探究活動に主体的，創造的に取り組む態度を育て，自己のあり方，生き方を考えることができるようにすることです。私は，このねらいの2つは，並列とは考えてはおりません。おそらく層的，二重構造になっているのだろうな，というふうに解釈しています。はじめに，いわゆる生きる力を養う道具の部分で，その次に，生きる力という道具を使って，自己のあり方，将来の生き方を考える。そういうことを私は福岡県の高校教育における総合的な学習の時間のねらいとしていきたいと考えています。

　ご存じのとおり，高校においては，平成15年度から新学習指導要領が実施されます。ですから本年度（平成14年度）はまだ移行期間中ではございますが，県立高校111校の中で，全日制で「総合的な学習の時間」を設けているところは49校，実施率44.5％，定時制は19校，実施率70％です。つまり，この4月から全校で教育課程上，必ず設けなければならないにもかかわらず，その前年の本年度にその取組みが進んでいない，というのが現在の福岡県の高校教育の実状でございます。

　これには，いろいろな理由があると思いますけれども，学校現場に話を聞いてみると，完全学校週5日制が導入されたその中で，いわゆる進学校とい

われる学校ほど，取組みが進んでいない。受験のための授業時間の確保，そのために1年でも総合的な学習の時間のために時間を取られたくない，という想いがあるようです。また，課題研究と代替できる部分において，必ずしも切羽詰まった感がないということもあるのかもしれません。ただ私が先ほど申したとおり，この4月から新学習指導要領が本格実施されます。そこにおいては，生徒の学習意欲を高めるための取組みを「総合的な学習の時間」でしていきたい。学習意欲を高めるために，自分が将来何になりたいのか，そういう目的意識を持たせるための時間にしていきたい，というふうに考えているところでございます。

4．県の高校教育行政における学校支援と情報提供について

こうした取組みを学校の側にいきなりお願いするだけでは，もちろん行政としてあまりにも無責任な対応になります。総合的な学習の時間は皆さんがご存じの通り，各学校が実態に応じてつくっていくものです。そこで我々がやらなければいけないのは，教員に対して，今泉は高校教育課長として，どういうふうに施策の方向性を定めて総合的な学習の時間を進めていきたいのか。また，そこにおける授業の実践事例というものはどういうものがあるべきなのかという情報提供や例示だと思います。

たとえば，アイデアとしては，ドリカムプランのドリカムノートみたいなものを，全校で実施する，また，先ほど申したシラバス，オリエンテーションを義務づける，こういうこともあるかもしれません。また，教員の研修として，いわゆる学習意欲の部分を重視した研修，即時実践型の研修なり，基本的な学習スキルを学ばせるためのオリエンテーションの仕方，それを学ばせるための研修というものを行っていく必要があるかもしれません。また，具体的な授業実践のための実践事例集については既に取組みが進行していますが，そういうものを充実させる必要があるかもしれない。さらに，いわゆる教材の部分も実践事例，いわゆる総合的な学習の時間に使う教材も用意しなければならないかもしれないし，教員をサポートするその体制のシステム

づくり，これもしなくてはならない。

　いま高校教育課において，いろいろな具体政策を考えている最中でございます。いずれ，先ほど紹介しましたメールマガジンにおいて，県立学校の先生方には学校現場に施策化する前にそれを提示していきたい，と考えています。そういう場合には，メールマガジンは E-メールでございますので，返信が可能でございます，ぜひ学校現場の声を返していただきたい。このように考えております。

質疑応答から（抜粋）

質問：基礎学力を維持しながら，将来に繋がるさまざまな生き方の学習を余裕をもって行うようにするには，週5日制よりも，6日制に戻すべきではないか。

回答（今泉）：学校外にもいろいろな学びの場があります。私は，実生活で役に立つ学びというのは，学校で教わる教科による，いわゆるIQを高めるような学びだけではなく，むしろ，心，人間との関係を通じたEQの部分に関わるものがあると思います。たとえば，高等学校では禁止しているところもありますけれども，アルバイトによる勤労の学びです。ですから，学校に長い時間行かせれば，それで将来役に立つ学びになるのかというと，私は正直言ってわからない。他方，質問の趣旨は，地域において「いろいろな学び」の受入れの土壌がまだ充分じゃないから，学校でいろいろな学びの場を提供すればよいじゃないか。学校行事なり，部活動の時間が削られているが，そういうのははたして良いのか，というご質問だと思います。そういうご質問に対して，私はまさに賛成の立場です。しかし，この5日制というのは，制度が決まるまでに，平成4年から10年間かけて準備をして，平成14年から完全5日制になるというように，10年間準備をして決めた。それを後戻りするということは，そもそもすべき・すべきでないの議論の前に，行政の立場にしてみれば，そういうことはあり得ない。そうであるならば，現在与えられたこの環境の中で，いかに多様な学びを設定していくのかを考えてい

かなくてはいけないと思っております。

質問：今日の教育の方向性というのは，道徳教育と強い関係を有しているのではないか。行政としては，どう具体的に学校教育と道徳教育との関係を考えているのか。

回答（今泉）：ここで示した教育の方向性と道徳教育とは，確かに非常に強い関係があります。私は，生徒には将来に役に立つ学習を高等学校でしてもらいたいと申しました。将来に役に立つ，その裏にあるのは社会に貢献する，ぜひ高等学校で学んだ生徒には社会に貢献してもらいたいという想いがあります。社会に貢献するためには，まず社会への貢献を学び，何を通じて社会に貢献するのか，もしそれが仕事を通じてならば，職業観を学び，コミュニティの中で活躍するのであれば，そのコミュニティのルールなり，人間関係の機微というのを学ぶ。そういう意味で道徳教育というのは，まさに私の持っている教育の方向性と合致する，と考えております。

質問：学習意欲を高める取組みについて，学習意欲ははたして学力なのか，学習の基礎的素養なのか。

回答（今泉）：私は，学習意欲というのはむしろこういう（コップをもって）器の大きさを決めるものじゃないかなという想いがあります。これぐらいの学習意欲しかないところに，いくら水を入れるのが上手な人が水を入れても，やはりこのコップ分の水しか溜まらない。しかし，もしこのスピーチ台の量くらいの意欲，容積があれば，どんな水を入れるのが下手な人が入れても水はどんどん溜まっていく。そういう関係ではないかと思います。（プロジェクターでの手書きの図で説明しながら）いわゆる学力というのは，器の2つの底辺となる面積分がいわゆる学力，これを伸ばす，縮める，いわゆるこの下地である道具を使ってどこまでのことをするのか，これを決めるのが学習意欲なんじゃないかなと。もちろん学術的な裏付けは何もありませんけれども，こういう3次元的なことが想定できるのではないかと考えてみました。

第2章 学力と「総合的な学習」

質問：将来との関連づけのための総合的な学習を進めていくと、生徒の中には、なぜいま国語や英語や数学を学ばなければいけないの、といった疑問がかえって大きくなるように思えます。だから、結局は教科の学習内容を大きく見直していかなければいけないのではないか。

回答（今泉）：ご指摘のとおり、総合的な学習の時間を確かに考えるだけではなく、トータルで教科の学習全体を考える必要がある。その考えには、まさに賛成でございます。ただ、そういった生徒の疑問には、「なぜあなたたちは国語を、学ばなくてはいけないのか」という問いとして、国語の教員が答えられなくてはいけない。国語を通じて学ぶべきことというのは、非常にたくさんあります。相手が言うことを理解する理解力、自分の考えを論理的に組み立てる論理的思考力、その考えを相手に伝える表現力、それは実社会においても役に立つものです。いろいろな疑問に答えるのは、まさに教員の仕事ですし、責務だと思います。また同時に、生徒自身にも私はそれを考えてもらいたい。

質問：大学入試システムがドイツのようにならない、大学入試システムが変わらないのに「総合的な学習の時間」はむしろネックになっているのではないでしょうか。

回答（今泉）：私は、先ほど申したとおり、高等学校においては大学受験で終わらない将来を見越した教育が行われるべきというふうに考えているところです。ですので、そこにおいてまさに総合的な学習を使っていきたい。そういう学習をした者は、私は大学受験にも通る学力が身につく。これはもう全然、何の裏付けもありません。自分の経てきた自分の人生からしか考えていないので、あなたの人生だけで判断しないでほしいとおっしゃる方もあるかもしれませんけれども、ただ私はそういう想いがある。私は、決して受験勉強廃止論者でもありません。私は、受験勉強における学習、そこを通じて学ぶ学力というものもあると考えています。実際問題、進路を実現するために受験勉強がある以上、これもやらなくてはいけないというふうに思っています。ただ、さらにこういった真の勉強をしてもらいたい。そのために総合

的な学習の時間を使っていきたいというふうに考えています。

[提案2]

国際的な学力観から見た「学力」水準と総合的な学習

国立教育政策研究所教育政策・評価研究部総括研究官　　坂野　慎二

　国立教育政策研究所の坂野です。国立教育政策研究所で，主にドイツと日本の教育政策についての研究を行っています。また所属の教育経営研究部では，いろいろな調査研究を行っていますが，ここ3〜4年は小学校でいわゆる学級崩壊の問題があり，これも私どもで担当しております。

1．新学習指導要領と「学力低下」問題

　総合的な学習とは何か，一応法令上の根拠等確認しておきたいと思います。文部科学省のホームページで，全体の改善の基本的視点というのがいくつか挙がっています。今回の改正は，小中は平成14年度から，高校については15年度から実施です。指導要領の改訂の要点をみると，「多くの知識を教え込む教育を転換し，子どもたちが自ら学び自ら考える力の育成」というポイントが出されております。文言の上ではさらりと理解されると思うのですが，これは保護者の皆さんも，学校の先生方も，実はかなりの意識転換が必要です。といいますのも，従来はとりわけ日本の学校の中では，高校入試とか，大学入試というものが学校教育の成果を測るという形で考えてきたわけですが，その中ではいわゆる知識量を問うことが普通でした。違った言い方をしますと，どういった形でものを考えていくのかとか，例えばこういった材料をもとにどういったことが考えうるのかなど，答えが一個じゃなくって，複数考えられることについての力を育てようという意識がそれほど強くなかっ

たのですね。それが、今回の学習指導要領では、明確にそのあたりを変えてみませんかという提案がなされています。

次に、「ゆとりある教育を展開し、基礎・基本……」とあります。実はこの部分と学校週5日制とが対応しています。今回の学習指導要領の骨格が発表された時に、ほとんどの新聞で、解説として、内容3割削減というのが載ったんです。内容を減らしたんだから、授業時間が減っていても、授業にはゆとりができる、その分で「ゆとり」という言い方で書かれているのがほとんどだったと思います。

そして、次の年に、いわゆる「分数のできない大学生」、今の大学教育はこんなにだめになっているという話がでてきました。それで「高校でなにを教えているの？」という話になり、「内容3割」と「分数のできない大学生」、「大学崩壊」ということがほとんど一緒にでた。そのために、内容3割削減というのは学校でものを教えていないことだという考え方が流布する結果になったわけです。

2．「総合的な学習の時間」の課題性と現実

ともあれ、「総合的な学習の時間」はどういったものなのか、確認したいとおもいます。小中高それぞれに分かれておりますが、総合的な学習の時間のねらいとしては、①「自ら課題をみつけ、自ら考え主体的に判断し、よりよく問題を解決する資質や能力を育てること」、②「学び方やものの考え方を身につけ、問題の解決や探求活動に主体的、創造的に取り組む態度を育て、自己の生き方を考えることができるようにすること」となっています。これを具体的にどう学校で指導できるのかが非常に困難なところです。素直に読んだら、自ら学ぶ、自ら課題をみつけるわけですから、先生が教えてはいけないわけです。もちろん、自分で課題を見つけてやっていける子もいます。けれども、実際に、自分で何をやったらいいんだろうと、課題を見つけられない子がいっぱいいます。中学校をいくつか回って、総合の話を聞きますと、ほとんどの学校が生徒への丸投げになっています。つまり、子どもたちが自

分で考えなさいと，ただ，字面だけを追っていたらこうなるんです。

　また，試行段階のときにも問題になっていたのが，先ほどの①②の関係と，その下の「例えば」のところです。「例えば，国際理解，情報，環境，福祉・健康」といういわゆる4領域をやらなくてはいけないと思っている方が相当多かった。しかし，そこは「例えば」なので，別にこれじゃなくてもいいんです。従来の学校教育の中では薄かったであろうという部分が例示されている。ところが，それをしなくてはならない，mustで考えてしまう。そこがまず一つの誤解なんですね。と同時に，じつはその領域をやればいいというわけではなくて，その下にさらに「児童の興味・関心に基づく課題，地域や学校の特色に応じた課題」を出してくださいという形になっているわけです。その点をまずご了解いただければな，という風に思います。

　高校も大筋はこれと同じですが，高校のほうは②で，小中の方では，「児童の興味・関心に応じて」ということになりますけれども，高等学校の場合は，進路というものがでてきます。先ほどフリーターの問題が出ておりましたけれども，実は，高校生の生き方とか自分たちの将来を考える機会というものがこれまで十分に提供されていなかったのではないか。もちろん，城南高校のドリカムプランのように，学校でこういったことが必要だと思えば，10年前でも20年前でもできたわけです。けれども，トータルで見た場合，それが十分でないと判断せざるを得なかったわけです。

　社会が複雑になってくると，こういった部分が見えないことが多いわけですが，日本の学校教育は，特に，教科の学習に偏ってきており，しかも，教科の学習というのが，生活からちょっと離れたのではないか。つまり学校でやっている学びが，後の自分の一生の中でどんな風に関係していくのかということについて，子どもたちに有効な解答を生み出しえなかったのではないか，というのが僕の考えです。そこで，それを深めるかたちで，「自己の在り方，生き方や進路について考察する学習活動」をやりましょうとなっているのだと思います。こうした考え方が，日本のこの学習指導要領段階にあるのですが，これは，いったい特異なものなのかどうか，外国との比較の話をしてみたいと思います。

3．国際的な「学力観」と日本など先進諸国の学力レベル

　ここでは，各国比較をしている学力調査はどんな「学力」を問いたいのか，という中身の話をしたいと思います。私どもの国立教育政策研究所が学校にお願いしております国際学力調査に大きなものが2つございまして，一つはTIMSSというもので，IEAという機関がやっております。いわゆる，算数・数学・理科の国際学力調査です。もう一つが，OECD，経済開発協力機構がおこなっておりますPISAというものがございます。その2つについて簡単にご説明させていただきます。

　まずTIMSSのほうです。1995年に実施して，そのあと，追跡調査等もやっており，これは，国際数学理科教育調査というかたちで結果等も新聞等に出されています。実はこういった学力調査をやりますと，日本はだいたいいつも1番とか2番とか，上位グループに入っています。ですから，新聞でも，今まであんまり見向きもされなかったんです。

　それが今回，PISA調査が2001年11月4日にプレスリリースされた時には脚光を浴びたんですが，それは，この時期が，先ほどのまさに「基礎学力論」とむすびついて，「分数のできない大学生」がなんでトップグループなんだという話になったわけです。

　さて，調査している「学力」の中身ですが，実はTIMSSのほうは従来の日本型の学力調査がベースになっているんです。つまり，何を知っていますか，何ができますか，ということについての調査がベースになっている。したがって，それまで学校で学んできたものがどれだけ理解できて定着していますか，という調査がTIMSSの方です。

　ところが，PISAのほうは，資料の通り，調査の内容が，「読解リテラシー」，「数学的リテラシー」，「科学的リテラシー」となっています。もっとも，この言葉についての，実際的な国際的な言葉の合意はないです。このリテラシーという言葉は，まさに英語でありましてアングロサクソン系の用語で，噛み砕いていえば，「ものを読んで理解することができる」，「数学的な出来事において，論理的な考え方ができる」，さらに「それをさまざまな自

然現象と生活の中で，それを使うことができる」というようなものの考え方になる。私の専門のドイツの話をちょっとさせていただきたいのですが，ドイツの方はですね，このリテラシーに当たる言葉がない。フランスにもこのリテラシーに当たる言葉がないので，定義をどうするというので喧々囂々の議論になったわけです。まさに日本でも学力とは何だ，必要な力とは何だということで，いつも議論がなされるわけですけれども，国際的な合意というものも実はまだあまりないです。ただ，リテラシーにこめられているのは，「ものを使って考えて，解法を見いだす」というある種道具主義的な考え方ですね。つまり「ただ単にこれを知っていますということではなくって，知っているものを使って何ができるか」ということですね。それが，実は国際的な調査でも，ウエイトが置かれるような内容になってきたということです。生活の中で実際的な使用を重視する。そのため既に学んだか否かを問うのではなくって，実際的な応用力がどのくらいあるのかということをしらべてみようということが試される」，これがこの調査のポイントであります。

　ドイツでは，この TIMSS も PISA もどちらも非常に成績が悪かったんですね。去年7月に朝日新聞の日曜日の一面トップに国際的な学力の動向についてカラーでばっとだされたことがありました。おそらく，ご覧になった方多いかと思うんですけれども，ドイツは PISA の方は集計した31ヵ国中の20番とか21番とか22番だったわけです。実は，TIMSS のときにもそうしたショックはあったんですけど，これは，「要するに，暗記の話でしょ」ということになって，ドイツ人はものを考えているんだ，暗記しているんじゃないんだというのが，実は，彼らの言い分だったわけです。で，ところが，PISA のほうでやってみたら，こっちも悪かったんですね。ということは，ものを知っていないし，考えてもいない，ということが証明されてしまった。ということで，ドイツ中の学校でまた喧々囂々なってしまったわけです。

4．総合的な学習を進めるための考え方と方法論についての提案

　総合的な学習については，ひとつは，何を知っているかを問うんじゃなく

て，知っていることをどういう風に使えるかということが問われている。ただし，前提となる何を知っているかという部分が足りなければ，当然のことながらものをそこから組み立てることができないということになります。実際に総合的な学習をやっていくために，どんなヒントがあるのか。

ひとつは，日本の場合とりわけ高校入試や大学入試という関門が大きくて，そこで何ができるということを保護者の皆さんも生徒自身も先生方も議論しない。けれども，先ほどフリーターの話がありましたけれども，その後実際にリストラされないような会社の中であるいは社会の中で，自分が生活をやっていくための能力として何が必要なのかということを考えながらやらなければ，やっぱりこれはまずいだろう。それをやるのは学校しかないと思います。

もう一つは，総合学習で実際に何をやるのかというヒント，ネタ探しですけれども，先生方が実際になさる場合には，まず違った学校種を見ていただきたいな，ということです。高校来年度4月から，始まるわけですけれども，中学校でやっている実践というのは実は少ない。少ないけれどあります。まず，それをちゃんとリサーチしていただきたい。

あともうひとつ，「産業社会と人間」です。これは，平成6年度の高校改革で，普通科，専門学科の次の第三の学科としての総合学科というのができたのですけれども，総合学科における原則履修科目という形で「産業社会と人間」という教科が創られました。その中で自分をみつめて，社会はどうなっていて，じゃ，自分の地位はどうするのかという三本柱のなかみのことがうまくしめされている。こういったものを参考にしながら総合的な学習の時間を進めていただきたいと思っています。

質疑応答から（抜粋）

質問：国際的な学力観，「リテラシー」について，もう少し具体的に説明してください。

回答（坂野）：具体的に，問題の例を示しておきます。要はただの暗記では

なくて，図表なら図表の読み方を問うような問題が出してあります。たとえば，「アフリカのチャド湖の水位の変化というものがありますが，いまの水位はどれくらいですか？」というのが問題としてあります。図の変化の中で，いま実際にどこだというのを目測でみるものになっています。あるいはこのグラフは何年から始まっていますかという，読みとりです。そこには，写真があって，ある時代の壁画の中の動物が見えるんです。そうなるとその動物がその時代に生きていたのだろうということが推測できる，このことが重要で，それを，図表から読み取って考えるという問題が出されている。

「生活の中で実際的な使用を重視する。そのため既に学んだか否かを問うのではなくて，実際的な応用力がどのくらいあるのかということをしらべてみようということが試される」，これが，国際的な調査でも，ウェイトが置かれるようになってきた「学力」のポイントなのです。

質問：今後，総合的な学習を進めていくためにも，その基礎となる「知識」がもっと重要なのではないか，そしていま教科の方がおろそかにされてきているのではないか。

回答（坂野）：そうした疑問ももっともですが，他方では，高校中退の問題があります。あるいは，内容についていけない子どもがいる。そこで，高校では選択科目を増やします。理科や社会の中で選択科目を多くつくっておくと，例えば理科の中でも「物理」は試験も難しそうだから易しそうな「地学」にしようと，出来るだけ安易な方，安易な方に流れてしまう。そうした問題への対応のためにも，高校総合学科における原則履修科目，「産業社会と人間」のような内容が必要となってくるのです。つまり，各科目それぞれが，どういった意味をもっているかを考えさせるということです。どうして英語やっているの？　外国行くわけじゃないから，英語いらないよ，ということになる。けれども，実際にはそうした形で，どういう教科選択を通して広い可能性がのこるのか，あるいは可能性がなくなるのか，将来どういった職業につけるんだろうか，ということを考えることが絶対に必要なんですね。

質問：「総合的な学習」にあたって，地域や保護者の協力を得るには，どういう配慮が重要ですか。

回答（坂野）：「総合的な学習」では，先生方のコーディネート能力が問われます。実際の活動のテーマを決めるプロセスにおいて，例えば，今年度はこんなことがやりたいということを，学級通信とか学校通信を通して保護者に投げかけてみることが重要でしょう。ところが，現実には，この反応と意見を伺うプロセスが多くの場合に欠けており，そこで，自分たちの意見が無視されているという保護者からの苦情が出るのだろうと思います。学校の情報公開はいま当然の方向ですから，常に児童・生徒，保護者とキャッチボールをしなくてはいけない。事後的な報告として学校便り，学級便りを流しておわるから，それについての反応も返ってこなかった。いわゆる学校評価の中で，今，実際に児童生徒が，授業評価をやるとか，あるいは保護者に対して学校がアンケートを配って，それで意見を伺うなどということをやる県もでてきています。特に，総合的な学習というのは，とりわけ評価するのが難しい。だからこそ，活動内容を決めていく段階で，出来るだけ生徒や保護者との対話がいると思います。

「総合的な学習」の最近の傾向を見ていますと，小学校ではほとんどが保護者の方からの要望もあって，「英語」です。つぎに多いのが「郷土」ですが，これは，一番お金がかからない方法です。ただし，そこでは，学習指導要領でいう「地域との連携」が課題となります。問題は，地域の社会人講師などにお願いするときのお願いの仕方，お礼の仕方なんです。事前の子どもたちの知識や学習目標などを伝えないで，講師に「丸投げ」で，先生は講師の横に立っているだけという例もあります。また，お願いだけで，協力いただいた方たちに対するお礼の部分が足りないと僕は思います。基本的に，連携というと言葉は美しいのですが，give and take の関係が長く続くというのは，お互いに，やっていてよかったという充実感が必要です。ところが，これまで学校はお願いするだけで，企業に対して，やってよかった，来年もやろうということを提案していないことが一番の問題だと思います。

［提案3］

実社会で必要とされる学力と
教育改革のダイナミックス

九州大学教育学部助教授　吉本　圭一

　私が今日論じたいテーマは、「青年を社会人にさせない日本的システム」です。その改革のための重要な要素が「総合的な学習」です。ここでお話しする「学力」というのは、いわゆる主要五教科の学力というよりも、むしろ、職業社会において通用する「学力」の育成という視野に立って、そうした「総合的な学習」がきわめて重要であるということをお話ししたい。つまり、僕も、今泉さんと同様に、10年後、20年後に社会で通用する学力を考えたいと思います。

　「総合的な学習」ということばは、英語では integrated learning というアメリカにルーツがあります。ですからアメリカの教育改革の流れを、振り子の原理としてお話をしようと思います。

1．アメリカにおける教育改革の「振り子原理」

　アメリカの振り子というのは何か。私の理解は、「政策」と「研究」と「現実」がみんなセットになって、右に左に、右の卓越性と左の平等という基本軸に沿って、10年程度のスパンをもって、極端から極端へと動いていくのがアメリカ社会だと思うのです。

　20世紀前半のデューイからオルセンへ、アメリカではコミュニティ・スクール運動というものがありました。日本も、それを戦争直後に学びましたが、ようするに生活学力ですね。ところが、アメリカでは1957年のスプー

トニックショック以降,『基本への回帰』といって,科学教育の改革を進め,いい教科書も作られました。つまり,今度は右旋回で「卓越性」に投資することになりました。

次に,1960年代になるとケネディ,ジョンソンの両大統領はうんと左側に振れて,貧困や不平等との戦いを行い,それにつづいて,教育の人間化,つまり人間を教育に合わせるのではなく,教育を人間に合わせるという教育改革が進められた。

今村礼子『教育は国家を救えるか』という本で紹介されている60・70年代の高校生の履修科目の変化をみると,英語(アメリカの国語)を勉強してない高校生が増加し,「合衆国の政府」という科目履修者は9割から5割へ減少,「西欧文明」も9割から4割ぐらいになった。つまり黒人にとっての基礎学力というのは,なにもギリシア・ローマじゃないという運動論的なメッセージが変化をもたらしたわけです。つまり学習者の意欲とか背景の多様性に応じるという原理を追究し,アカデミックな科目が減って,実学的な,自動車運転者,結婚,大人への準備,食物調理等々の科目がふえた。

その結果として明らかになってきたのが,大学の進学適正検査,SATの平均点の一貫した低下だった。そこで,1980年代にはレーガン大統領が振り子をまた右に戻した。つまり,徹底した「教育の人間化」の後で,アメリカ版学力低下論がでて,『危機に立つ国家』でこれまでの教育に対する批判が噴出し,そのなかで卓越性と基礎重視というところに議論が戻っていったわけです。

そして,1990年代以後のクリントン政権時の振り子の位置がどうなっているか,今の位置は,また振り子が左に戻って「統合」が重視されるようになっているのだと思います。とくに「学校から職業への機会法」が成立して,高校職業教育のセクターにいる子どもたちだけでなくて,すべての生徒に対して統合的(integrated)な学習を提供すべきだという点が論じられた。ここで総合という意味は,アカデミックな学習と職業的な学習をどれほど統合したのかという点にあります。一例として,キャリア・アカデミー(Career Academy)という高校の学校タイプがあります。重要な点は,アメリカの高

校では例外的なのですが，ホームルーム制をとっていることです。僕の訪問したあるメディア・アカデミーでは，新聞，ラジオ，テレビというような多彩なクラスがあって，放送局の実際の担当者が学校に来て教えていました。また，社会科の授業は，通常の社会科の内容に沿ってというよりも，新聞に関心ある生徒たちには，ジャーナリズムがアメリカ政治にどういうふうに影響を及ぼしたかという論点を絡めて歴史を勉強させていました。このようにアカデミックなものと職業的なものを結びつける学習がここにあります。

　そういう意味で，民主―共和という政権交代軸とも連動しながら，振り子は今後も揺れ続けるのでしょうが，つまり研究者もマスコミも，今度は左に全体の振り子が傾いているとなれば，反対の右側に立つ人たちは徹底的に攻撃する。しかし，攻撃しているうちに振り子が自分の側にもどってきたら，徹底的に政策推進側に回って前に進む。こういうスタンスです。

2．日本における「教育遅滞の尺取り虫」

　これに対して，日本の現実というのは，「革新」と「抵抗勢力」との尺取り虫型の進み方をしている。この尺取り虫がどっちの方向を向いているかというと，中心は欧米を志向し，周辺は中心を志向する。だから自信のないミニ振り子政策である。つまりアメリカの振り子が左にいったと思えば，少し遅れて左方向にちょっとだけ動く，やっと軌道に乗るかなと思ったら，アメリカがもう反対側に振れているというのでほとんど真ん中から少し左に行った地点から右旋回しようとする。ちょっとだけ軌道修正する。こういうかたちで，ちょっと動き出すと，尺取り虫，抵抗勢力がきますから，後ろに引っ張られる。で，いつでも，どんな方向に対しても後ろに引っ張る力になっているのが研究者とマスコミ型世論である。結局，動じない現実がある。もちろん，これが悪いこととは言い切れない。これまで悪くなかったと思う。しかし，これで21世紀を乗り切れるかと考えたら，僕はそうは思いません。

3．日本の学力はいま？──誰の学力か，2-6-2──

ともあれ重要なことは，どの教育段階の，誰の学力を問題とし，誰を政策的にサポートしていかなければならないか，できるのかということでしょう。

まず学力の実態を確認すると，少なくとも，PISAの学力調査結果からは，坂野さんが話していたように，日本の数学学力は世界のトップです。科学は韓国についで2位ですが，トップクラスに入っています。読解リテラシーの方は2位グループに入っていますけれども，アメリカやドイツが上にきているというのではない。たとえば数学は絶対できるんだと自信を持っていたフランスでものの見事に2番手です。参加したのはいいが，後になってPISAの数学の試験の問題の作り方が間違っていたと文句を言い出している。

ともあれ，マスコミ型世論風には学力論は大衆的人気のテーマである。ところが，誰の学力を問題にするのかということを確認しておくことが大切でしょう。若い人を，経営学の2-6-2選抜というモデルに沿って，仮に3層に区分して2-6-2というふうに分けてみることにしましょう。そうすると，職業社会への移行に関する問題状況が，赤信号，黄色信号，青信号に分かれることが示せると思います。日本の若者の上層の2割については，いまトップの少数への政策的な関心はきわめて高くなっていて，いろんな資源の投入がされている。これは青信号で問題ないと思います。他方，日本の社会は，これまで伝統的に6割から7割の中間層が心地よくすごせるように政策的にも努力を注入してきました。教育にあてはめてみると，定期一括，新規学卒採用などの，基本システムが構成され，そのもとで「移行の円滑化」と「大量処理」がなされてきた。しかし今後どうなるのだろうかという点で黄色信号だと思う。後の2，3割はどうなったかというと，フリーターとか，進路不明で社会にでていく。ここが赤信号で，底辺の2割強の困難である。この層は教育政策的にずっと無視されてきた。

真ん中の6割を機械的に処理し，下の2割に真剣に向き合ってこなかった。その結果の問題に今日本が直面している。今の若い人が，職業から逃避しているのではないかという問題こそ，もっとも広がりのある問題なのではない

だろうか。青少年犯罪，青年期の延長，パラサイトシングルの問題と続き，日本は，若者をいつ大人にさせるのか，社会人とはなんだ，こういう議論を真剣にしていかなければならない。自分の効力感と責任をいつ感じさせるか，というのが重要な問題だと思っています。

4．日欧の学力と大学教育の社会的な位置

次に紹介するのは，日本とヨーロッパの計12ヵ国の大学卒業者4万人の比較をしました。これをみますと，案の定，職業場面での大学知識の活用度は，他国と比べて日本で顕著に低い。なんだ，やっぱり日本の教育はだめなのかとあきらめそうになりますが，ちょっと待って下さい。ヨーロッパの大卒者たちは，卒業した年齢がそもそも違う。ノルウェー，フィンランド，オーストリア，イタリア，ドイツ，こういう所は28-29歳で卒業している。日本は，22-23歳で卒業している。そこにはなんと7年間の経験の違いがある。

そこで，卒業生の年齢と大学知識の活用度との関係を考えてみると，実は，卒業生の年齢が高い国ほど「大学知識を活用」しているという傾向が見られる。日本でも，年齢を加えることで「大学知識」が後で役にたつようになるのだと，私は分析しています。こういうふうに考えれば，すぐ役立つことでなく，むしろ後で役に立つようなことを教えればよいのです。

職場で求められている能力，あるいは最近ではコンピテンシーといったりしますが，それは何だろうか。これは私も探索中です。世界中で探索しているわけです。職場で必要なコンピテンシーを，4万人の日本とヨーロッパの大卒者に調査してみました。その結果，いま重要だというのは，「仕事への適応能力」，「問題解決能力」，「コミュニケーション能力」等々です。日欧の違いをみると，「独力で仕事ができる能力」はヨーロッパで重要だ，日本の方は，「仕事への適応」だということになりました。ここにも卒業生の若さの関係があろうかと思いますが，ともあれ日本では協調性に焦点があてられている。他方，大卒時に獲得したものとギャップが大きいものはというと

「交渉能力・折衝能力」「計画立案・調整・組織化の能力」。そこで，結論的にいえば，これらを課題探求能力の育成を目指して，広義の教養教育で身につけさせることが重要で，これが大学版の総合的学習のテーマだと思います。

5．「若者の職業生活への移行」への包括的なアプローチ：4つの提案

1つは，セーフティ・ネットです。万一の事故に備えて網を用意しておくこと，具体的には，若者のキャリアをフォローアップする体制が鍵になると僕は思っています。PISA の学力調査は OECD が企画し，32ヵ国が参加していますが，OECD はこの研究の延長として，同じ対象者をその後追跡調査して，社会に出たときに本当にどんな「リテラシー」が役に立っているのかを調べることを企画し，2003年から数ヵ国でスタートすることになっています。私自身は，政策当局や研究所等いろんなところにプッシュしましたが，日本の参加は実現していません。

また，福岡県は高校中退率の高さで有名です。個別の高校で中退者に対して手紙を送って，いろんな教育機会，学習の機会，つまり大検や単位制高校の情報などを提供していたそうです。これを，職安，ハローワークと一緒に実施し，職業への機会情報を提供していく，こうしていくことがフォローアップのコンセプトとつながるものだと思います。是非，積極的に進めてもらいたいと願っています。

2つめは，「ゆとり」です。僕は，学校は週5日制ではなくて週7日，一日24時間制の学校・学習システムをつくることではじめて，児童・生徒・学生のゆとりが実現できると考えています。もちろん，教員等の資源は今以上に必要ですし，今以上に地域連携などの活用についての工夫が必要でしょう。また，生徒は，学校が開いている間中，勉強できるわけはないし，当然そんな必要はありません。一定のコア時間を前提にしながら，あとはフレックスで好きな時間帯に子どもが学習する。ともあれ，土曜と日曜に働いている家族を置き去りにして土日に学校を閉じてしまっては，どうして家族と子どものゆとりが考えられようか，疑問に思っております。

それから、3つめに、「ガイダンスの機能」を中心に考えていくこと、つまり学校・大学は「学習者が中心」でなければならない。そうすると、先生は、自分の知識量ではなく、資源を総合的に活用して学生の成長を支援するコーディネーターとして力が評価される。教師には、教科の専門性は第一義的にあるけれども、人格者とか聖職者とかなんとか、自分の生き方を見せて子どもたちを育てるというように深刻に考えなくてもいい。その部分はむしろ、立派な生き方をしている方を連れてきて、さあ見てごらんというだけでいい。こういうコーディネーターとしての力が求められる。そして教育リソースとしての地域そのものも、学生自身も教育リソースとなる。いくつかの移行支援のテーマを、実現していくということが、「総合的な学習」の推進となるであろうとおもっています。

質疑応答から（抜粋）

質問：日本の現実が、中心は欧米を志向し、周辺は中心を志向するというのは具体的にはどういうことか。

回答（吉本）：大学改革も、国内では、みんな東京大学をお手本にしようとする。たとえば、高専や技術科学大学が政策的に創設され、ミニ東大化する大学の軸とは別の専門教育を重視した教育系統の軸を創ろうとしたけれども成功しない。それはなぜか。制度発足期のスタッフ第1世代は、外部の企業・社会からきたユニークな先生が教鞭をとるのだけれども、第2世代になると、既存の研究大学からの先生が増えてきて、結局独自の文化が育たないまま、ミニミニ東大化する。だから周辺が中心を志向する限り、その中心がどういうふうに動くかということにシステム全体が左右される。そして日本の中心は、みんなの視線がオックス・ブリッジやハーバードに向かいます。アメリカの振り子原理を少し遅れて縮小再生産しようとするだけです。結局、それで抵抗勢力がでると、ずるずると引きもどされる。これが日本的な動き方だろうと思います。また、研究者ものべつまくなし批判していればいいので、現実と直面しない社会科学研究者が再生産されるという問題が生じてい

るのです。

質問：あまり他国のまねするのではなく，もっと日本の教育のプライドをもってください。
回答（吉本）：「役に立たない大学教育」といわれて，いま，アメリカ流のプロフェッショナル・スクールに関心が集まっていますが，これこそ日本の職業社会におけるキャリア形成の特質を踏まえて，欧米のまねだけで教育改革に飛びつかないでほしいと願っています。

　新人大卒者を迎えた担当者が，毎年「今年の新人は学力が低い」といいます。その担当者も新人の頃にそう先輩たちから言われ，このサイクルを繰り返している。しかし，結局，新入社員が何をやっているのかというと，たとえばJRだと研修の一環として切符切りをやっている。そんな力しか見ないでおいて，大学で何にも学んでいないと批判される。ほんとは，彼らは，ジョブ・ローテーションでいろいろな部署を見たあとで，企画力などを必要とするような部署につくわけです。その時になってようやく大学で学んだことが生かせることに気がつく。そうした日本流のキャリア形成こそが重要で，そこに注目しましょうというのが私のメッセージです。

　だから，今日注目されているインターンシップのいいところは，インターンシップが，アカデミックなものと現実的なものを統合する「総合的な学習」になっているということです。教育学部の学生を最初に派遣したとき，受け入れの人が，「期間はわずか1週間ほどだけど，入社10年目ぐらいの職務を経験しているんだと。アルバイトではそんな経験はできないわけです。」とコメントしていたのが印象的でした。こうした日本流の「統合的学習」を通して，自分の大学教育と社会に出てからの必要な力を，自分で考え，そして大学での学習を深めていく，こうするときに将来に役に立つ学習，役に立つ大学教育に変わっていくのだろうと思います。

［コメント］

「総合的な学習」と学力

九州大学教育学部教授　　南里　悦史
九州大学教育学部助教授　吉本　圭一

　連続セミナー第2回は，2003年1月25日（土）に，「『総合的な学習』と学力」というテーマ設定のもとで，福岡県教育庁高校教育課長の今泉柔剛，国立教育政策研究所総括研究官の坂野慎二，九州大学教育学部吉本圭一の3氏（以下敬称略）による提案があり，その後に活発な質疑応答が行われた。

　各提案者の理論展開を整理してみると，共通の論点をとりだすことができる。すなわち，①誰のどんな力をもって「学力」とするのかを問い，次に，②その「学力」についての日本の現状をどう把握するのか，国際的な調査データや現実の学生・生徒たちの観察などにもとづいた分析を行い，他方，関連していわゆる「学力問題」に関わる社会的な関心やその背景についての論点を示した。さらに，③そうした新しい「学力」に関する学習目標設定を踏まえた「総合的な学習」を中心とする教育改革の方向性や現状を，学習指導要領や海外の教育改革動向をもとに分析・検討し，④その後「総合的な学習」と「学力」の間の「と」を巡る，政策と研究，実践，現実の変化のダイナミックスにそれぞれ言及した。最後に，⑤各人の今後に向けての提言があった。質疑応答の部分も含めて，上述の流れでセミナーの内容を総括してみよう。

1．「学力」とは何か？

　まず，「学力」の規定としては，三者にほぼ共通する理解が提示された。

「学力」を，若者が学校から社会に出て10年先，20年先に通用する「力」として，つまり長期的な効用をもつものとしてとらえるという点である。

今泉は，実社会において役に立つ学習とはどういうものなのか，いわゆる「課題探求の力」だけではなく，同時に，友人関係の機微や，学校で基本的なルール遵守について学ぶこと，健康な体を育成すること，という「学力の基礎となるもの」に焦点をあてる。そして，「学力」の基盤としての「志」，「意欲」や「モチベーション」に着目していく。「自分が持っている武器，道具を実際どう使っていくのか，そこへの想いがさらに必要です。自分が持っている能力を使って何を成し遂げたいのか，自分がどうなりたいのか，そういう志を持つことが重要です」と語られている。

坂野は，国立教育政策研究所の実施するOECDの国際学力調査（PISA）で用いられている「リテラシー」概念に準拠して，アカデミックな知識量を測る従来型の「学力」とは異なる力が，国際的にも注目されていることを示した。つまり，「知っていることではなく，知っていることを使って何かができること」「生活の中で実際的な使用を重視する。そのため既に学んだか否かを問うのではなくて，実際的な応用力がどのくらいあるのかということをしらべてみようということが試される」という表現に，その注目点が明らかになっている。

さらに，吉本は，若者が30歳までに「一人前の市民」となり社会へ移行していくという，より長期的なスパンで考えることを強調した。そして，「学力」を，職業社会において通用するものの中から探索し，とくに経営学領域で注目されている「コンピテンシー」をとりあげている。日欧での国際比較調査をもとに，「若者を大人にしない日本社会」を俎上にのせた。職場で求められている能力項目を調査した結果として，学校・大学は，近視眼的にすぐ役立つことでなく，むしろ後で役に立つようなことを教えればよいと結論づける。具体的な能力項目としては，「仕事への適応能力」，「問題解決能力」，「コミュニケーション能力」などが重要であり，また，「交渉能力・折衝能力」，「計画立案・調整・組織化の能力」などは，従来の大学教育では卒業までに獲得しきれないため，大学卒業後に育成すべき重要課題だったこ

とを論じている。

2．いわゆる「学力問題」の検証，その社会背景について

　学力を，「学力を育てる学習意欲」,「知っていることを通して何かができること」,「後から活用できるようになる能力」などという観点から見たとして，その場合に，それでは，今の日本の若者の学力をどう評価するのか。
　この点でも，三者の意見には比較的共通するものがあった。つまり，坂野と吉本は同じく PISA 調査の結果を用いて，日本の高校生のアカデミックな学力の高さを指摘し，しかも「課題探求型の学力」について国際比較からみて相対的に高い評価ができることを明らかにした。すなわち，坂野は，日本の学校教育段階について，「アカデミックな学力」の水準についても，また新しい学力に相当する「リテラシー」水準についても，ともに世界的に見てトップレベルであること，他方ドイツなどこうした学力調査のいずれの学力観での調査によっても低い評価があり，大きなショックを受けていることを明らかにした。
　また，吉本は，同じ調査の平均的に高い学力を確認し，そのうえで，その若者を3層に分けて，とくに下層の力量形成の問題を扱うべきであるが，そこには政策的な関心が向けられていなかったことを論じた。つまり，日本の社会は，中間的，平均的な 6, 7 割の人たちが心地よくすごせるように政策的努力を注入したが，今はトップの少数への政策的な関心が高く，いろんな資源の投入がされている。これに対して，ボトムの2, 3割は，フリーターとか，進路不明で社会にでており，このことこそながらく政策的に無視され，一つの省庁の政策的な対応で対処し得ない問題であると論じた。
　他方，今泉は，提案の中で学習意欲が危機にあることを論じ，さらに質疑応答の中で，いわゆる「受験学力」は「総合的な学習」と背反するのではなく，むしろ「総合的な学習」を通して獲得される力量を通して「受験学力」も相乗的に高まっていくという，プラスの相関という見方を示した。
　すなわち，提案者からは，アカデミックな「学力低下」論についての，い

わゆるマスコミ論調とは異なる現状認識がデータや観察をもとに示されており，これに対して，フロアーからの質問の中には，いわゆる「学力低下」を懸念した指摘もあり，質疑応答において坂野，今泉が，これに答えている。

たとえば，今後，総合的な学習を進めていくためにも，その基礎となる「知識」がもっと重要なのではないか，そしていま教科の方がおろそかにされてきているのではないかという疑問がフロアーから出された。これに対して，坂野は，そうした疑問も平均以上の生徒にとってはもっともだが，他方で，高校中退の問題や内容的についていけない子どもにとっての意義を考えてみるべきだと論じている。つまり，彼らに対して，いまの高校は，選択科目が増え，選択科目の選択の仕方も安易になっている。そこで，高校の総合学科における原則履修科目となっている「産業社会と人間」のような総合的な内容が不可欠なのだと論じた。そうした学習が，ある教科をなぜ勉強するのかというように生徒が疑問を持ったときに，教科選択を通して進路の可能性を広げたり狭めたりする，また将来の職業選択に関わるということを考えさせるという対応の前提となるというのである。

3．「総合的な学習」と教育改革について

「総合的な学習」とは何か，教育の世界でも，その方法論について，まだ理解が交錯している現状である。一方では，教科の緻密な積み上げや系統性という考え方を放棄し，その教科以外のことをすればなにをしても「総合的な学習」になるというような理解があり，他方では例示された4領域を教科と同じような発想で学ぶことが「総合的な学習」であるというごく限定的な理解もある。

この点で，坂野は，学習指導要領の改訂についてのポイントを検討して，「総合的な学習の時間」のねらいを手際よく整理した。つまり，小・中では，①「自ら課題をみつけ，自ら考え主体的に判断し，よりよく問題を解決する資質や能力を育てること」，②「学び方やものの考え方を身につけ，問題の解決や探求活動に主体的，創造的に取り組む態度を育て，自己の生き方を考

えることができるようにすること」となっている。そこで，これを具体的にどう学校で指導できるのかを問題としている。つまり，素直に読んだら，自ら学ぶ，自ら課題をみつけるのだから，教員が教えることはできないが，といって子ども任せでも学習は発展しない。どのように学校や教員がその学習プロセスの組立てに関わるのか，また教員が地域社会との連携を通してどのように学校外のリソースをマネージするのかが問われることを指摘した。

　また，「例えば，国際理解，情報，環境，福祉・健康」といういわゆる4領域の例示が一人歩きしているという問題を論じ，「児童の興味・関心に基づく課題，地域や学校の特色に応じた課題」という原点に立ち戻って考えることを提案している。さらに，高校段階では「進路」に関する課題が「総合的な学習」の中核にあることを指摘し，「産業社会と人間」などの教科との関連が重要であると主張した。

　今泉は，そうした学習が特に高校でどう展開できるのか，城南高校の「ドリカム・ノート」などの例をとって，高校生が「自ら求め，学ぶ」学習のあり方を提示した。つまり，生徒にモチベーションを持たせる施策として，高校で将来自分が何になりたいのかを生徒に意識させ，それにもとづいて自分で学習計画を立てさせ，フィールドワークなり，課題研究なりを行わせる。そして，そうした場合には，学校側から生徒に対して「自分たちの学校はこういう教育を提供します」ということを積極的に提示し，さらに社会にPRすることが重要であると指摘した。教員と学校は，受持ち教科やカリキュラム全体として，生徒のどの部分の学力を伸ばしたいと思っているのか，そして，どういうスケジュールで授業を組むのか，どういう文献を読ませ，ノートの取り方を指導するのか，評価をどうするのかなど，学校側の情報提供が不可欠であると論じている。

　また，今泉は，高校の「総合的な学習の時間」のねらいである「自ら課題を見つけ，自ら学び，よりよく問題を解決する資質や能力を育てること」と，「学びやものの考え方を身に付け，問題の解決や探究活動に主体的，創造的に取り組む態度を育て，自己のあり方，生き方を考えることができるようにすること」との関係が，二層の構造であると解釈し，いわゆる生きる力を養

う道具を身につけ，次に，そういう道具を使って自分が自己のあり方，生き方を，つまり将来の目標と自己のあり方を考えることが重要であると主張している。

これに対して，吉本は，「総合的な学習」のルーツをアメリカの「integrated learning」に求めて，アカデミックな教科と職業・実際的な教科を繋ぐところを強調し，また日本におけるインターンシップなどの就業体験の「総合的な学習としての可能性」を指摘した。すなわち，1990年代以後のアメリカ教育改革動向を振り返ると，そこで注目すべき点が「総合的（integrated）な学習」であり，すべての高校生に対してそうした「総合的な学習」を提供するという指向性が強調されている。その具体例として，キャリア・アカデミー（Career Academy）がある。これは日本の職業高校がある面で基本的なモデルとなっている。つまり，ホームルームが，あるメディア・アカデミーを事例にとれば，「新聞」「ラジオ」「テレビ」など専攻ごとに編成されている。そして，社会科の授業では，「新聞」クラスの生徒たちには，ジャーナリズムがアメリカ政治にどういうふうに影響を及ぼしたかという論点を絡めて勉強させるなどの工夫をしている。また，日本のインターンシップも，それがアカデミックな学習と現実的な学習を統合し，入社10年目ぐらいの職務を経験する「総合的な学習」になりうるという点を評価することが重要だと論じた。

4．「総合的な学習」と学力

本セミナーの表題となった2つの用語「総合的な学習」と「学力」を結ぶ，「と」というのはどのような関係を意味しているのだろうか。つまり学力が問題だから「総合的な学習」をするのか，「総合的な学習」の結果としての学力問題なのか。世論の動向は，「総合的な学習」への警鐘をならす研究者や大学人の声に左右されてきたという意味で，後者の発想をとっており，文教政策サイドは，生徒の現状を前提として学習指導要領を改訂するという前者のスタンスである。こうした，相互作用の循環に関わる力学についても三

報告者がそれぞれ触れている。すなわち，教育の現実と政策と研究の展開のプロセス，よりミクロに，政策と学校の関係，学習場面における教員と児童・生徒との関係の現実について，現状把握と提言が示された。

　吉本は，アメリカで「学力」と「総合的な学習」が登場してくる歴史をみると，そこには，現実・政策・研究の展開のダイナミックスが連動し，右の卓越性と左の平等とを10年スパンで揺れる「振り子」原理があると論じた。「総合的な学習」も，20世紀前半のデューイやオルセンなどのコミュニティ・スクールから，1960年代の教育機会均等のための「教育の人間化」など，前史的な隆盛があったが，その後，1980年代に『危機に立つ国家』などアメリカ版学力低下批判の議論がなされた。そして，そうした批判的な議論の末に，1990年代にふたたび「総合的な学習」が全面に登場するようになったと解釈する。振り子が左にあれば，右側の研究者もマスコミも徹底的に攻撃するが，攻撃しているうちに振り子が自分の側に戻ってきたら，徹底的に政策推進をする，こういう関係性に注目した。これに対して，日本の現実については，「革新」と「抵抗勢力」との尺取虫型として捉え，この尺取虫が「中心は欧米を志向し，周辺は中心を志向する」から，自信のないミニ振り子型の展開をたどり，いつでも，どんな方向に対しても後ろに引っ張る力になっているのが研究者とマスコミ型世論となり，結局現実は動かないままになると，問題点を指摘した。

　これに対して，今泉は，中央の政策と県内各高校の対応関係の現状にふれて，平成15年度からの新学習指導要領実施に向けて，移行期間の平成14年度に総合的な学習の時間を設けている県立高校は，全日制で49校，実施率44.5％，定時制で19校，実施率70％であり，準備がまだ進んでいないことを明らかにした。つまり，進学校ほど，受験のための授業時間の確保を優先し，1時間たりと総合的な学習の時間のために時間を取られたくない，という想いがあると分析している。

　坂野は，学校教員や保護者に注目する。「総合的な学習」では，先生方のコーディネート能力が問われるが，その際，学級通信などを通して保護者にその計画を投げかけてみることが重要であると提案する。現実には，この反

応と意見を伺うプロセスが多くの場合に欠けており，そこで，自分たちの意見が無視されているという保護者からの苦情が出てくる。評価という面でも，活動内容も子どもたちに丸投げで，子どもに自己評価させて満足したという報告だけに終わる。「総合的な学習」というのは，とりわけ評価するのが難しいからこそ，活動内容を決めていく段階での生徒や保護者との対話が必要となっていると主張する。

5．これからの課題解決に向けての提案

　「総合的な学習」を通して，いわゆる受験学力にとどまらない，学習意欲や職業的コンピテンシーなどを念頭においた「学力」や力量の獲得を，どのように進めていくのか，最後に三者それぞれの，まとめの提案を紹介しておくことにしよう。

　今泉は，高校教育課長として，すでに県立高等学校全校にメールマガジンというものを発信しており，そこでの対話の拡大を呼びかけた。つまり総合的な学習の時間は，各学校がそれぞれの実態に応じてつくっていくものであるが，他方，行政としては，これからの学校支援のための施策の方向性や授業の実践事例を紹介していくことに主眼をおいているという。施策の方向性として，ドリカムプランのドリカム・ノート，授業のシラバスづくり，オリエンテーションの義務づけ，学習意欲向上に関わる教員研修などを検討しているという案内があった。

　坂野も，「地域との連携」という課題を強調した。つまり，生徒たちの学習の前提条件や「総合的な学習」の学習目標を外部の講師に適切に伝えて，講師に「丸投げ」してしまわないこと，そして，学校関係者が地域社会の中に入る際のお願いの仕方を工夫し，いかにして give and take の長続きする関係を造っていくかが重要であるという指摘を行った。

　また，吉本は，「若者の学校から社会への移行」支援のための国際的に共通なアプローチとして，セーフティ・ネットとガイダンスの機能などの提言を行った。具体的には，単発的に学力調査をするのではなく，そうしたもの

を，若者の進路・職業的な成長をフォローアップするためのシステムとして活用していくことが鍵となる。たとえば，福岡県では高校中退率が問題になっているが，すでに中退した者に対しても，いまの生活と進路希望を追跡的に調査したうえで，彼らに適切に教育・進路情報を提供していくというような活動を拡充していくことが重要である。また，「ガイダンスの機能」として，「学習者中心」の学校・大学づくりを行い，また教員の資質についても，知識量ではなく，生徒・学生の成長支援のための教育リソース（資源）活用のコーディネーター（調整役）としての面で評価していくことが重要であり，そこでは，地域や学生自身も教育リソースとなるのである。このように，移行支援のテーマを「連携」を通して実現していくことが「総合的な学習」の推進となる，とまとめた。

第3章　中学生・高校生の学力問題

[提案1]　学力を向上させるために
　　　　　　　　　　　　福岡県立福岡高等学校長　北島　龍雄

[提案2]　国際競争力回復に向け，「教科書内容の充実による喪失学力の再生」を
　　　　　　　　　　　　英進館館長　筒井　勝美

[提案3]　もうひとつの学力問題から考える
　　　　——多文化的な環境に生きる子どもたちの場合——
　　　　　　　　　　　　九州大学教育学部助教授　吉谷　武志

[コメント]　学力問題の多様な教育的文脈
　　　　　　　　　　　　九州大学教育学部助教授　坂元　一光

［提案１］

学力を向上させるために

福岡県立福岡高等学校長　北島　龍雄

はじめに

　福岡高等学校の北島でございます。今日は,「いま,学力を考える」というテーマで,日頃考えていることを話させていただきますが,私は学者ではありませんし,研究者でもありません。従って,話の中身は学問的・専門的というより,極めて常識的な内容になるかもしれません。ただ,現場の経験と実践にもとづいての話になろうかと思いますので,予めご了承いただきたいと思います。

1．2つの学力定義

　まず,学力ということでございますが,改めて「学力とは」とか「人間とは」と,問われますと,非常に答えが難しいのでございますが,私は,「学力とは」と訊かれますと,ある課題を解決できること。それが,力であり,力量であり,学力であるというふうに思います。けれども,そう漠然と考えましてもですね,論議やディスカッションになりませんので,ある程度学力の定義をしませんと,何のことを言っているのか分からないということになりますので,現実的に,学力の概念をある程度規定・整理をすることが必要であろうというふうに考えました。それで,学力というのを辞書で調べたり,いろいろ調べてみると,それぞれ専門的な立場によっていろんな捉え方があ

るわけですが，私は現場サイドから，それを2つの学力という風に分けて考えてみました。高等学校の現場で子どもたちを教育しているわけですが，子どもたちが学校で学ぶこと，これが学力と無関係なわけがありません。まさに，学力そのものを学校の中で育成しているわけであります。そうなると，私どもが学校の中で実践している教育の中身は何かと申しますと，それは，教育課程に基づいての，学習指導要領に準拠した教育課程を編成しそれに基づいての教育をしているわけでありますが，その教育課程そのものを考えなければなりません。そこから学力を押さえてみたいと私は思いました。まずひとつは，広義の学力というふうに考えておりますが，この内容はですね，まず，(1)教科領域です。これは，国語，社会〈地歴・公民〉，数学，理科，保健体育，芸術，外国語，家庭科の9教科で構成。更に，専門高校はこれに農・工・商・水産・家庭という専門教科・科目が加わります。これが教科領域です。それから，(2)特別活動領域というのがございまして，これが，①ホームルーム活動，②学校行事（儀式的，学芸的，健康安全体育的，旅行・集団宿泊的，勤労生産・奉仕的），③生徒会活動，と3つから構成されております。そして，来年度（高校は平成15（2003）年度）からは，(3)総合的な学習の時間（3～6単位時間標準）が始まるという形になっています。それで，この3つで育まれる総体的な力が広義の学力であるというふうに私は考えます。

　それから，もうひとつはですね，狭義の学力です。まあ，狭い意味の学力です。狭い意味の学力として，高等学校入学者選抜資料のひとつである5教科（国，社，数，理，英）の学力を狭い意味の学力と考えてもよろしいだろうと思います。高等学校への入学許可をする子どもたちを，学力検査と調査書などの資料を総合して選抜するわけですが，その大きな軸の一つが，5教科300点満点の学力検査になるわけであります。そこに，図表みたいな形で示していますが（図1），もう一つ大きな軸が9教科45点満点の調査書です。これが中学校から提出される調査書であります。教科のみならず，特別活動，中学校での3年間の活動内容，学習活動等すべてが記録されているものです。調査書という総合的な尺度がありながら，なお，5教科300点満点の学力検

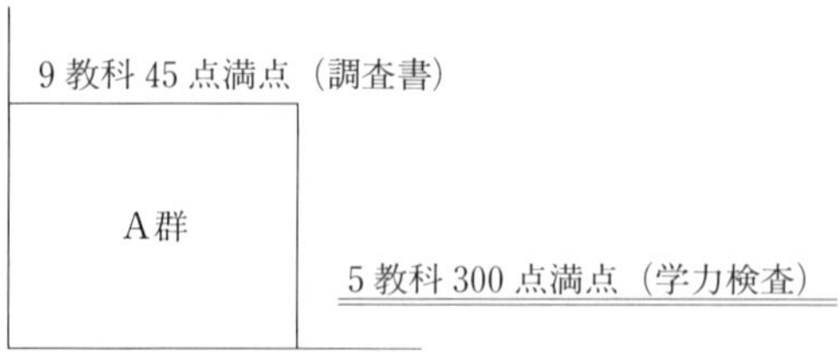

```
           ┌─────────────────────┐
           │  9教科45点満点（調査書）│
           │                     │
           │     A群             │
           │         ┌───────────┴─────────────┐
           │         │ 5教科300点満点（学力検査）│
           │         └───────────┬─────────────┘
           └─────────────────────┘
```

図1

査，これをわざわざ入学試験として課すわけであります。この試験を受けて，ある程度の点数をクリアーして高等学校に入ってきます。この点数が不十分ですと，高等学校教育の前提を十分満たしたとは言えないということになりますので，狭い意味での学力というふうに考えてよいのではないかと考えます。したがって，私は，調査書を広い意味の学力と考えれば，5教科の学力は狭い意味での学力というふうに，ここでは定義したいと思います。それから，高等学校では大学に進学する生徒のための実力テストや模擬試験等をやりますけど，これも大体5教科でやります。最近文部科学省が言っている「確かな学力」というのもこの5教科のことを言っていますし，狭義の学力と言えましょう。古来の言い方では，「読み，書き，算」や「3R」と言われるもの，あるいは，一般に言われる基礎学力もこれと考えてよいと思います。国（文部科学省）の学力テストも大体この5教科で実施されているようです。

　では，この2つの学力は我々の人生にどのように関わってくるのでしょうか。まず，基礎学力，5教科と言われるものでございます。世に言う，いわゆる学力が低下したとか，アップしたとかいう学力は，多分に基礎学力を指したものが多いと思いますけれども，これは，生きていくために必要な，実生活に直結した学力，もっと端的に言いますと，食べるために必要である，そういう学力を私は日頃考えております。国は教育施策として科学技術創造立国を掲げていますが，その科学技術創造に必要な学力が5教科の学力であるというふうに考えます。また，当然，国際社会の中でわが国は生き延びて

いかなければならないわけですので，資源小国のわが国が，今後とも豊かな，活力ある社会を維持するためには，科学技術・先端産業技術（バイオ科学，ナノテクノロジー，情報開発など）分野の推進を図ることは極めて重要であります。さもなければ，経済をはじめとする豊かな社会の構築はできません。また，当然，諸外国と調和を保っていかなければ国家として存在できませんので，異文化理解や国際性を身に付けることも重要な課題となりますが，これも基礎学力と密接な関係があると思います。5教科の学力は私たちの実生活と関連の深い学力と言ってよいと思います。

　それでは，それ以外の科目あるいはそれ以外の活動は何にもならないのか。とんでもない，そうではありません。「人間は何のために生きるのか」という根本的な命題がございます。食べられればそれでよいのか，経済的にある程度豊かになれば，それでよいのか。いやいや，そうではないだろうと思います。本当に私どもが生きるのは，精神的，肉体的あるいは文化的に高いもの，そうしたものを求めるためであり，それが，つまり，人生そのものの目的ではないのかなと思います。それが，言うならば，芸術であり，情操であり，体育であり，徳育であろうというふうに私は思います。「食べるために生きる」のではなく，「生きるために食べる」のであります。この「生きる」は「生き甲斐のある人生を送るということ」でありましょうし，文化や芸術やスポーツなど，人間性を豊かにする精神的・身体的なものが充実しなければ，人生は活き活きとはしないと思います。確かに生存するためには，お金がかかりますし，経済力がなければなりません。当然ですけれども，それもこれも，豊かな生き甲斐のある人生を送るためのものであろうと考えたときに，もう一つの国家施策である文化創造立国が浮かび上がってこなければならないと考えます。これが，目的としての学問であり，学力であろうというふうに思います。これに関わる学力が広義の学力（9教科＋特別活動・部活動）と言えましょう。ですから，極論すれば，生きる手段・便法としての基礎学力（知が中心）を必要条件とするならば，生きる目的としての広い学力（徳，体，芸術，情操等）は十分条件となり，共に大切な学力であると私は考えています。

2. 学力は低下しているのか

〈問題提起1〉 データ蓄積の必要性

さて，学力は低下しているかという問題ですけれども，いくつか問題提起をしてみたいと思います。まず，問題提起の1は，データ蓄積の必要性です。日本には，かつて学力テスト問題で政治的に紛糾した経緯がありますから，この問題についてはアレルギーがあり，学力テストという言葉を聞くと，どうもフリーな論議が出来ない，そういう傾向性がありました。ですから，これまで，学力に関する客観的なデータが十分整備されていないように思います。これからは，信頼性のある調査をし，客観的データを収集すべきであります。経年比較や国際比較が可能な内容で，基礎学力（5教科）や徳育面（問題作成がたとえ難しいとしても，数値化できるものを可能な限り準備する。規範意識を調べたデータなどもありますので，工夫すれば可能でしょう）など，学力（人格）の多方面にわたるものとすべきであると思います。まず，国や地方公共団体は行政責任として，学力調査を毎年実施し，情報公開の今日，可能な限り具体的にその結果を広く関係者に知らせてはどうでしょうか。21世紀を担う生徒の学力の実態が不明のままでは，教育のしようがない。タブー抜きのデータと議論が必要であります。この結果をきちんと施策に反映させることが大切であることを提起したいと思います。数学が低いのであれば，数学をどうするのか，徳育面が低いとするならば，それにどう対応し改善するのか。そういう具体的な議論を起こすべきであると思います。

〈問題提起2〉 基礎学力（5教科）は若干低下しているのではないか

根拠1：データに見る

本日のテーマは「果たして，学力は高いのか低いのか」ということですが，この学力は，いわゆる，5教科の学力と考えられますので，広義の学力はちょっと横に置きます。私自身の経験も踏まえて述べますと，基礎学力（5教科）は若干低下しているのではないか，かつてに比べて低下していると思

第3章　中学生・高校生の学力問題

います。国立教育政策研究所教育課程センターが平成14（2002）年1，2月に実施した「2001年度小中学校教育課程実施状況調査」のデータがあります。これは，旧学習指導要領の内容の習得状況を調べたものです。小学校は省略しますが，中学校2,539校（1～3年）242,689人（全生徒の6％）に5教科のペーパーテストを実施したものです。中学生は1人3教科を解答させています。問題総数は1,330問。このうち396問（約3分の1）は前回調査と同じ問題とし，正答率を比較できるようにしたものです。前回の実施時期は93～95年度（平成5～7年）。このデータ（表1，表2）が有力であろうと思います。

「問題ごとの設定正答率との比較（中学校）」（表1参照）及び「前回調査と同一問題の正答率比較（中学校）」（表2参照）のデータによると，5教科

表1　問題ごとの設定正答率との比較（中学校）

区　分		問題数	設定正答率を上回る(a)	設定正答率と同程度(b)	小計 (a)+(b)	設定正答率を下回る	正答率	設　定 正答率
国語	1年	73	37	22	59	14	71.0	66.4
	2年	74	36	26	62	12	70.4	67.2
	3年	72	42	21	63	9	71.7	66.5
社会	1年	102	25	37	62	40	52.8	55.0
	2年	100	27	39	66	34	51.7	53.8
	3年	97	43	24	67	30	66.7	64.9
数学	1年	69	16	20	36	33	59.2	64.2
	2年	72	21	29	50	22	62.7	63.8
	3年	62	13	31	44	18	62.4	62.8
理科	1年	120	23	26	49	71	55.7	63.5
	2年	139	26	43	69	70	56.2	61.4
	3年	123	44	46	90	33	62.2	61.1
英語	1年	71	16	21	37	34	62.8	68.0
	2年	75	26	20	46	29	63.7	66.2
	3年	81	18	18	36	45	56.3	63.9

表2 前回調査と同一問題の正答率比較（中学校）

区分		問題数	前回を有意に上回る	前回と有意差がない	前回を有意に下回る	正答率（公立）	前回正答率
国語	1年	20	9	7	4	73.5	72.7
	2年	22	10	6	6	71.1	68.7
	3年	20	13	4	3	70.1	67.5
社会	1年	31	7	8	16	51.5	52.6
	2年	27	6	3	18	48.4	49.9
	3年	22	5	7	10	67.2	68.0
数学	1年	16	0	1	15	62.9	68.6
	2年	19	0	4	15	64.3	68.0
	3年	20	2	9	9	62.3	63.6
理科	1年	37	6	14	17	56.5	59.6
	2年	69	15	19	35	56.8	59.0
	3年	42	16	12	14	62.6	61.5
英語	1年	15	2	3	10	59.3	63.0
	2年	19	7	7	5	54.6	52.4
	3年	17	9	2	6	51.1	48.3

（国，社，数，理，英）各学年のデータが出ていますので，5教科×3学年＝15教科（延べ）となります。①設定正答率（専門家が予想した正答率）と，正答率（生徒が通過した，正解した率）との比較をしてみると，5/15教科（国語1～3年，社会3年，理科3年）のみ正答率が予想を上回っていますが，概ね国語以外は下がったと私は観ます。次に，②前回調査との比較では，正答率が前回を上回った教科は6/15のみで，国語1～3年，理科3年，英語2～3年です。これらのデータから見て，国語と理科3年以外はすべて危ない（やや低下している）のではないかと考えられます。但し，文部科学省は別の分析も加えています。つまり，各問題ごとの正答率であります。共通して多くの生徒ができない問題（つまり，予想得点率よりも出来の

資料1

◎対策含め、しっかり分析を―学力調査結果受け文科相

遠山敦子文部科学相は十七日の閣議後の記者会見で、小・中学校教育課程実施状況調査の結果について、「専門的な見地から見ればおおむね良好とされている。ただ、私としては、学力が向上していないのは確かで、課題がはっきりしたと思う。学力低下がはっきりしたのは、算数・数学、社会科。これらは、かなり基礎的な問題について低下した。前より下がったのが中三の英語であり、中一の理科。逆に、学力を向上させるためのヒントもはっきりした。宿題を出している学級の子供などは成績もいい」と述べた。

その上で、「教科別に、どういうことが問題か、対策を含めて中央教育審議会の教育課程部会や国立教育政策研究所でしっかり分析してもらう。(同研究所では)三カ月ぐらいで結論を出してほしい」との考えを示した。

また、「基礎・基本をしっかり定着させるという新指導要領は(直ちに)見直す必要はない。各学校、教育関係者にお願いしたいのは、今年一月の『学びのすすめ』をしっかりと実施に移すことだ」と述べた。

良くない問題)が全体の中でどれくらいを占めるか。それが半数以下であれば、「概ね良好」と判断している。この見方をすれば、理科の1～2年と英語の3年の3教科のみが、「概ね良好とはいえない」こととなり、他は「概ね良好」となる。つまり全体を通して、「概ね良好」と判断しています。但し、この分析はやや甘いのではないかと思います。で、これを裏付けるように、遠山文部科学大臣のコメント(資料1参照)がでています。

学力低下は事実であろうと考えます。専門的、学問的には様々な見方もありましょうが、前回との比較データの信頼性は高いと考えますので、「若干低下している」というのが本当のところではないかと思います。なお、高等学校は、11月に実施されているはずなので、この結果を見なければならないが、おそらく同様の結果がでるであろうと予測します。

根拠2：学習指導要領の単位数減に伴う学力低下(知識量としては当然落ちる)

学習指導要領はこれまで6回ほど告示されていますけれども、その中の単位数を調べて、一覧にまとめますと、次のようになります。

(1) 週当たりの授業時数，必履修単位数，卒業に必要な単位数の変遷

　ア）　昭和22（1947）年「新制高等学校の教科課程に関する件」（学校教育局長通達）

　　● 週当たり授業時数（30〜34）／必履修単位（38）／卒業単位数（85）

> （参考）　占領下における教育政策であり，社会科の新設，選択教科制，単位制など戦後における教育課程の基本的な枠組みを決めるものであった。

　イ）　昭和35（1960）年「高等学校学習指導要領」（文部省告示），昭和38（1963）年度実施

　　● 週当たり授業時数（34を標準，38を超えない）／必履修単位（普通68）／卒業単位数（85）

> （参考）　生活単元学習，問題解決学習を重視した戦後初期の反省から，客観的な知識や技術の体系を系統的に習得させる。試案，参考資料から教育課程の基準として法的拘束性を持つものとされる。

　ウ）　昭和45（1970）年「高等学校学習指導要領」（文部省告示），昭和48（1973）年度実施

　　● 週当たり授業時数（34を標準，38を超えない）／必履修単位（44）／卒業単位数（85）

> （参考）　数学・理科を中心とした教育内容の現代化が図られた。クラブ活動が必修となる。

　エ）　昭和53（1978）年「高等学校学習指導要領」（文部省告示），昭和57（1982）年度実施

　　● 週当たり授業時数（32標準）／必履修単位（32）／卒業単位数（80）

> （参考）　高度経済成長における教育が様々な問題をもたらした状況に対応して，人間性豊かな生徒を育て，ゆとりある学校生活を目指し，生徒の個性や能力に応じた教育への転換を図るものであった。現実には，科学（理数）離れが進行し，基礎学力の低下が指摘されるように

なった。キーワードは「ゆとりと充実」。

オ）　平成元（1989）年「高等学校学習指導要領」（文部省告示），平成6（1994）年度実施
- 週当たり授業時数（32）／必履修単位（38）／卒業単位数（80）

（参考）　地歴，公民科への再編や国歌・国旗の取り扱いの明確化など。なお，平成4（1992）年9月から，学校週5日制で週1日（第4土曜日），平成7（1995）年度から週2日（第2，第4土曜）休みとなる。

カ）　平成11（1999）年「高等学校学習指導要領」（文部省告示），平成15（2003）年度実施
- 週当たり授業時数（30）／必履修単位（31）／卒業単位数（74）

（参考）　ゆとりの中で，「生きる力」育成。平成14（2002）年度から完全学校週5日制開始。

週当たりの授業時数というのは1週間の50分授業のコマ数のことです。34の場合は，月から金まで5日間に1時限から6時限まで（5×6）で30時間，それに土曜日の4時間を加えて計34時間。これが，5日制前の基本的な週の授業時数でした。それから，必履修単位数というのは，すべての子どもたちが履修しなければならない教科・科目の単位数のことです。例えば，国語Iとか，数学Iなどは必ず履修しなければなりません。それらの単位数の合計です。卒業単位数は，合計して最低これだけの数は満たしていないと卒業できませんよという必要最低単位数のことです。これまでの流れを追ってみますと，昭和22（1947）年から昭和45（1970）年までの間は，大体週当たり授業時数が34時間を標準として，上限38時間ですね。必履修が38～68単位，卒業単位数が85単位です。大きく変わる最初が昭和53（1978）年告示の指導要領です。週当たり授業時数（32標準）・必履修単位（32）・卒業単位数（80）と，すべての時数が大きく削減されます。このあと，平成元（1989）年改訂では，時数・単位数の変更はありませんが，平成4（1992）年に5日制が始まり，月1回の土曜日が休業日となります。さ

らに，平成7（1995）年度からは，週2回の土曜休業日が始まります。次が，平成11（1999）年告示の新指導要領で，週当たり授業時数（30）・必履修単位（31）・卒業単位数（74）となり，昭和57（1982）年度実施分より更に時数・単位数減となっています。そして，ご承知のとおり，平成14（2002）年度から，完全学校週5日制が始まりました。私は，学力というのは，分かりやすく言えば，学習の質あるいは授業の質とそれに掛ける時間の積であろうと考えます。指導する時間が減れば，学力が低下するのはまず間違いないと思います。

(2) 指導内容の変遷（先送り）

次に，指導内容ですが，教える内容が小学校から中学校へ，中学校から高等学校へと，上へ繰り上げられてしまうという事実があります。学習指導要領の改訂にあたって，昭和45（1970）年改訂（昭和48（1973）実施）以後，教える内容が中学校→高等学校へと上に押し上げられた結果，指導事項の削減となります。1つだけ，英語の例を挙げておきます。

（例）昭和45（1970）年→昭和53（1978）年改訂（中学校で扱っていた以下の内容が高等学校へ移行された）

　①文：関係副詞制限的用法＝（This is the place where I was born. など）

　　　現在完了進行形＝（He has been reading……など）

　②文型：受け身未来形（The fact will be found soon……など）

　　　　　S＋V（be動詞以外）＋C（現在分詞）＝（He came singing ……など）

かつて，仮定法などは中学校3年生で教えられていたが，いまは，高校で。しかも言語材料として，「仮定法のうち基本的なもの」，「分詞構文のうち基本的なもの」などと書かれています。もちろん，現在の指導要領では，実践的なコミュニケーション能力の育成が主要な目標であるし，かつてと英語教育の目標が異なっているのは理解できます。しかし，文や文型は思考力と密接に関係するし，語彙力は知識・理解と密接な関係があるので，学力の質の側面からも学力が低下しているのではないかと心配しています。

根拠3：印象的な学力低下論

データではありません。私が，かつて，教壇で教えた頃の感想です。かつての子どもはしっかり勉強して入試問題に食いついておりました。センター試験制度前の旧1期・2期の時代には，教科書で基礎を理解したあと，かなり演習をしてから大学入試問題を指導しました。教科書のみでは歯が立たないような問題も多かったし，やや難問もありました。中には奇問もあったので，その反省もあって，共通一次試験が始まったのですが，生徒は結構勉強していたと思うし，学力も付いていたように思います。また，高校入試の問題が相対的に易しくなったような印象を受けます。指導事項が上学年に回されたから，当然かもしれませんが。ある高校の先生たちの印象として，「大学が求めるレベルまでなんとか，引き上げているつもりであるが，かつてにくらべると，与えられる（受け身の）生徒が増えている。自分で考えきれない。授業に臨む態度が弱い（チャイムがなっても準備できていない）ことなどが学力低下のもとである」と。少子化等による忍耐力の欠如を指摘する声も多いようです。大学の先生方が，「学生が何を言っているのか分からない，日本語（国語）が理解できていない」とおっしゃる。医学部の学生に生物を，工学部の学生に物理の補講をしなければならないという大変な状況が生まれていることは，皆様もお察しのことであろうと思います。

3．学力回復（向上）のためどうすべきか

では，学力回復のためにどうすべきかということです。現行の制度である週5日制や新学習指導要領を批判するのみでは意味はないと思います。現実を踏まえて，建設的に対処すべきでしょう。但し，学力調査等諸調査を経て，学習指導要領の見直し等が必要であるならば，改訂に躊躇すべきではないと思います。

「提案1」は，現行の学習指導要領（高校は平成15（2003）年度から）の趣旨を活かして実践することです。その際，特に，平成14（2002）年1月の「学びのすすめ」（文部科学省）を十分念頭に置くことが大切だと思います。

特に,「学習指導要領は最低基準であり,理解の進んでいる子どもは,発展的な学習で力をより伸ばす」と,文部科学省自身が,学力低下を心配しています。学習指導要領が最低基準であることを鮮明にし,学力を向上させるよう配慮していることには十分留意したいものです。

「提案2」は,学力(いかなる学力であれ)=「学習または授業の質×時間」,であることをしっかり認識することです。

「提案3」は,学習時間の確保を図ること及び授業または学習の質の向上を図ることが先決です。

「提案4」で具体的な対策として,

(1) 家庭での学習習慣の確立

① 基礎学力は,時間×意欲(学習の質・授業の質)であるので,まずは家庭学習時間を確保させ,学習の習慣づけをさせる。このためには,保護者の協力もいるし,学校から一定量の宿題や家庭学習課題を与えることも必要となろう。(例)かつての,「おさらい(復習)」という言葉を思い出したい。データとして,日本の生徒は「学習意欲」や「家庭学習時間」が不足している。

② 幼児期に,生活習慣(リズム)をつけ,約束ごとなどをきちんと守らせる=わがままをさせないこと。

(2) 学校がすべきこと(小・中・高)

① 小学校,中学校では,まず基礎学力をきちんとクリアーさせること。これが不十分のままでは,その後の学校生活が続かない。小・中で基礎学力が不十分なまま高校に入学しても高校の授業は成立しない。一部の高校では,四則計算やアルファベット,基礎的漢字を再度教えているのが実状である(小・中学校の復習をしている)。どんなに他の子より遅れても,ミニマムエッセンシャルズだけは必ず身に付けさせたい。習熟度別であれ,少人数学習であれ,放課後残しての個人指導であれ,必ず身に付けさせること(完全習得させること)が最も大切である。とくに,低学年ほど。

② 新学習指導要領の総合的な学習時間の活用

ア）生徒の学習意欲喚起：（例）城南高校ドリカムプランなど進路学習（将来から現在を見て，意義深い人生を送るための学習。目標から現在へ）など。

イ）知の総合化などで学習の深化を図る（国際，環境，人権，情報など）。教科横断的な学習をとおして，思考力や知識の深化に努める。

③ 生徒の能力にふさわしい，適切な内容（発展的な学習のための指導資料もあるし，教科書の中の進んだ内容）を十分考慮して，伸びる子どももさらに伸ばすこと。

④ 授業の質の改善：これは，現場教師の永遠のテーマである。校内外の各種研修会を活用することであるが，基本は，教師の研修への使命感による。保護者・地域への授業公開，シラバスの作成・公表，評価の研究（生徒の授業評価）など，あらゆる可能性を追求すべきである。

⑤ 学校行事の精選や2学期制，習熟度別，少人数指導，65分授業，90分授業，45分×7時限，朝読書，学校評議員制度の活用など，様々なシステムの工夫も必要である。

⑥ ある進学高校の実践例

ア）1週33単位時間配置（7時限が3日）。

イ）土曜日2日間（第1と第3）は土曜セミナーを開き，生徒の希望講座を準備し学力を伸長させる。

ウ）シラバス（年間授業要項）を教師全員が準備し，その中に土曜日と日曜日の生徒の学習指導計画を盛り込む。

エ）早朝の課外は5日間毎日実施。

オ）放課後は3年生を主体とした受験科目の補習・講座を実施する。

(3) 大学がすべきこと

① 入試科目の検討

学力低下ゆえの補習（医学部生への生物補習，工学部への物理補習）の実態がある。入試科目に指定しなければ，高校生が勉強するのは無理。必要ならば，志願者が減っても入試に課すべきである。そう

でなければ大学で手当するしかないであろう。高校の実態を踏まえて大学のカリキュラムを構成し直し，生徒の資質・能力を引き上げる努力をすべきである。

② 良質の大学入試問題

大学入試と学力問題。建前はいかようであれ，高校の学力は大学入試に影響される。従って，大学が求める学力とは何なのか。「思考力や判断力」か，「問題解決能力」か，「知識・技術」なのか。その問題いかんにかかっている。大学が学力として求める良質の問題を出題することも，学力向上に大きく資する。(例) 総合的な学習を活かした出題が可能か。複数教科にまたがる (教科横断的な) 問題などが出題されれば生徒はそうした内容を熱心に学習する。しかしそうでなければ厳しい。大学入試の質にかかっていると言っても過言ではない。

③ 多様化した高校教育への対応

かつて（1期，2期時代），国立大学は，理科2科目，社会2科目であった。そして，共通一次までは，理科2，社会2と個別試験であったが，大学入試センター試験から文系（社2，理1），理系（社1，理2）が主流の形となり，更に私立大学の利用が進み，国公立も入試科目の弾力化を図り，削減が行われた。受験生は当然，受験科目に特化した勉強となり，幅広い基礎学力が不十分となって，大学でリメディカルな授業が必要となる事態となった。

これは，高校進学率の上昇に伴う多様化教育の当然の帰結であると思う。普通高校，専門高校，総合学科，推薦，AO，飛び入学等，多様な形で大学に進学するのであるから，大学も多様化に対応した教育内容と方法を準備すべきである。

(4) 教育行政がすべきこと

① 信頼できる調査をし，学力の伸長を図る

学力調査，生き方や規範意識調査など，測定可能なものを国，地方公共団体が責任を持って実施する。その際，平均点のみならず，上位層（リーダー）の分布や，遅れ気味の生徒の学力もしっかり把握して，

共に伸長させることが大切。もちろん，国内調査は国際調査を視野に入れながら実施することは当然である。その上で，具体的な論議をすすめる。今年度（2002年度）は25～26県が独自学力テストを実施。福岡県も小・中は来年度（2003年度）実施予定であると聞いている。
② 土曜セミナーの支援
　平成14（2002）年度から完全5日制度開始。高校は平成15（2003）年から新学習指導要領に入るので，心配な要素がある。土・日に生徒の家庭学習時間が増えたとのデータもない。従って，学校5日制度下，土曜日または日曜日などに，セミナーなどを主体的に実施する学校を行政は積極的に支援することが求められる。
③ 見直しも辞さず
　かつての総合選抜，学校群制度が見直され，現在ほとんど実施されていない。必要であれば，学習指導要領をはじめ，現行の制度・内容を，大胆かつ早急に見直すことである。

早口で，しかも，雑駁な説明のため，十分ご理解いただけなかったのではないかと心配していますが，時間がまいりましたので，私の問題提起を終わらせていただきます。ありがとうございました。

[提案 2]

国際競争力回復に向け,「教科書内容の充実による喪失学力の再生」を

英進館館長　筒井　勝美

はじめに

　皆さんこんにちは,英進館の筒井です。いま北島先生から,学力問題について提案あるいは問題点の指摘がありましたが,私は塾の立場から,学力問題の実情がどうなっているかということについて,お話しをさせていただきたいと思います。私,学力低下に大きな危機を感じている関係から,話がかなり辛口になるかもわかりませんがご了承ください。

　まず学力低下問題ですが,いま北島先生は遠慮がちに「下がっているのではないかな。ゆとり教育で狭義の学力は」ということでしたけれども,これは確実に下がっておりますね。といいますのは,塾では同一問題を使ってテストをやったりしますのでそれが敏感にわかるんです。レジュメ7頁の4章にちょっとふれておりますが,私どもが学力低下について問題認識をしたのは,平成7（1995）年の10月末に前年度と同じ問題を中学3年生にさせてからです。そうすると5教科合計の平均点が300点満点で10点ほど,約3％下がりました。しかし,そのときは学力低下とは思わなかったですね。受験生2,000名,3,000名の規模ですからデータの信頼性は高いわけです。今年のうち（英進館）の生徒は学力が低いぞと内部でも問題になったほどでした。ところが実際に入試の蓋が開いてみますと,合格実績が前年よりすごく上がったわけなんですね。ということは英進館の生徒は前年に比べて点数が下がったけれども,英進館以外の生徒はもっと学力が下がっているんだな

という推測ができました。翌年もやはり10点ぐらい下がりました。われわれは実際，生徒に接してずっと前から，だんだん計算力もなくなるとか，あるいは考える力もなくなるとか，何かちょっと難しい問題に遭遇するとすぐ先生にヒントを求めてくるんです。で，ヒントを言ってあげればちゃんとできるんです。学力や考える力というんですか，粘りとか，そういうものがなくなってきているんだなあと感じていたわけです。いまは東京理科大学におられる芳沢光雄先生が，当時は城西大学の数学科教授でしたが，朝日新聞の論壇に投稿された記事で，日本の数学時間数が最下位だとか，経済学や心理学等の文系科目にも数学が必要だという指摘をされています。また精神科医の和田秀樹先生も触れていますが最近，子どもたちの非行やいじめやそういう問題が起こるとすぐ受験のせいにして，受験の圧力・ストレスがそういうものを招いているという風潮が社会にあったわけですけれども，和田先生はそれは違うよと受験圧力を否定され，むしろ競争回避型風潮が進んでいることが問題だと指摘されています。現実に受験学力は1980年代がピークでたとえば東京大学の合格最低点もどんどん下がっているし，むしろ子どもたちはそういう受験の圧力よりも，どんどん競争を避けるようになっているといろんなデータを示して，著書などを通じて社会にもそういう発表をされています。私は1998年11月，当時城西大学数学科教授の芳沢光雄先生を招いて，ホテルシーホークで1,000名規模の保護者や学校関係者，記者の皆さんに集まっていただいて，私と芳沢先生と1時間半ずつゆとり教育と学力問題について話をしました。また和田秀樹先生や京都大学経済研究所教授西村和雄先生にも来ていただいて話をしてもらいました。そのように，私どもは学力問題については，塾が全国で5万近くありますが，一番最初に問題提起をして，社会に警鐘を鳴らしたり提言を述べてきたという背景があります。

1．学力低下の実態：「大学生の学力低下は小・中学生の学力低下の証」

それでは学力低下問題について，さらに突っ込んだ話を申し上げたいと思います。表1は，河合塾が東京大学での「日本の理科教育が危ない」のシン

表1 河合塾浪人生の同一テストによる学力推移
（1995年と99年の比較）
正答率の差（▲はマイナス）

教科名	設問数	上位差	中上位差	中位差	下位差
英語	106	▲0.6%	▲1.3%	▲1.2%	▲1.1%
数学（理）	38	▲3.0%	▲9.0%	▲15.3%	▲15.6%
数学（文）	26	0.5%	▲8.7%	▲19.0%	▲16.7%
現代文	36	▲0.3%	0.2%	0.7%	1.3%
古文	38	▲2.7%	▲1.1%	▲0.6%	▲0.1%
物理（理）	47	▲3.4%	▲7.3%	▲4.5%	▲1.1%
化学（理）	20	▲0.3%	▲0.5%	▲0.0%	▲1.2%
世界史	45	▲1.6%	▲2.5%	▲1.1%	▲0.6%
日本史	63	▲5.3%	▲6.1%	▲4.4%	▲2.6%

（資料提供）予備校河合塾
河合塾の生徒の成績が下がっているのではありません。河合塾浪人生のマーク模試平均成績（偏差値）
英語／95年度53.9→99年度55.7　　数学／95年度55.2→58.0

ポジウムの時提供された1995～1999年の5年間での浪人生の学力推移のデータです。

　これはいまから4年前ですか，私もその場で発表したんですが，そのときに河合塾さんが発表されたデータで，数学は理系・文系共に，大幅に正答率が低下しており，それから物理も特に中位，それから下位の生徒たちがわずか5年間で十数％も低下しており，これはすごいことです。このような大幅な学力低下が進んでいます。あるいは表2は中学生の数学の学力低下を示すデータであり，また国際教育到達度評価学会の順位ですが，もう明らかに国際的にも低下傾向にあります。

　昔は数・理とも世界1位だったのが一番最新では数学が5位，理科が4位となり（表3），あるいは国際数学オリンピックの過去の順位も下がる傾向にあります（表4）。それからこのレジュメにはありませんが，お手元の資料の中に，東京大学の苅谷剛彦先生が2000年10月号の岩波書店の『科学』

第3章　中学生・高校生の学力問題

表2　中学生学力低下のデータ

問題例	1975年	2000年
$\left(-\dfrac{1}{3}\right)^2+5\times\left(-\dfrac{1}{3}\right)+1=$	49.7%	29.2
$\dfrac{x}{2}-\dfrac{2x+3}{4}=$	38.8	25.6
方程式 $\dfrac{5}{6}x=30$ を解きなさい	68.7	49.1
9人の子どもがそれぞれ1個ずつ玉をもっています。この玉を子ども12人に分配するとき、1人分の個数は、どのような式で表されますか（答えは次のアからオまでのなかから選ぶ）。	77.1	51.0

『学力低下の実態とその対策に関する実証研究』（平成12年度科学研究費補助金の研究成果中間報告書，代表者澤田利夫　東京理科大教授）

表3　日本の数学力・理科学力の国際比較と学力推移

項目	前々回（昭和56年）	前回（平成7年）	今回（平成11年）
国際数学力	第1位	第3位	第5位
国際理科学力	第1位	第3位	第4位

国際教育到達度評価学会（IEA）のデータに基づく（1999年）。

表4　国際数学オリンピック過去5年の上位国

	1996年	1997年	1998年	1999年	2000年
1	ルーマニア	中国	イラン	中国	中国
2	米国	ハンガリー	ブルガリア	ロシア	ロシア
3	ハンガリー	イラン	米国・ハンガリー	ベトナム	米国
4	ロシア	米国・ロシア	──	ルーマニア	韓国
5	英国	──	台湾	ブルガリア	ブルガリア
6	中国	ウクライナ	ロシア	ベラルーシ	ベトナム
7	ベトナム	ルーマニア	インド	韓国	ベラルーシ
8	韓国	ブルガリア	ウクライナ	イラン	台湾
9	イラン	豪州	ベトナム	台湾	ハンガリー
10	ドイツ	ベトナム	ユーゴスラビア	米国	イラン
日本	11位	12位	14位	13位	15位

に発表されたレポートの資料をつけております。1983年と1995年から96年にかけて，学習指導要領改訂前にその準備作業として文部省が自ら実施する試験の――たとえば理科の共通問題じゃないと比較はできませんので――共通問題だけを抽出した，その理科の正答率の差です。5％上がったものは19問中わずか3つ，下がったものは9，変わらずが7という結果です。これはどう考えても，下がっているわけで，このことを苅谷剛彦先生は明確に指摘されていますが，小学校の調査結果については報告書が刊行されてるんですね。ところが中学校の場合は刊行されていませんでしたが，それこそ文部省自ら学力低下を認めることになったと指摘しています。さらに文部省は大学生の学力は下がっているが，小・中学校，高校は下がってないといってるけれど，文部省が自らやった調査により学力低下を証明したようなものだということを書いています。私共も，直に生徒に接しているからわかりますが明らかに我々の実感と合致するのです。

　教科学力の低下問題について，今まで議論されなかった問題について初めて触れてみます。私は従来議論されてきた，同一問題による学力低下問題以上に実は学習内容の削減による学力喪失の方が極めて重大な問題であると考えています。つまり，時代がいかに変わろうとも学校が子どもたちに確かな学力を保証すべきという立場から考えると，削減されなかった教わった範囲の中での学力低下と，学習内容の削減により，全く教わらなかったことによる子どもたちの知識が今の子どもは昔に比べてどうなのか，もっと重要ではないかと考えたので，新しい視点で問題提起したいと思います（昔との比較の詳細は後述）。

2．子どもの生きる力を奪った学習内容の削り過ぎ

　ここに，今の教科書と30数年前の昔の教科書を持ってきておりますが，内容の一部をレジュメに掲載しています。ほんとに今の教科書は薄っぺらで幼稚でもうパラパラの絵本ですね。あとでご覧になりたい方はお見せいたします。まず図1を見てください。

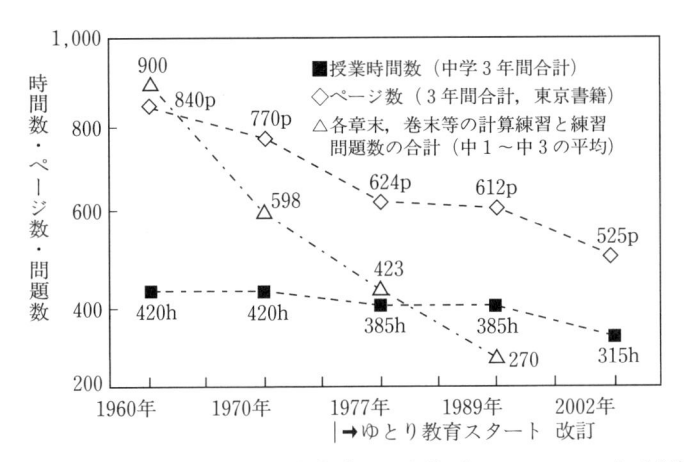

図1　中学数学の学習内容減少の実態（'60〜'89, 2002年改訂）

（資料）'97版国民生活白書，平成元年中学校新教育課程の解説，（第1法規）
※1960年→1989年の間の総合学習内容（授業時間数，ページ数，削減単元等）の削減率は30%強にもなる。2002年改訂では，現行よりも学習内容が更に36%も削減され通算で50%以下に。

　これは中学3年間数学の教科書の頁数と章末，巻末の問題数の推移です。問題数の減り方はもとの4分の1以上にまでなっており半端ではないですね。それから図2をご覧下さい。これは数学と理科についておおむね頁数や削除内容，難易度，そういうものを総合すると，この2002年からの3割の内容の削減は，すでにそれまでにゆとり教育導入の少し前から3割近くも減っているわけですから，通算では50%近くも内容が削減されてきたわけで極めて重大問題ではないでしょうか？

　あのノーベル賞，昨年（2002年）は日本人が2人受賞しましたが，田中耕一さん，若いですよね。それでも，あの方は昭和34年生まれです。43歳です。そうするとあの方が中学に上がったころは昭和46年か47年かそこらですが，日本が教育の現代化運動の一番真っ只中の昭和44年に近く，理数教育が，最も充実していた頃です。その後，昭和52年のゆとり教育導入以来，急激に学習内容が削減されてきたわけですが，図3を見てください。中学2，3年生で学ぶ昔と今の化学反応式の比較です。この化学反応式を日本

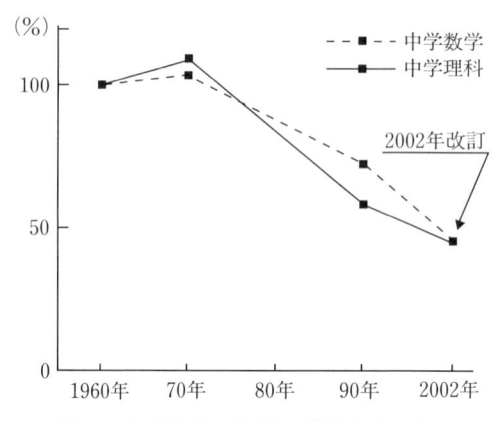

図2　中学数学・理科の学習内容の削減

工学教育協会のシンポジウムで，九州大学工学部が当番で今から4年くらい前ですか，私がパネラーの1人として発表すると会場いっぱいにどよめきが起こりました。この発表のため昔と今の教科書比較（小学・算数，理科と中学・数学，理科）を詳細に調べて私も愕然としました。図3の化学反応式ですが，平成10（1998）年分は昭和42（1967）年に比べてですね，5分の1まで削減され，今回の削減分を平成10（1998）年度分に点線で消し込み表示していますが，2002年ではさらに2分の1までの削減され通算で10分の1になったのです。たった12個に減った化学反応式がさらに9個削られ，3個追加されたのでたった6個しか残ってないのです。

　この化学反応式は，不必要なものでなく無機化学の基礎基本でこれは化学をやる上では絶対に不可欠なものなんですね。文部科学省（以下文科省）が生きる力をつけるというのは真っ赤な嘘で，義務教育段階でこれだけ削減することは，逆にこれは生きる力を減らしていますよ。たとえば，1例を挙げますと，我々の生活に身近な炭素の燃焼さえ削られました。昔，炭素の燃焼の化学反応で学習したのは，炭素が燃えるということは酸素と化合することである。そして出来るのは二酸化炭素（CO_2）であるが，酸素不足（空気）になると，一酸化炭素（CO）が発生し，これを人間が吸うと死ぬことがあるので危険である。冬場，練炭などで暖をとる時は，時々空気を入れ換える

昭和42年度の教科書に載っていた化学反応式（中2・中3の履修内容）

$2H_2O \rightarrow 2H_2 + O_2$	水の電気分解	$2KClO_3 \rightarrow 2KCl + 3O_2$	塩素酸カリウムの分解
$4P + 5O_2 \rightarrow 2P_2O_5$	赤リンの燃焼	$2H_2O_2 \rightarrow 2H_2O + O_2$	過酸化水素水の分解
$2H_2 + O_2 \rightarrow 2H_2O$	水素の燃焼	$2Mg + O_2 \rightarrow 2MgO$	マグネシウムの燃焼
$C + O_2 \rightarrow CO_2$	炭素の燃焼	$CO_2 + C \rightarrow 2CO$	一酸化炭素の発生
$NaCl \rightarrow Na^+ + Cl^-$	食塩の電離式	$2CO + O_2 \rightarrow 2CO_2$	一酸化炭素の燃焼
$2Na + 2H_2O \rightarrow H_2 + 2NaOH$	水素の生成	$NaOH \rightarrow Na^+ + OH^-$	水酸化ナトリウムの電離式
$Cu^{2+} + Fe \rightarrow Cu + Fe^{2+}$	イオン化傾向	$Zn + 2HCl \rightarrow ZnCl_2 + H_2$	亜鉛と塩酸の反応
$Fe + H_2SO_4 \rightarrow FeSO_4 + H_2$	鉄と硫酸の反応	$HCl \rightarrow H^+ + Cl^-$	塩酸の電離式
$H_2SO_4 \rightarrow 2H^+ + SO_4^{2-}$	硫酸の電離式	$HNO_3 \rightarrow H^+ + NO_3^-$	硝酸の電離式
$C_2H_4O_2 \rightarrow H^+ + C_2H_3O_2^-$	酢酸の電離式	$Ca(OH)_2 \rightarrow Ca^{2+} + 2OH^-$	水酸化カルシウムの電離式
$NH_3 + H_2O \rightarrow NH_4^+ + OH^-$	アンモニア水の電離	$CaCO_3 \rightarrow CaO + CO_2$	炭酸カルシウムの分解
$CaO + H_2O \rightarrow Ca(OH)_2$	生石灰の反応	$Ca(OH)_2 + CO_2 \rightarrow CaCO_3 + H_2O$	二酸化炭素検出
$H^+ + OH^- \rightarrow H_2O$	中和反応	$H_2SO_4 + 2NaOH \rightarrow Na_2SO_4 + 2H_2O$	中和反応
$HNO_3 + KOH \rightarrow KNO_3 + H_2O$	中和反応	$Zn + H_2SO_4 \rightarrow ZnSO_4 + H_2$	亜鉛と硫酸の反応
$Na_2CO_3 + 2HCl \rightarrow CO_2 + H_2O + 2NaCl$	二酸化炭素の生成	$2NaHCO_3 \rightarrow Na_2CO_3 + CO_2 + H_2O$	炭酸水素ナトリウムの分解
$AgNO_3 + NaCl \rightarrow AgCl + NaNO_3$	塩素の識別	$BaCl_2 + (NH_4)_2SO_4 \rightarrow BaSO_4 + 2NH_4Cl$	硫酸バリウムの沈殿
$CaCl_2 + Na_2CO_3 \rightarrow CaCO_3 + 2NaCl$	炭酸カルシウムの沈殿	$Ag^+ + Cl^- \rightarrow AgCl$	塩化銀の沈殿
$Ba^{2+} + SO_4^{2-} \rightarrow BaSO_4$	硫酸バリウムの沈殿	$Ca^{2+} + CO_3^{2-} \rightarrow CaCO_3$	炭酸カルシウムの沈殿
$CO_2 + H_2O \rightarrow H_2CO_3$	炭酸の生成	$H_2CO_3 \rightarrow 2H^+ + CO_3^{2-}$	炭酸の電離式
$CaCO_3 + 2HCl \rightarrow CaCl_2 + CO_2 + H_2O$	二酸化炭素の生成	$Ca(HCO_3)_2 \rightarrow CaCO_3 + CO_2 + H_2O$	二酸化炭素の生成
$CaCO_3 + CO_2 + H_2O \rightarrow Ca(HCO_3)_2$	炭酸水素カルシウムの生成	$NaCl + H_2SO_4 \rightarrow HCl + NaHSO_4$	塩化水素の生成
$NaHCO_3 + HCl \rightarrow NaCl + CO_2 + H_2O$	二酸化炭素の生成	$2NH_4Cl + Ca(OH)_2 \rightarrow CaCl_2 + 2H_2O + 2NH_3$	アンモニアの生成
$HCl + NH_3 \rightarrow NH_4Cl$	塩化アンモニウムの生成	$2HCl + (O) \rightarrow H_2O + Cl_2$	塩素の生成
$H_2O + Cl_2 \rightarrow 2HCl + (O)$	塩素による還元	$CaC_2 + 2H_2O \rightarrow C_2H_2 + Ca(OH)_2$	アセチレンの生成
$3Fe + 2O_2 \rightarrow Fe_3O_4$	鉄の燃焼	$4Al + 3O_2 \rightarrow 2Al_2O_3$	アルミニウムの燃焼
$2CuO + C \rightarrow 2Cu + CO_2$	酸化銅の還元	$CuO + H_2 \rightarrow Cu + H_2O$	酸化銅の還元
$2PbO + C \rightarrow 2Pb + CO_2$	酸化鉛の還元		

30年でわずか $\frac{1}{5}$ に！

平成10年度の教科書に載っている化学反応式（中2・中3の履修内容）

$2H_2O \rightarrow 2H_2 + O_2$	水の電気分解	$(2Mg + O_2 \rightarrow 2MgO$	マグネシウムの燃焼)
$Fe + S \rightarrow FeS$	鉄とイオウの化合	$(C + O_2 \rightarrow CO_2$	炭素の燃焼)
$(Cu + S \rightarrow CuS$	銅とイオウの化合)	$2CuO + C \rightarrow 2Cu + CO_2$	酸化銅の還元
$(2HCl \rightarrow H_2 + Cl_2$	塩酸の電気分解)	$(HCl \rightarrow H^+ + Cl^-$	塩酸の電離式)
$(NaCl \rightarrow Na^+ + Cl^-$	食塩の電離式)	$(NaOH \rightarrow Na^+ + OH^-$	水酸化ナトリウムの電離式)
$(H^+ + OH^- \rightarrow H_2O$	中和反応)	$(KOH \rightarrow K^+ + OH^-$	水酸化カリウムの電離式)

さらに平成14年度から9個削られ3個追加されたので6個へ

$2CuO + O_2 \rightarrow 2CuO$	銅と酸素の化合	$2H_2 + O_2 \rightarrow 2H_2O$	水素と酸素の化学反応
$Cu + Cl_2 \rightarrow CuCl_2$	銅と塩素の化合		

平成10年度の化学反応式で（　　　）で括っているのが削限分，上記の3つが追加分。
総合で，53個の化学式がわずか6個へ削減。

図3　1967年→2002年の中学理科教科書に出てくる化学反応式の比較

よう教えられました。COが安定したCO_2になるため，人間の血液中の酸素を奪うから命取りになると教えられ，今でも印象に残っています。次に数学になりますが，上が昔の教科書の目次，下が今の教科書です（紙面の都合で図は省略）。ページ数も少なく中を見るとまるで絵本です。そして昔は力の分解とか実験式とかダイヤグラムとか数学でも学習しました。それから立体の投影図，透視図をしっかり勉強したことが今でも本当に役立っています。今の子どもたちは，たとえば立方体や直方体を色々な平面で切ったときの断面図が全くイメージできませんし，様々な立体を色々な角度から見たときの形状のイメージもわからないのです。ところが昔はごく自然にそれができていたんです。そうするとこれはもう，生活する上で，また，いろんな場で，イメージがわからない本人は全くピンとこないかもわかりませんが，イメージがわくかどうか知っているか知っていないかで，大きく生活や人生での利益にかかわってくるんですね。それだけではありません。考え方でも立体的な深い考えができるか，薄っぺらな平面的考えしかできないか，発想力に大きな差が一生ついてまわります。育ち盛りに覚えたことは，脳にすり込まれ一生覚えています。それから昔は「生活と数学」や「経済と数学」という単元があって，中学2年生で銀行金利の単利複利の計算も学習しました。ところがいまの大学生たちや20代の若者はしていない。彼らに聞きますとチンプンカンプンです。金利というのは私どもに一番身近な問題ですよね。あるいは銀行返済の場合でも，元金にずっと金利がついて返済していくのか，あるいは残高に対してかかるのかというような問題があり，相手が悪ければ，今の若者は知識不足ですから，契約の時すぐだまされますよ。最近，若者の自己破算が多くなっていますが，これらの知識不足も影響があるでしょう。まさに，これも生きる力をなくしていることです。私は文科省や教育委員会に対し学校5日制等で授業時数も減り，教科書内容も削ってきたから，子どもの学力向上と，努力する習慣付けや生きる力をつけるため民間も含めて役割分担してみんなが協力して，教科教育の充実に取り組んでいかなければならないという呼びかけをするよう提言をしておきたいと思います。

　以上，一部具体例を述べましたが，前述の通りゆとり教育導入時期前後か

らの際限のない教科書学習内容の削減と教科教育軽視の文教施策がもたらした学力低下（学力喪失）について，今（2002年）と昔（30数年前，1969年頃）の中学卒業時点の比較を，新しい視点で試算してみると驚くべき実態が浮かび上がります。

3．大幅な学力喪失がもたらす科学技術立国の危機

　進学率に影響受けない義務教育終了段階の中学3年卒業時における，学習内容の削減量（今は昔の50％）と自宅学習時間の減少による定着率の低下（平均レベルで60％から48％）を加味し，エビングハウスの忘却曲線を参考にして大雑把な試算をしてみると，図4で示すように定着率を含めた知識量が昔平均で60あるとすれば，今は24しかなく今の指導要領で学習した中学卒業時の学力（知識量）は平均で昔の40％しかないのです（24÷60×100＝40％）。

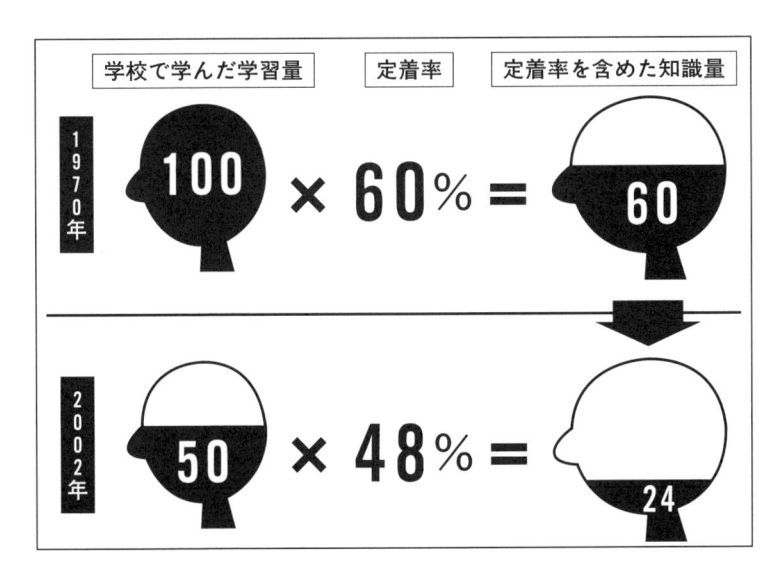

図4　学習内容の削減も考慮に入れた学力（知識量）の低下

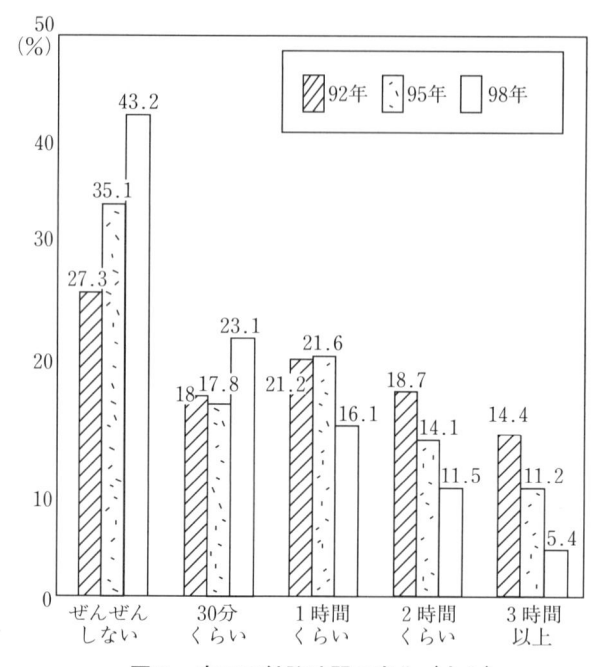

図5 家での勉強時間の変化（中2）

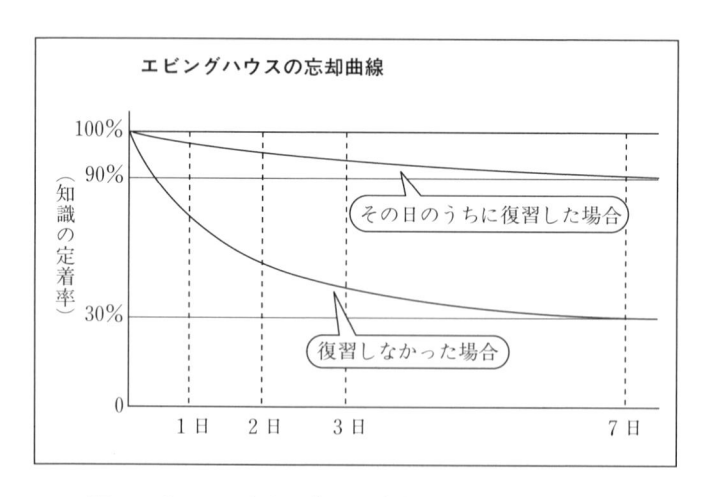

図6 その日のうちの復習の有無による知識の定着率

つまり，学力低下の大きさから学力低下の議論は，従来の共通問題での学力比較による学力低下以上に内容削減による子どもたちの「学力喪失」に注目する必要があると考えるのです。

文科省の公式見解が示すように，教科書内容の充実など大学生の学力低下はあるが，小・中学生の学力低下はないとする認識があり，義務教育段階での抜本的な教科教育内容充実に向けた回復措置がとられる兆しはありません。大学生の学力低下は始まったばかりで，このまま初等・中等教育段階での抜本対策がとられないまま進むと，取り返しのつかないことになるでしょう。

私の調査結果や経験から，大学生の学力低下は，紛れもない小・中学生の学力低下の証であります。小，中学，高校段階までは，削減した部分は入学試験に出題しないから，問題が起きてないが，大学や社会に出てからの技術競争では範囲はないわけです。今のままでは，膨大な削減量による教えなかった部分の「逸失学力」こそが技術立国としての先端技術競争での優位と教育立国としての知的水準を脅かすものです。

敗戦による廃虚の中から短期間で日本に繁栄をもたらした実証済みの優れた日本の教育制度，豊富な教科書等を，文科省は何故，再評価しないのでしょう。世界のどの国でも，壁にぶつかった時は原点に戻り，成功例に学ぶのに。

じつは昨日，パナソニックコミュニケーションズ（前九州松下電器（株））の坂井 曜（はじめ）社長に，このことについてレジュメを渡して話をしました。そしたら彼はさすがに産業界のリーダーで教育に対しものすごく真剣に危機感を持っています。とにかく最近入ってくる若者は学力がないし，忍耐力がないし，鍛え直さないと使いものにならないと。同期生ですから，ざっくばらんな言葉で。さらに学習内容が半分になったことに対し，もっと厳しいことを言いました。「昔は100学んでよかったのに，今は200学ばないといけないんじゃないの。技術はどんどんどんどん進歩しているんだし，昔よりもっと勉強させていて当たり前だ」と。こう彼は言うんです。もっと社会は要求している，ということなんです。また，自然の摂理から考えても「使うものは発達するし，使わないものは退化する」。そうするとこれだけ子どもに負荷

を与えずハードルを下げて、自宅でも学習しない復習しないという努力の習慣をなくした子どもたちが、将来国際競争の中で生きていけるかまた日本の未来を支えていけるか、そこが問題なんですね。世界一勉強しない子どもたち。勉強させない学校や家庭や社会。こんな調査結果が報道されていても、政治家も文科省も教育学者も、誰も抜本的な動きはしない。これでいいんでしょうか。イデオロギーをこえて。今ですら、先ほど話をしましたそのパナソニックコミュニケーションの各工場が、オフレコですが、ほんとに国内設備はガラガラ遊んでいるそうです。中国の工場に生産を移しているのです。国際競争力がなくなったからです。これはパナソニックコミュニケーションだけでなく、日本の多くの製造業の仕事は、賃金が安く、粘り強く働く、中国をはじめとする東南アジアへ生産拠点が移っているのです。今や日本は世界一人件費は高い、休日は多い、仕事はどんどん日本から逃げていく等、国際競争力を失っていることを、次世代の若者を育てる教育者や親や国民は危機感を持って受け止めなければなりません。

　最後に締めくくりとして、こういう生きる力の前提となる基礎知識が膨大な量削られているのに総合学習をやったって意味がない、他にやるべきことは一杯あるということをいいたいのです。時間が無尽蔵にあれば、総合学習は大歓迎です。ただでさえ削られて不足した授業時間内では、教科教育を徹底させ、総合学習は性格上も放課後や休日にやるべきものではないでしょうか。そして学力というのはですね、潜在能力×意欲×勉強量で表されます。掛け算で表されます。そして学力は学校や、私どもの塾でもそうですが、教育活動すべての集大成がそこにあります。ですから受験学力なんか、ほんとに狭く悪いことのようなイメージで世間で言う人がいますが、日頃学校で学習していることの、応用発展そのものです。私立中学・高校の入試問題を見れば一目瞭然です。記述式が多く思考力を問う問題が主体なのです。それらの学力をつけるには、教師のこだわりや生徒たちの意欲付け、あるいは熱意、知識、技量、こういうものが備わった教師がしっかり学力をつけられます。それから今度は学校長の教育方針やリーダーシップですね、教師みんなの士気は上がっているか。勉強する環境にあるか。豊富な教材も含めてですね、

トータルとしての結果が学力なんです。そして実社会では，やった仕事が成果があったのかどうかというものを，必ずチェックするんですね。これが教育の世界では長年，学力検査さえなされてこなかった。ですから本当にもうこんな異常な状態が検証されずに長く続いたのです。つまり，児童・生徒の本分である学力をしっかりつけることは，実社会で大人が仕事で成果を出すことと同じなのです。このことに早く気づいて，教科教育の充実（回復）に向け，教育行政は取り組んでもらいたいですね。ちょっと時間がオーバーしましたが，以上で話を終わらせていただきます。

［提案３］

もうひとつの学力問題から考える
―― 多文化的な環境に生きる子どもたちの場合 ――

　　　　　　　　　　　　　　九州大学教育学部助教授　　吉谷　武志

　九州大学の吉谷と申します。よろしくお願いします。先のお２人から，極めて具体的で，子どもたちの現実に基づいたお話をしていただいたと思います。実際，それを受ける大学の教育は，どう対処するのかというプレッシャーを頂いたと思います。私の方からは，中・高校生の学力の問題を，特に教育社会学などの方面から様々に評価をされているのとは，また違った観点でご紹介したいと思います。もちろん，私自身は子どもたちの学力問題を直接研究している者ではありませんので，今のお２人のお話と同じレベルで具体的なお話が出来るのかというと，正直申しまして難しいと思っております。ただ，私は福岡市内を中心として，小・中学校，とりわけ小学校にお邪魔することが多くあります。とくに，元々日本にいた子どもたちではなく，海外から来て，新たに日本語を学びつつ，日本の学校に在学している子どもたち，その子どもたちをかなり長く，継続して見てきています。その中で，今のお２人がお話しされたことにかなり近い点について，全然別の観点からなのですが，気がついたことがありますので，それについて少しお話しをさせていただくというふうにしたいと思います。現在の文部科学省の言う，生きる力であるとか，学びとか，総合的学習の時間に直接的に触れるというのではないのですが，実はお２人のお話を聞きながら，それぞれが提案なさった部分にもかなり共通する部分があるかな，ということを考えながらここにおります。それと同じことを，みなさんにも感じていただきながら聞いていただけるのではないかと思っております。

第3章　中学生・高校生の学力問題　　　　　　　　　　　　　*151*

1．多文化の子どもの存在

　私の提案は，「もうひとつの学力問題から考える──多文化的な環境に生きる子どもたちの場合──」というものです。先ほど申しましたように，福岡市内の外国からきた子どもたち，たとえば留学生に伴って外国からきた子どもたち，あるいは中国残留帰国という形で，元々中国語の世界に住んでいたお父さん，お母さん，あるいはおじいちゃん，おばあちゃんと一緒に住んでいる子どもたちがいます。こうした子どもが福岡市の小学校，中学校に在籍し始めて長く，もうすでに高等学校，あるいは成人された方もいるんですが，私自身がやっていることというのは，そういった子どもたちの状況を，学校に訪ねて見させて頂いているということです。

　こういった方の中には，国際結婚でお父さん，お母さんのどちらかが外国の方という場合もあります。「多文化」というと，もう何十年も日本にいらっしゃるというバックグラウンドの方も，当然含まれるのですが，ここでは「言語」というところで，他の多くと違うものを，家庭の中で持っている子どもを中心に見ていきます。つまり，お父さん，お母さん，ご自分，あるいは誰か他の人が，同じ家のなかで，日本語以外の言葉を話して生活している子どもたち，仮にそれを「多文化的家庭環境」にいる子どもたちとすると，そういう子どもたちの学習とか学力形成はどうなっているのだろうということ，それが私の興味関心の一つです。

　今みていただいているのは，数年前の中国帰国者関係の子どもたちの合宿風景です。毎年，中国の帰国に関わる子どもたちが，夏に1泊2日で合宿をしているのですが，その1シーンです。映像は少しぼけていますが，こういうものはあまりはっきり見えすぎるのもプライバシーの問題がありますので，この程度でいいのかも知れません。全員がそうではありませんが，福岡市内の学校から集まって来ています。学校の先生たちも含めてこのような感じです。ボランティアの大学生も，私自身も入ってます。次の写真は，ある小学校の日本語教室で，これも数年前の写真です。既にこの子どもたちは大きくなっていて，今街で会っても分からないと思います。市内のいくつかの小学

福岡市内「多文化」児童生徒数

■ 小学校
□ 中学校

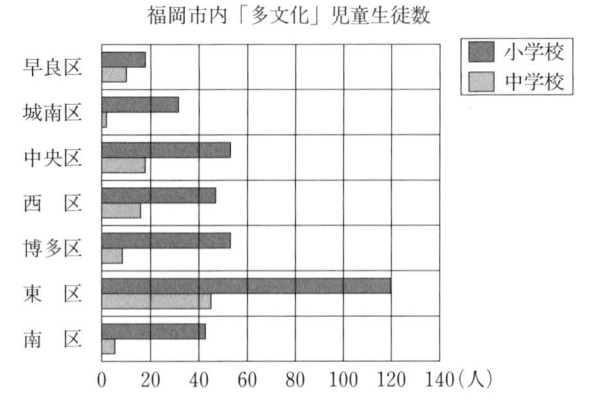

早良区
城南区
中央区
西　区
博多区
東　区
南　区

0　20　40　60　80　100　120　140（人）

図1　学校の多文化化の現状（出典は本章末参照）

校では，そういった文化的背景が異なる子どもたちが，この場合は帰国の子どもたちなのですが，10％を超えるような割合で，在籍し始めています。東区には30人くらいの規模で，そういった子どもたちが居る学校が徐々に増えています。この子どもたちは，将来にわたって日本に住むということがかなり分かっていますから，一生懸命日本の学校の中で勉強しています。日本の子どもたちと一緒に教室で学び，中学，高校，できれば大学へ行きたいという，他の子どもと同じ希望をもって学校へ来ている子どもたちがたくさんいる，ということです（写真は省略）。

　ちなみに，そんな子どもたちが，まだ，日本ではマイノリティであることは間違いないですよね。福岡市内での3年程前の調査ですが，国際結婚を含め，自分の家庭内で日本語以外の言葉を使う人がいるという小学生は360名くらい，中学生を含めても約500名の子どもたちです。先ほどお見せした写真は，東区のある小学校の様子です。東区全体では，小学校で120名くらいの在籍数です（図1）。福岡市内には，いろんな在住形態で，しかもどの地域に行ってもそういった子どもたちがいます。しかし，ちょっと見ただけではその子たちの存在は分かりません。このことも後で関係するのですが，長く住んでいると，柔らかい頭で日本語を吸収して，他の子どもたちと同じよ

うに生活をして勉強をするということになっていきます。だから外見でも、また、ちょっと話す言葉を聞いたくらいでは見分けがつきません。しかしながら、こういった子どもたちが、福岡市内の学校には確かにいるのだということです。

2．学校での多文化の子どもたちの課題

　学力問題に入る前に、そういう、いわゆる文化的背景の異なるところから来た子どもたち、バックグラウンドが違う子どもたちが、日本の学校に入ってきたときにどういう課題があるのかということ、つまり何が必要になってくるのか、これを見ておきたいと思います。それは言葉を中心として、大まかに4点くらいにまとめることができます（図2）。
　一つは、学校や日本の社会そのものに対する適応です。そこで上手くやれないといけないし、生活習慣も全然違うところから来る場合にはこれも大変なわけです。
　それから第二に言語能力です。これはまさに、日本語を知らずに入ってきた子どもたちの場合には顕著に出る課題です。勉強するにしても、日本の学

　　　　学校・社会への適応
　　　　　　　⇅
　　　　　言　語　能　力
　　　　　　　⇅
　　　　教科（学校）の学力
　　　　　　　⇅
　　　アイデンティティの保持・形成

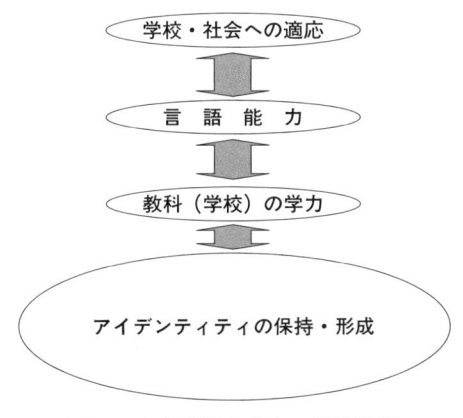

図2　多文化児童生徒の学習課題

校では日本語で教えていくわけですから，学習に使う言語そのものを学び始めるということです。この部分が，実は日本の子どもたちと違うわけです。日本の子どもたちというのは，それまで日本語を使いながら育ってきていますので，この部分は別に意図的に身につけるわけではありません。しかしこの言語能力をよく見ると，実際には日本の子どもたちにも関係しています。この子どもたちの様子を見ていく中で，他の子どもにも関係のある問題が出てきてしまうというところがある，ということです。子どもたちの言語の習得には，簡単に言って，日本語としての「生活上の言語」と「学習上の言語」と，実は2種類があります。日本語を上手に，「ぺらぺら」しゃべっているからといって，そのことと勉強ができるかということ，それらは別の話ですね。しかし日本の私たちは，そこをあまりにも当たり前すぎて忘れてしまっているという実態があるわけです。それから母国語の問題。これは，日本語を勉強する中で，お父さん・お母さんと同じ言葉を忘れてしまうという問題です。これは今回の趣旨とは少し離れます。

　第三に，こういう言語，とくに日本語を媒介として，初めて学校でいろいろ教わるということ，学校の教科の知識なり内容を学んでいくということです。この部分は日本の子どもたちにとっては見えない，あるいは当然の前提として始まっているところです。私はこの前提のほうから見ていきたいと思っています。日本語を学びつつ，学校での知識，いわゆる学力というものを身につけていくということを，外国からきた子どもたち，あるいは外国から来た方の中で日本で生まれたお子さんが，日本の生活の中でしているということですね。

　第四に，アイデンティティの保持・形成，いわゆる自分自身が何者なのという，他の子も共通に考えることです。実はこの共通性について，こうした子どもたちは，文化的背景が違うということで，日本の子どもたちと違った形でこの問題を突きつけられるようになっているということが，1番ベースにあります。それとまた日本の社会なり学校文化の問題がある。ここに示した図は，そういう四層になっています。

　本日は，その中で，上にある言語能力と学校の学力，この辺のことを，

学校での観察を通して、彼らの突き当たっている問題をご紹介していきたいと思っています。すでにお2人が話されたことより、かなり抽象的になるのかもしれませんが、ケースをいくつかお話しして、できる限り具体的に課題を示したいと思います。

3. 事例から

まず1番目、流暢な日本語と学力不振ということです。例えば留学生のお子さんや中国帰国者のお子さんは、日本の学校に入ってきて日本語指導を受けながら、まじめに学習に取り組んでいる。一生懸命に勉強しているから、力のつく子どもたちもいます。学校の先生たちは、指導をしながら、その子どもたちが、学力面で他の子どもと同じようにできるようになることに喜びを感じています。ところが、ある先生が出あったケースで、非常にショックを受けた事件がありました。典型的なケースだと思います。それは、「美しい」という語彙についてです。

ある小学校だったのですけども、高学年の子どもが、担任の先生にふと漏らしたことです。「先生、美しいってどういうこと？」と聞くのです。その子は、バックグラウンドが違っていて、先生自身が日本語の初歩から教えた子どもだったのです。しかも、その甲斐あって、力がついて勉強のできる子になった、と思っていましたので、少し不審に思いました。

「美しいって分かるやろ？」、「うん、分かるよ、分かるけど」といいます。「書けないのか？」と聞くと、「書けるよ」と答えます。要するに、書き取りはできるよということです。そこで「美しいってどういう意味だ？」と聞く。それに対して、「きれい」と言うのです。先生はここで気がつきました。「美しい」は「きれい」という意味である。しかし、実はそれだけに尽きないのですね。「美しい」という言葉を、漢字ドリルでは書ける。通り一遍の説明もできる。しかしながら、「美しい」という言葉の解釈がそれだけに尽きるということは、高学年では考えられない。日本の子どもなら、いろいろな場面を想定して、感動的なことがあったり、悲しいことも「美しい」に関わっ

ているんだ、ということを言うと思うのです。そこで、「もうちょっとないのか」と聞くと、分からないから聞いているのだと言う。結局、どういうことかというと、「美しい」という言葉をドリル的には書けるが、その背景にあるはずの、すごく大きな概念、語彙そのものがまだ未習得なのです。教科書の中で一回習った基礎的なものだけ知っている。こういうことって言葉の厚さ、薄さで言うと、ものすごく薄っぺらいものしか捉えられていない、これで本当にいいのかと。

では、何でそんなことになるのか。日本の子どもたちの場合、このように分からないことがあれば家に帰って誰か大人に聞けばいい。日本語での美しいという言葉の意味を、両親から説明をしてもらえる。しかしながら、この子の場合、中国帰国者の家庭では、もちろん中国語では説明は出来ても、日本語でそれを教わる機会がなかったのです。中国語では説明できるが、日本語でのコミュニケーションはできなかったのです。

今は便利な時代ですから、インターネットもありますし、ビデオだっていくらでもあります。中国語の新聞や雑誌もたくさん出ているので、家庭内では中国語ですんでしまう。だから、家庭の中で日本語で話し、親に習うという機会が全然なかったんですね。日本語での「美しい」という言葉の意味は、その一部分しか入ってなかったわけです。その子がさらに高校入試の段階にまできているのです。本人はまじめに勉強するのですが、だんだん学習が苦しい状況になってきているのは、どうもこの辺りの問題があるのではないかと思います。日本語の学習では、基礎の言葉（生活言語）で終わるのではなく、学力を支える「学習思考言語」の獲得という課題があるのではないか、ということを如実に見せられることがあります。

2番目は、以上のことにも関わりがあるのですが、中等教育段階での学習成果の問題です。最近、こうした子どもたちの中で、小学校を卒業し、中学校、高校と日本の学校で学ぶ子も多くなっています。ところが、中学校の終わりから、高校段階で急速に成績が落ちてくる子がいるのです。別に学校をさぼり始めたり、非行でそうなるというわけではないんです。ものすごく一生懸命やっているのです。特に、社会科あたりで歯が立たなくなってくる。

国語は，まだ日本語を勉強する教科ですからいいのですが，社会科は日本語ができることを前提として，そこに内容が新たに入ってくる。とくに中学校の終わりから高等学校段階で，内容が急速に難しくなり，ドロップアウトをし始める子どもたちをよく見るのです。この辺り，先の場合もこれも，基本的には，学習に対応できない日本語能力という課題がベースにあるからではないかという気がします。

　3番目は，これはマスコミにも随分取り上げられましたが，学校というところの意味付けが違ってきているのですね。東海地方や関東地方で，外国からの子どもに不登校が30％を超えている，ということもよく言われています。学校そのものが日本語で運営されているということが原因なのですが，学びの場として，学校を最も重要な場であると考えないということもある。つまり学校中心社会とは別の世界観というものがあるという点から，こうした状況について見る必要があります。これは，ここでは直接的な課題ではありませんので，学校での学びそのものから逃避するということが起こりうるということでご紹介しています。

　実は，中国残留帰国者の子どもさんにとって，私が今言ったような中・高校での学びの問題はどのようになっているかということを，鍛冶さんという方が学校生存率ということで計算しています。資料の最後にもその文献を載せています。これを見てみますと，非常に深刻な数字が出ています（鍛冶到「中国帰国者と高校進学」蘭信三編『「中国帰国者」の生活世界』行路社，2000年）。文部省の調査と合わせて，彼が自分で算出したものです。

　ある年に中学3年生だった子どもを100％とすると，彼らが高校3年生になったときに最終的にどのくらいが高校に残っているのか。帰国者の子どもたちは55％しか高校3年生になっていないのです。1990年以降，継続して追いかけていくと，中国帰国の子どもたちは高校に入っても約50％しか高校3年に至っていないということなのです。日本の高校生でも，たくさんの退学や進路変更が出たりといろんな動きがある中でも，これは強烈な数字なんですね。1995年度の中学校3年生は，98年度に高校3年生になっているのですが，その人たちの学校生存率は，全体では87.68％という数字です。

約90％が学校で学んでいるという数字がでています。同じ年度の中国帰国の子どもたちを追いかけてみると，611人の子どもたちが高校に入学したのに高校3年生段階では262名しかいないのだそうです。これは42.88％です。彼らは高校が嫌いだからというわけではなく，また，高校で学ばないと日本社会ではだめだということも重々承知しているのです。なんでそういうふうなことが起こるのかということで，鍛治さんの論文の中では，かなりいろんな問題，経済的な問題も，それから日本社会自体の問題も論じられています。私は，実は別の問題も極めて大きいだろうと考えています。学校の勉強をする前に，言語というものを彼らは習得しなければなりません。言語をきちっと獲得していないから難しいのではないか，ということを考えていく必要があるのではないか，というふうに思っています。

4．学力問題への視点

実は言語には2つの要素があるのです。これはカミンズ（J. Cummins）が唱えて，一種，定説になっています。社会的な言語と学習上の言語の2つです。簡単にいってしまうと，次のようになります。

まず，社会的な言語というのは，要するに日常生活を送るのに苦労しない程度の日本語です。「おはよう」，「こんにちは」，「元気？」，「ちょっとそれとって」といわれたときに答えうるような，その程度の言語です。これももちろん大事な言葉です。目の前にある，あるものをとって欲しいのに，「それ」と言えなければ大変なことですね。ところが私たちは言語のもう一つの機能，つまり学習思考言語のことを忘れているのです。日本の子どもたちについては，目立たず，忘れてしまいがちですが，外国の子どもをみていたら，これは忘れられない。目についてしまうのです。画面を見て頂くと，4つの枠ができています（図3）。

図の上下で，上側が認識的な能力の要求が少なくて，下側は抽象的な力を必要とする。左右では，左側はコンテクストがあって具体的，右側はコンテクストがない中で認知を要求される。要するに，先ほど言った「ちょっとそ

第3章　中学生・高校生の学力問題

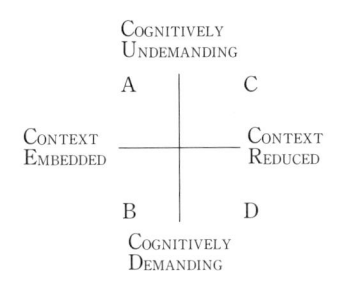

```
              COGNITIVELY
              UNDEMANDING
           A       |      C
                   |
  CONTEXT   ───────┼───────  CONTEXT
  EMBEDDED         |         REDUCED
                   |
           B       |      D
              COGNITIVELY
              DEMANDING
```

図3　日本語（言語）の二側面
出典：Cammins, J., 2000, Language, Power and Pedagagy(p.68)

れとってください」という生活上の言語は左上の「A」のところになります。それから，そういうことを言わずに抽象的な思考に使う言語，だから，例えば「私の右側3mの所にある物体，それをあなたの右側にある，目の前にある紙の無機物の中からとってください」と，こういう妙な言い方をしても分かるような言い方が「D」です。それで，「A」と「D」は言語の機能の対極にあるのだということですね。典型的に言えば，生活上の言語「A」と，学習上の言語「D」という言語機能があるということですね。

　じつは，こういう言語が身に付くスピードについての研究というのがあって，図は，左側は生活上の言語が身に付く速度と言われています。点線に黒い線が2年ほどで追いついています（図は省略）。これは，第二言語の学習者の生活言語の能力が，第一言語の使用者に追いついているということです。次に，右側は学習言語の図です。同じ年齢の子どもが使っている学習思考言語に，第二言語として身につけていく子どもの黒い線がずっと近づいていく。グラフを正確に読むと，実は追いつかないのが実態です。外国からきた子どもは5年とか7年かけて，勉強ができる形にはなっているのだけども，実際には同じ年の子どもの使用する学習思考言語には追いついていかない。これは欧米の調査で，特にカナダとアメリカの調査ではっきりしています。つまり，社会生活上の言語は容易に17年齢の子どもレベルに追いつくが，学習言語はかなりむずかしいということです。

　4番目はこれも簡単にしか触れませんが，市川伸一さんという方が出され

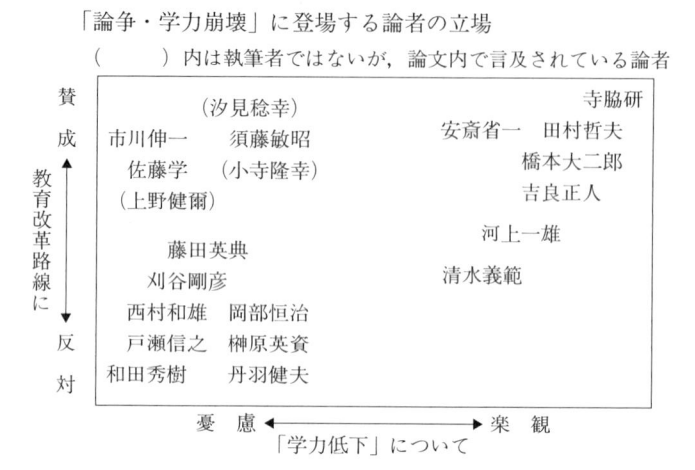

「論争・学力崩壊」に登場する論者の立場
（　　）内は執筆者ではないが，論文内で言及されている論者

```
賛成　　　　　　　　　　　　　　　　　　　　寺脇研
　　　（汐見稔幸）
　　市川伸一　須藤敏昭　　安斎省一　田村哲夫
　　佐藤学　（小寺隆幸）　　　　　　　橋本大二郎
　（上野健爾）　　　　　　　　　　　　吉良正人

　　　　　　　　　　　　　　　　　　　河上一雄
　　　　藤田英典
　　　　刈谷剛彦　　　　　　　　　清水義範
　　　西村和雄　岡部恒治
　　　戸瀬信之　榊原英資
　　　和田秀樹　丹羽健夫
反対
```

教育改革路線に（賛成↑／反対↓）　　憂慮 ←「学力低下」について→ 楽観

図4　『学力低下論争』

ている本（市川伸一『学力低下論争』ちくま新書，2002年）についてです。市川さんは，学力低下論争を簡潔に整理されています。新書なので後でお読みください。先に話されたお2人にも関係するような論争を，図に示されています。学力低下論争は，たくさんあるのですが，彼によると概ね3グループに分かれるということになります。

　図4の右側が学力低下への楽観論，左が悲観論。上側が現今の教育改革路線に賛成派，下が反対派です。右の方の上の第一のグループは，基礎学力は実は大丈夫だから，改革路線で生きる力をやればいいんだというグループ。寺脇研さんや橋本大二郎さんが入る。左側に行くと，学力はだめだというグループが上と下に別れている。やっぱり学力も憂慮するのだけれども，上の方に行けば，比較的新しい生きる力の改革をやりたい，やった方がいいのだという立場の第二のグループで，市川さんや佐藤学さんがいる。それから左下の第三のグループでは，和田秀樹さんという方が一番下にいるのですが，学力は低下しているのだから，基礎学力について一つひとつ徹底しようというグループです。どうも見ていると，学力問題というのは，みなさん共通に学力は低いのだという前提でしか見ていないのではないかというように見受

第3章　中学生・高校生の学力問題　　　　　　　　　　　　　　　　　　　　*161*

けられるので，参考までに市川さんの分析を入れておきました。
　では，どういうふうに考えていけばいいのか。
　近年，いろいろな調査，また国際的な学力調査も出ています。少し前のものですが，私自身はユネスコの報告（ユネスコ21世紀国際委員会『学習：秘められた宝』ぎょうせい，1997年）をおもしろいと思って見ていました。その中に，21世紀の学習ということで紹介されているものがあるのですが，それによると学習の4つの側面に注目しています。「知ることを学ぶ」，「為すことを学ぶ」，「共に生きることを学ぶ」，「人間として生きることを学ぶ」の4点です。
　実は第一の「知ることを学ぶ」というのは，もちろん基本なのですが，日本の学校はこの「知ることを学ぶ」ということを，本来もっとも中心にやっているはずです。ただし「知ることを学ぶ」の中にも，基本的な基礎知識を学びその知識を身につけること，暗記も含めてですが，そこだけではなくて，それを運用するような力，これも含まれる。たとえば，ドリルでいっぱい知識を暗記したとする，この暗記した知識を，つぎの時にどのようにして組み合わせて何か考えましょうかという，次の段階にまで行くような知識が実はあるのだと。それが本来の学習の基礎にあるんだと。それをふまえて，知識を社会的に生かしたり（つまり「為すことを学ぶ」），あるいは国際化社会になっていくなかで一緒に生きていくことを学んでいく（つまり「共に生きることを学ぶ」）というステップがある，というふうなことを言ってるのですね。非常に興味深いのは，「知ることを学ぶ」の最初のレベルを，日本の学校はまずやろうとしているんだけども，その中での単に知識を身につけるという基礎的なところまでも，実は到達できていないんじゃないかという，そういう危険性があるのではないか，ということです。
　以上，海外にルーツがあって，日本の学校で言葉や生活習慣から学び始める，そういう子どもたちの様子を見て，考えていることをいくつか話しました。まさに，基礎学力としての言語能力，「言葉」できちんとものを考えるというふうな訓練の必要性についてお話ししました。誤解されるのかも知れませんが，ひょっとしたら日本の子どもたちも含めて，これはたぶん小学校

から中学校の義務教育が本来やるべきである，そういう基礎的な言語能力をきちっとつけていないのではないだろうか，ということです。この点にくると，先程あったお2人とのお話しとも共通していると思います。

5．まとめに代えて

　時間がきましたので，以上を簡単にまとめてみたいと思います。
　まず第一点。この言葉の力に関する問題は，外国からきた子どもたちにはっきり出ているのだけども，日本の子どもたちもそうなっているのではないか。それは明白には見えないので，つまり，日本の子どもは日本語を普通にしゃべりますから，当然の前提になっていて，つい忘れてしまっているのではないか。この問題をちゃんと見た方がいいぞ，という気がしています。
　第二に，「知ることを学ぶ」というもっとも基本的なことをもう一度大事にしようということ。「知ることを学ぶ」というのは，それを使ってどうするのかということです。暗記したこと，身につけた知識，そのことを自分で使っていく，あるいは新たに開発するということ，そういうことがないといけない。こういったことも学校の方では重視しないといけないと思います。
　第三に「自己の探求」ということです。学ぶということの基礎には，海外からの子どもがそうであったように，自分とは何か，自分はこの社会でどのような存在なのかということが，常に潜在している。自分作りとは関わりを持たない学習，あるいは学力とはいったい何なのだろうかという疑問があります。
　それから四番目は学習の「過程」としての学びということなのですが，実は総合的な学習の時間というのは，見解が分かれるところなのですが，やはり大事だと思っています。教育を専門としている方ではないと読むことがあまりないと思いますが，学習指導要領をよく読むと，「総合的な学習の時間」を時間割に組み入れて，これからそうした学習活動ができるようにしていかないといけないよ，というような言い方をしているのです。できるようにしないといけないのですよ，というふうに言われると，学校の先生は，「自ら

考えて生きる力」ということを今すぐ出来ないといけないものと考えて，目前のことにすぐ走ろうとするんですね。これはおかしいのではないかと思います。小学校6年，中学校3年のいわば9年間の時間（過程）を通して，この間にじっくりと活動していかないといけないのではないでしょうか。今，子どもたちがこの目標に到達していれば，総合的学習の時間なんていらないわけです。時間さえ作ればすぐできるかのごとく取り組む，あるいはそこですぐに成果が現れるというふうに考えるというのは，そこに誤解があるのではないかという気がしています。

ご清聴ありがとうございました。

(参考)
1．図1は，吉谷による調査，「福岡市地域児童生徒の日本語習得に関する調査報告」（福岡市地域日本語教育推進委員会編『在住外国人の日本語習得支援活動からみた生活支援のあり方』2001年所収）から作成
2．吉谷武志「福岡市における学校の『多文化化』について」（『部落解放史ふくおか』107号所収）

［コメント］

学力問題の多様な教育的文脈

九州大学教育学部助教授　　坂元　一光

　九州大学教育学部主催の公開セミナー「いま，学力を考える」第3回は，「中学・高校生の学力問題」をテーマに実施された。セミナーでは福岡県立福岡高等学校長北島龍雄氏，英進館館長筒井勝美氏，九州大学大学院人間環境学研究院助教授吉谷武志氏という関係各界からの提案者をお招きし，公立高校，大手進学塾，公立学校の外国籍児童生徒学級という三者三様の教育現場からとらえられた学力の姿を提示していただいた。そこでの議論をとおして，日本の中・高生の学力問題の背景によこたわる多様な観点と社会・文化的な文脈の存在を確認することができた。3名の提案者は，いずれも子どもたちと直接に接する現場経験を共有する一方で，それぞれ異なる職域と現場感覚に即した学力にかんする多様な観点を披瀝していただいた。結果として，ややもすると机上論や理念論に流れがちな今日の学力問題にたいし，多様な現場からより新鮮でリアルな光を当てることができたと考える。

1．公立高校の現場から

　まず，最初の提案者として公立高校の校長職にある北島氏が，現場の経験と実践にもとづき学力という語が含意する具体的内容の確認をおこなった。このような概念の確認作業は，えてして整合を欠き錯綜しがちなこの種の議論をより実り多いものにするための不可欠な作業であり，また，今回のセミナーにおける基本枠組みを提示する重要な役割を果たすものでもあった。北

島氏は学力を「ある課題を解決できる力，力量」とゆるやかに捉えたうえで，これを「広義の学力」と「狭義の学力」とに分けて考えることを提起する。高校の学校現場からいえば，前者は課外活動において求められるいわば調査書の対象となるような学力であり，後者は高校入試の学力検査の対象となる5教科の学力をさす。北島氏は広義の学力を人が生きる目的を準備するための十分条件と規定し，一方，狭義の学力を生きるための手段，便法としての必要条件としてその性格分けをおこなった。氏はこのように学力を人が人として生きていくという最も基本的な生の文脈のなかに位置づけ，さらにその補完的な関係性と共存の重要性を明確に示した。

北島氏は学力を人間が人間らしく生きるための大前提とするその包括的性格を確認したうえで，次に公教育現場の視点から今日の高校生における狭義の学力の問題を中心とした問題提起，現状分析および問題解決に向けての具体的な提案をおこなった。「学力低下」論にたいする北島氏の基本的なスタンスは，とりあえずこれ（低下）を認めるというものである。ただ，このことを客観的に認めうるデータの不十分さと非公開性も同時に指摘しており，自らの判断に検討の余地をのこす慎重な態度も忘れていない。氏はこのような留保をつけたうえで，国立教育政策研究所教育課程センターによる2001年度小中学校教育課程実施状況調査のデータ分析，学習指導要領の単位数の変遷（減少），指導内容の先送り，などを根拠に最近の狭義学力の低下を推測する。また個人的な印象とことわりながら，みずから教壇にたった経験からも最近の生徒たちの学力低下の印象が指摘された。

北島氏は学力低下回復のための手だてを学校ばかりでなく家庭，行政など広く社会全般に求めている。その具体的な対策としては，

① 家庭での学習習慣の確立。
② 学校における基礎学力の徹底指導，総合的学習の時間の活用，授業の質的改善，学校行事の精選。
③ 大学の役割として高校の実態をふまえての入試問題の質向上，多様化した高校への大学の柔軟な対応。
④ 教育行政の対応として，学力調査や規範意識調査など客観的で信頼に

足るデータ収集と分析体制の整備，学校の5日制と新学習指導要領への移行期における土曜，日曜の活用のための行政支援，現行制度の不備不足にたいする謙虚な認識と見直しの勇断，

などが挙げられた。これら北島氏の具体的な諸提案は，いずれも公教育の現場経験に即した内容となっている。

2．進学塾の現場から

2人目の提案者の筒井氏は，北島氏の公教育の現場にたいし，そこに直結しつつもその外部に位置づく私的教育現場からの提言をおこなった。氏の見解は大手進学塾の経営者として，きわめて明快に狭義学力の低下を憂える内容のものであった。提言においては，とりわけ理数科目に注目した学力低下の現状と原因分析が，教科書における学習内容の細かな変化（削減）のデータとともに提示された。筒井氏の学力低下論は，これを受験産業の経営課題の一環として近視眼的にとらえるのでなく，科学技術立国としての日本の将来を視野に入れた長期的な展望において語られる。筒井氏は長期にわたる進学塾での指導経験や経営のなかで，生徒たちの学力低下を身近で深刻な事態として実感してきた。そして，筒井氏は学力低下の元凶を「ゆとり教育」という長年の文部省（現文部科学省）行政に求め，その理念と政策の転換を強く提言する。

筒井氏の学力低下論をささえる根拠は，いくつかの大手進学塾でおこなった同一問題による学力テストの結果やIEAの国際比較調査などの学力推移にかんする調査，およびこれまでの教科書の内容比較等である。筒井氏はこれらの資料に示された学力低下の原因を文部省の「ゆとり教育」にもとめるわけだが，その具体的な指標として，特に理数科教科書における学習内容の変化（削減）に着目する。筒井氏は自らの調査にもとづき中学生の理数科教科書の内容がこの四半世紀の間にどのように削減されてきたのか数値や図表を用いて具体的に検証する。教科書のページ数，練習問題数，授業時間数など量的な削減傾向のみならず，教科書の教授項目における削減内容までもが

具体的かつ通時的に比較提示され「ゆとり教育」がスタートして以後の激減ぶりが明らかにされる。具体的な資料にもとづいた筒井氏の理数科教科書の分析は、きわめて明快で説得力にあふれている。

先にも述べたように筒井氏の学力低下についての問題提起は、個々人の受験の成否や塾経営を念頭においたものではなく、日本の将来をみすえた深い憂慮にもとづいている。筆者の個人的な推測を述べるならば、高度成長期に大手電器企業で研究者、管理職として働いた経験をもつ筒井氏の目には、現在の日本の技術産業における凋落ぶりは受け入れがたい現実として映るのではないだろうか。科学技術の急速な進歩にともないますます厳しい開発競争をせまられるこれからの産業全体について考えるとき、日々、身近に接する生徒たちの学習内容の縮小と実感としての学力低下にたいしては、深刻な危機感と不安を覚えざるを得ないのであろう。筒井氏の議論の主眼は、北島氏の言うところの狭義の学力の低下とその回復にある。しかし、氏がそこで求めているのは国全体の活力や競争力の回復ばかりでなく、これから新しい科学技術や時にはその厄介な副産物にも対峙してゆかねばならない子どもたちにとって広い意味での学力（生きる力）でもあると考えられる。

3．外国籍児童生徒の教室から

北島、筒井両氏の学力低下論にたいし、吉谷氏は文化という観点からひとつの知識のあり方としての学力について提案をおこなった。吉谷氏はこれまで日本の学校に学ぶ外国籍の児童生徒たちの適応や学習の問題にかんする調査をすすめてきた。氏は現場に即した調査経験をふまえ外国籍児童のかかえる学習や教育の問題とそれが映し出す「日本的」学力論争の根本課題について、特に言語能力としての日本語に注目しながら提案をおこなった。

吉谷氏は福岡市内で日本語を学びながら学校生活を送っている子どもたちを例にとり、言語（能力）と学力との関係について紹介した。言語もふくめ文化的背景の異なる子どもが、日本の学校に適応していくには多くの苦労がともなう。吉谷氏はこれらの子どもたちにとっての課題を学校・社会への適

応，言語能力，教科の学力，アイデンティティの問題として想定する。なかでも吉谷氏がもっとも重視するのは言語能力である。なぜなら，言語能力は残りのすべての課題をクリアすることと密接にかかわっており，とりわけ今回のセミナーの中心課題であるいわゆる狭義の学力の形成基盤をなしてもいるからである。

　上記の子どもたちにとって日本語は，「生活上の言語」と「学習上の言語」という2つの側面をもって立ち現れてくる。一般の日本人にとって，これらの区分は意識されることではないし，またその必要性もない。しかし，これらの区分にたいする認識は，日本という異文化で生活し日本の学校で学ぶ子どもたちを支援するような仕事にたずさわる場合には重要な意味を持ってくる。なぜなら，中国帰国者の子どもの例でも示されたように，それは子どもたちの学校生存率の低さにも大きな影を落としていると推測されるからである。

　中学・高校への進学において狭義の学力が前提となるのはいうまでもない。吉谷氏は学力を支えるこの種の言語を抽象的な「学習言語」として日常的，生活上の「社会的言語」とはっきり区別する必要性を説く。来日したばかりの家族にあって，とりわけ子どもたちの言語獲得の速さには目をみはらされることが多い。友達と自在にコミュニケーションする姿を見て，彼／彼女の日本での学校生活や適応を速断することについて，われわれはもっと慎重でなければならない。始業のベルが鳴るたびに子どもたちの前には学習言語で装備された学校知の高い壁が立ちはだかるのである。

　吉谷氏が紹介する文化的背景を異にする子どもたちの様子は，今日の学力問題を考えるうえで言語や文化というもうひとつの重要な観点を示唆している。そこから見えてくるのは，狭義の学力を支える言語や文化の役割とそのような知識を中心に編成されている子どもたちの学校生活のリアルな現実である。またそこには，先に国際的競争の文脈で語られた学力が今度は多文化共生の文脈でも語られるというひとつのパラドクスがある。

　今回のセミナーの収穫は，学力あるいは学力低下にかんして明確な規定や因果関係を提出しえたということではないだろう。重要なのは広い意味で教

育という現場を共有している提案者たちが，それぞれのローカルな教育文脈にそった学力観を披瀝し，それがはからずも社会，文化現象としての学力のあり方を示すことになった点ではなかろうか。

　中学・高校生の学力といわれると，まず目前にある子どもの受験を思い浮かべるのが世間の親の自然な反応である。しかし，セミナーで提示された多様な観点をとおして，昨今の学力問題というものが，単に子どもの成績や受験の問題としてだけでなく日本の経済・産業状況の将来的不透明感やそこへの参入を余儀なくされる子どもたちの未来の問題として，また今日の日本の産業・雇用構造の変化のなかで身近な存在となりつつある外国人やその生徒児童の適応問題としてなど，予想外の広がりをもっていることに気付かされたのは筆者ばかりではあるまい。

第4章　大学と学力──入試と大学での学び──

[提案1]　大学生の学力問題とは何か
　　　　　　　　　　　　九州大学教育学部教授　　新谷　恭明
[提案2]　大学が期待している学力──AO入試の実践を通して──
　　　　　　　　　　　　九州大学アドミッションセンター教授　　武谷　峻一
[提案3]　大学生に求められる学力
　　　　──創造的ディスカッション能力──
　　　　　　　　　　　　九州大学教育学部教授　　丸野　俊一
[質疑応答]
[コメント]「大学と学力──入試と大学での学び──」をふりかえって
　　　　──「いかに生きるか」という問いをめぐって──
　　　　　　　　　　　　九州大学教育学部助教授　　野々村淑子

[提案1]

大学生の学力問題とは何か

九州大学教育学部教授　新谷　恭明

1.「いまどきの大学生」

　私は仲間と一緒に，1，2年生に「大学とは何か」という授業をここ5年ほど続けています。このプログラムは，実は九州大学総長賞を頂いたのですが，それを始めたきっかけは，九州大学の学生たちの変化を実感したことでした。九大の学生がただ学ばされている，九大生であることに誇りを持っていない，あるいは大学生はもう大人なのに自分たちはそう思っていない，と今までの大学生像とは違うものを感じ始めたのです。そこで，大学とはそもそもいったいどういうところなのか，大学で学ぶとはどういう意味があるのか，ということについて皆で考えてみようということで始めたプログラムです。

　一昨年（2001年），その授業の学期末に，「いまどきの大学生」という，私が書いた文章を学生に見せて感想を書いてもらいました。皆さんのお手元にあるものです。私は歴史が専門なので，講義のなかで，例えば第二次世界大戦はいつ終わったのかなど中学生でもわかるような質問をすると，以前は馬鹿にするなという顔をしましたが，最近はわからなかったり，間違えたりする学生が九大のなかにも結構います。なぜかと聞くと，高校で日本史を選択しなかったからと言います。小・中学校の時はと問うと，忘れましたと言う。平和学習のことを聞くと，あれと同じですかという答えが返ってくる。知識と結びついていないのです。あるいは，殆ど本を読んだことがない学生まで

います。本屋でたまたま会った学生が，その学生は大学院入学が決まっていたのですが，今まで教科書以外本を読んだことがないから，何か面白い本を紹介してほしいというのです。

　また，授業が難しすぎるというクレームもありました。○○先生は私たちのこと馬鹿にしている，非常に問題がある授業をしている，というのです。2年生の学生だったのですが，彼らが，その先生は3，4年生向けの授業を私たちにしているというのです。小学校1年生に4年生の授業をしたらわからないのと同じで，大学の1年生と2年生に専門的な授業をするのは，学生のことを考えてない，ということだったのです。こうしたことが続いてどうも一方的に講義をしていると不安になってきました。講義で日本の学校制度，つまり学制はいつ始まったという話をしますが，ふっと気がついて学制という言葉を知っているかな，と聞きなおすようになりました。結構知らないので，教えなおしたりすると，だんだん講義の内容を少なくしないと収まらなくなり，その分薄くなり，非常に情けなくなってきたのです。こうしたことを書いたのが，「いまどきの大学生」です。

　学生の反応の中には，人を馬鹿にするなというのもありましたが，そのとおりというのが結構多い。大学の先生には教え方を工夫してほしいという要求もかなりある。これは今大学で取り組み始めています。しかし，これはやはり少し情けないと思うのです。大学生の学力が問題にされ始めたのは，僕がこういう問題意識をもって「大学とは何か」の講義を始める少し前です。産経新聞社の『理工系教育を問う』(1995)では，理科系の教育がだめになってきた，このままだと日本は危ないという警告がされ，その後「分数，小数のできない大学生」が問題となり始めた。基礎的学力が学ばされてない，習ってないから知らないという状態だという問題提起でした。わからないところがあれば自ら学んでくるのが学生だと私は思うのですが，大学がマスプロ化し，誰もが大学に行くが特に目的意識もなく，しかも教えられ慣れすぎてるので，自分から新しい知識を獲得しようということもできず，戸惑っているという現状なのかもしれないと思います。

2．大学と学力について考えなければならないこと
―― 大学入試と大学での学び ――

　我々が大学の教員として考えるのは，一つは大学での学びの基礎となる学力を用意して欲しいが，それは何かという問題です。もう一つは，大学に入ってきた学生にどう再教育をしなおすか，ということです。僕自身は，学部教育では専門的な知見を与えようとはあまり考えず，リハビリテーションとして，自分で調査をする力，ものを考える力，整理する力，書く力，議論する力をつけるための時間だと思うようになってきました。

　九大でもいろいろ改革がなされています。入試については，武谷さんが詳しくお話しされます。それから学力の中でも，今の学生に殆どないディスカッション能力を育成するための方策について，丸野さんがご専門の話をされます。講義は「私語」といって沢山しゃべりますが，ゼミは「死語」といって沈黙するのが今の大学生です。しゃべるなと言われたことはあるけれどもしゃべりなさいと言われたことはないというのです。この2点についてお2人のお話しを伺いましょう。

[提案2]

大学が期待している学力
―― AO入試の実践を通して ――

　　　　　　　　　　九州大学アドミッションセンター教授　　武谷　峻一

1．九州大学における入試改革

　九州大学は，国立大学としてはかなり新しいAO入試と21世紀プログラムという教育プログラムを行っています。1995年に，九州大学は大学院重点化に向けて学部教育から修士まで6年一貫を考えるという改革大綱案を出しました。97年には，中央教育審議会から日本の大学もアメリカのアドミッションオフィスによる選抜を採用すべきだという答申があり，それを受けて九州大学では，99年に東北大学，筑波大学と共に国立大学で初めてアドミッションセンターを作り，法，薬，農の3学部でAO選抜を始めました。その翌年から21世紀プログラムの選抜を始め，2001年の4月に一期生が入学しました。AO選抜はその後，歯学部，理学部，医学部保健学科，等が推薦入学からの移行により参入しています。

2．AO入試について ―― 入試方法・学生たちの様子 ――

　AO入試が導入された背景には，大学で必要な学力が筆記試験だけで測れるか，という問題がありました。また，偏差値だけで大学を決める，合格がゴールである，習ってないことはわからないというマニュアル人間の学生が増えてきたことに対し，意欲，関心，自主性，積極性などを測る選抜はないか，という問題提起もありました。ただこうした選抜はかなり手間隙かかる

ことは事実です。九州大学でも AO 選抜は定員のわずか 6～7％です。しかし，一般選抜と異なる尺度で測った学生集団が入ることによって，学生集団全体が活性化してほしいという期待も込めて，始めたのです。

　推薦入学との違いは，学校長の推薦が要らない自己出願であるという点です。自分の意思で決められるということです。また，AO 入試は多くの大学が行っていますが，九州大学では一芸一能といった類の入試ではなく，一般選抜と同等以上の基礎学力があるかどうかを何らかの形で測ります。その上で，学部によって違う選抜を行います。大きく認知領域と情意領域という 2 つの領域の学力，能力を総合評価して選抜するというのが，九州大学の AO 選抜です。文系では法学部のみ，理系では工学部と医学部医学科を除く全学部が実施しています。後で述べる 21 世紀プログラムと法学部，薬学部は，センター試験を課さない選抜です。これらをあわせた定員が約 170 名です。一次選抜は調査書と志望理由書，課題作文等の書類審査で，二次は，学部学科によって色々工夫しています。例えば法学部は，一次は十何頁の資料を読んで答える 4 時間の論文試験，二次は，5，6 人によるグループディスカッションです。数学科では，センター試験では基礎学力を，二次の課題探求試験と面接諮問でそれぞれ数学の専門能力，意欲，関心を問い，3 つのうち 2 つがよければよいという基準で選抜しています。

　では，この AO 選抜で入った学生はどのような特徴を示しているでしょうか。アンケートによると，AO の入学生の過半数が学問上のテーマがあるとしているのに対し，一般の入学生は過半数がない，というほど意識が違います。入学の意識も，AO の学生は九州大学には優秀な学生が集まっているからというのに対して，一般の学生は，自分の偏差値ではこの辺だったから，としています。もう一点，半年後には，一般選抜では，そろそろ転学部・学科や退学を考える学生が出てきますが，AO にはいません。AO の入学者は学部の適合性が非常に高いのです。九州大学では，毎年約 2,400 人の新入生のうち 120 人程退学します。学部との不適合がその一因と考えられますが，AO にはそれがほとんどありません。志望理由書を書き，面接を受け，なぜ自分がそこで学びたいかをよく考えて受験するからと思います。そして，全

学教育の成績によると，センター試験を課していないところもあるにもかかわらず，学力という点においても一般選抜の入学生と同等以上です。

3．21世紀プログラム──選抜方法・教育課程・学生たちの様子──

　21世紀プログラムは，選抜も特殊ですが，それだけで，いわば1つの学部に相当するような教育プログラムです。学部横断的に，最終的には専門性の高いゼネラリストを養成することを目的とした，他大学には例がないものです。通常は，高校1年の終了時ぐらいに文系か理系か，2年時に学部を，3年で入れる大学，学部学科を決めて大学に入る。そして大学院に行って専門をやって出ていく。それに対し21世紀プログラムは，高校の時では幅広く基礎的な勉強をして，大学ではすべての学部の中から興味あるものを色々勉強し，最終的に専門を絞って大学院でそれを究めて出ていきます。前者は，既製服の中で自分にあう服を1つ選んで出ていくということで，後者は，自分で素材から選び，寸法も取り，自分だけのオーダーメイドの服を自分が作って出ていく，という違いであると高校生には説明します。

　ただ，このような学部横断的な学生集団をつくるのは，実は非常に難しいのです。というのは，大学の学生定員は，どの学部に何人属するというように法律で決められているからです。ですから，そのあたり工夫して，各学部から1人ずつ21世紀の定員に充てています。平成13，14（2001，2002）年度は18人，昨年（2003年）は3人増え，来年（2004年）には5人増え26人です。法律上，学生は学部のいずれかに機械的に本籍が振り分けられますが，本人には知らせません。21世紀プログラムの学生として入学し，21世紀プログラムの学生として卒業するのです。

　教育課程については，今までは，例えば教育学部ならば学士（教育学）という学位を出していましたが，4年制学部のすべてに21世紀プログラムの教育課程を設け，学士（学術）を出すという規則を追加しました。各学部は，その学生について21世紀プログラム実施委員会に教育を委託し，結果が学部に報告され承認するという体制がとられています。全学の基幹教官団が教

育を担当しますが，学生はチューターと相談し自分だけのカリキュラムを組みます。低年次では，独自課目と他の学生と同じ全学教育科目を，高年次では，様々な学部の専門科目を履修します。交換留学制度では留学を推奨します。

独自課目とは，4年間の履修相談をするチュートリアルがあります。それから，1年生の課題提示課目は，立花隆など著名な人たちによる外部講師による今日的問題に関する講義を1学年20名余だけに行うものです。学年を縦断して10人ぐらいに教官2名という少人数ゼミ，それからネイティブスピーカーの先生による特別な英語などがあります。

21世紀プログラムでは，センター試験を課さず，選抜プロセス自体が大学の修学課程を模した形となっています。学部を決めず幅広く学ぶという趣旨から，通常のセンター試験・一般選抜よりも早く選抜をします。ただ，青田買いといわれると不本意なのでほどほどに，ですが，まず9月中旬に願書受付，10月上旬に，軸が違う3つの講義を聞きレポートを書くという一次選抜を行います。一次選抜合格者に，審査員からレポート及びコメントが戻り，3つのうち1つのテーマでの発表を課します。それが，二次選抜の午前中にグループごとに行う1人15分程度の発表で，グループ内のディスカッションもします。午後は3時間半の小論文の間，1人20分程度の個人面接をはさみます。合格発表は11月下旬ですが，この入試のプロセスは，実は大学に入ったら毎日することそのものなのです。実験を使った講義なども交えており，受験生の感想は結構好評です。

一期生の2年前期までの履修状況をみると，基礎科学科目という理系の必須課目も約半分の学生が取っていることから，理系志望の学生が半分いることがわかります。単位数についても卒業に必要な単位のうち，ほぼ8分の3を履修しており，順調です。2年後期の時点でも，文系，理系の複数の学部の専門科目を幅広く履修しています。自分の興味関心に応じてテーマを絞りながら，しかも幅広く勉強しているようです。

4．大学生にとって大切だが不足している学力

　最後に丸野さんの話につながりますが，全学の自己点検評価委員会アンケートによると，卒業前の学生，専門課程の先生双方が，大切だと思ったのに達成できなかったと考えているのが，外国語の運用能力と発表討論の能力でした。また，平成9～12（1997～2000）年度に入学した学生9,000名余りの高校の成績，入試成績と全学教育と専門の成績という4つの得点の相関を調べると，教養の成績と専門の成績の相関が非常に高い。これは，高校までとは違う大学の学習スタイルに早く適合すれば専門の成績ものびることを表しています。毎年会う1,000人以上の高校生に話すのは，高校と大学の学び方の違いをわかってから入って来て欲しいということです。それが，いわゆるペーパーテストの入試で測れる学力と大学で必要と思われる学力とのズレ，差であると思っております。

[提案3]

大学生に求められる学力
―― 創造的ディスカッション能力 ――

九州大学教育学部教授　丸野　俊一

1．創造的対話能力を育むには

　私の専門は学習心理学，教育心理学ですので，今日は，データを基に「創造的対話能力を育むには」というテーマで，21世紀の大学教育でいま何が求められているか，大学生にはどのような能力が欠如しているか，それを改善していくためには従来の貯金型（知識伝達型）教育から問題発見型教育へと教育観を転換していく必要性があるのではないかということに焦点を定めて話したいと思います。

　現在，私は，この10年間，文部科学省から大きな研究費を受けて，このテーマに関する理論的・実践的研究を展開していますが，ご存じのように，21世紀の学校教育ではコミュニケーション教育が重要な課題になっています。その背景には，①国際化がますます進む21世紀においては，価値観やものの見方が異なる異文化の者が一堂に会して，真摯にディスカッションする機会が増大する，②その状況で必要な基本的な対話スキルや態度や相互啓発的なコラボレーション能力が日本人には一般に欠如している，③それを体系的に教育していく学習環境作りが急務という危機意識があります。

　一般に「日本人は自己表現力が弱く，創造的なディスカッション能力が欠如している」と言われますが，もとをたどせば，その原因は何も従来の学校教育そのものだけにあるのではなく，日本文化の基底に流れている価値観そのもの，すなわち，「自らを控え，和を重んじる精神」を尊重し，「自己表現

していく力や他者の考えを創造的に批判する力」を育成する精神や風土に欠けていたことに大きな原因があると言えます。それだけに，仮に，今の大学生が「自己の考えを自由に表現したり，他者との間で創造的かつ批判的な意見交換を繰り返しながら，他者と一緒になってよりよいアイディアを創出していくことは重要である」と認識できたとしても，すぐにそのような行為を実行・実践できるかというとできるはずがありません。なぜなら教え手（教師）の側にも，また学び手（子どもや学生）の側にも，そのような基本的な態度や技能や価値観が十分に育っていないからです。それでは，どこに解決策を求めたらよいのか？　ここでは教え手，学び手の双方の視点からこの問題について皆さんと一緒になって考えていきたいと思います。

2．21世紀の大学教育では何が求められているか

(1) 全国世論調査から

平成15（2003）年2月14日の読売新聞全国世論調査によると，「大学生や大学を卒業した若者に知識や学力がきちんと身についていないと感じることがあるか」に対し，よくある（31％），時々ある（38％），合計すると約70％近くの人が，大学生に基本的な能力がついていないと見ている。どのような側面かというと，筋道を立てて考える習慣がない（23％），分析・判断する能力がない（20％），が大部分（約45％）を占めています。自分から主体的に問題解決していこうとする姿勢がない限り，このような能力は身に付かない。知識伝達型の教育の中で，学生は受け身的な情報貯蔵型の学びのスタイルに慣れ親しみ，主体的に批判的創造的に問題解決に取り組む問題発見・探索型の学びのスタイルを身につけてきていないというわけです。

(2) 企業が求める新たな人材観

いま企業は，国際社会をリードして勝ち残るための新たな人材を求めています。九州大学が，一昨年（2001年），文部科学省や全国のトップ企業からの講師を招いて，21世紀の大学に何を求めるかというシンポジウム（「21世

紀の国立大学の役割」）を行いました。そこで強調されたことは，「自分なりの確固たるものの見方・考え方」，「問題解決能力や問題意識」，「論理的に詰める力」，「多面的角度から複眼的に吟味検討する力」，「異質な考え方に対する敏感さと感受性」，「バランス感覚」，いわゆる「柔軟性のある創造的思考」です。どうしてこのような諸能力を備えた人材を企業が求めているかというと，その理由はこうです。現在，企業では，アジアをはじめ世界の諸国に人材を派遣し，新たな市場や技術を開拓しようとしている。ところが，いろいろな問題を巡ってのディスカッション状況で，創造的なディスカッションを行いリーダーシップを発揮するのは日本人ではなく現地（諸外国）の人たちである。諸外国の人々は，はじめ知識や技能がなくても，自分なりの考えを主張したり，他者の考えを受け入れながら，新しいものを創出していこうと積極的に発言し，その場をリードしていく。それに対し，日本人は意気消沈してしまって，他者の考えを批判的に吟味検討したり，異なる視点から新しいアイディアを一緒になって生み出そうという積極的参加の姿勢を示さない。考えがないわけではないが，価値観や考え方の異なる他者の前では，物怖じしてしまって，正々堂々と自分の考えを表現できないという。従って，この創造的ディスカッション能力を育成しないと，今後，国際競争社会の中で日本は勝ち残っていけない，というのが企業からの切なる希望です。

(3) 教育産業がとらえた大学卒業者のニーズ

日本の有名大学に多くの卒業生を送っている全国大手の某通信教育社が，「社会に役立つ学力」，「新たな教育プログラム」開発のための資料作りということで，某通信教育経験を受けた後に有名大学に入学し，そこを卒業した者を対象に追跡調査をしました。そこで分かったことは，「従来の大学教育に欠けていたもの，そして社会の中で一番役立つ能力は，コミュニケーション能力や創造的ディスカッション能力あるいは自己表現力である」という卒業者の多くの声でした。そこで，その某通信教育経営者は，そうした能力の育成の重要性を認識し，「その能力を育成するための通信添削教材を作るにはどうしたらよいか」を模索し始めたということです。このように文部科学

省をはじめ，企業や社会も，異文化の人々や価値観やものの見方・考えの異なる人々との間でコラボレーションを展開していく上で必要不可欠なコミュニケーション能力，ディスカッション能力，自己表現能力の育成は急務の検討課題であると認識し，新たな打開策を求めているのです。

(4) 九州大学での実態調査

では，大学の中で，そうした能力を育むようなディスカッションを中心にした授業が一体，どの程度行われているのでしょうか？　九州大学での低年時教育を対象にした実態調査によると，議論中心の授業は，文系の講義で2.8%，理系の講義で3.5%，文系の演習で32.8%であり非常に少ない。文系講義の88%，理系講義の90%が知識伝達型の講義です。演習形式であっても，理系はほとんどが知識伝達型であり，文系も時々説明は入るものの50%位が知識伝達です。

1コマの授業の中での議論時間の割合は，文系の講義で5.3%，理系の講義で3.3%，文系の演習で32.6%，理系の演習で24.6%です。文系の演習でディスカッションの時間が授業時間の約3割を占めているといっても，教官が主に誘導（発問）し，学生がそれに乗って（応える）いく形式であり，真の意味での対話型形式ではない。実際に，授業の展開で見てみると，教官と学生とが「並び合いの関係」に立っての双方向的な対話型授業は，文系の演習で18.9%，理系の演習で16.2%です。

なぜ，学生が主体的に質問や発問を生成し，ディスカッションの輪の中に入り広げていけないのかというと，その原因の1つは，学生の側に，「無知をさらけ出すことの怖さ」つまり「正解志向」があります。第二に「対立感回避」で，教官に反論したり異なる意見を表明すると教官の感情を害するのではないかあるいは教官から悪く評価されるのでないか，さらには自分だけが浮いているように周囲から見られるのではないかという認識があります。逆に，教官の側に，「発問や質問」をエンカレッジしようとする姿勢や態度がなかったり，「徹底的に議論することの怖さ」や「権威失墜」への不安など，学生と類似した暗黙のルールがあるようです。

3．貯金型（知識伝達型）教育から対話型（問題発見型）教育へ

　先ほど，私は，従来の知識伝達型教育から問題発見型教育へと教育観ないしは学習観を変えていかねばならないと話しましたが，従来の知識伝達型には，どのような学習観や知性観があったのでしょうか。知識伝達型の背景には法則万能主義の学習観，つまりルールや原理をちゃんと頭の中に詰め込んでいれば将来なんでもできるという，「分かればできる」という発想があったと思います。だが，私たちは，「分かってもできない」，「できるけど分からない」という現実の世界に生きています。具体的な現実の世界では，一般的かつ抽象的な原理や法則を，現在遭遇している具体的な課題や文脈や状況の中に翻訳し直し利用していく必要がありますが，その際，どこをどのように変形操作したり翻訳するかが決定的に重要です。この変形操作や翻訳し直す力は，現実の世界での具体的事象や課題の中での現実吟味・検証を真剣に繰り返す中で獲得されていくものです。ということは，教室の中で，しかも自由に変形操作することが許されない制限付きの条件の中で学び取った一般的な知識や原理が，生きた知識となるためには具体的世界で自分で納得ゆくまで自由に変形操作する具体的体験が極めて重要であり，その過程で問題発見型の学びも育っていくということです。

　また授業場面での教師からの質問に答える知的営みは，自分の頭の中に閉じた個人プレーの世界での知的営みです。ところが現実社会の中での知的営みは，周囲に潜在している知的資源や人的資源を発見し，それらを有効に利用しながら，他者と協同構成するグループによる知的営みが強く求められることが多い。知的資源をいかに効果的にマネージしながら新しいものを創出していくかという創造的マネージ能力が問われます。こうした全く新しい状況とか経験したことのない出来事に出合った時の創造的マネージ能力やコラボレーション能力は，知識伝達型の中では，教育されてこなかったし，また学習もしてきていません。

　それに対し，対話型授業の中では，リアルタイムで揺れ動く知識や力が求められます。いろいろな知識を組み合わせることによって新たな知識や問い

が生成されたり，自分が当たり前と思っていた前提が根底から崩されることもあります。そこは，「考えるから動く」のではなく「動くから考える」という知的営みを体験できるビビッドな動的世界であり，新たな認識が芽生える状況であり，まさに創造的な問題解決能力が問われる世界です。現在，教育現場では，いろいろな形で生活体験重視の教育が見直されているが，その基底には参加型や実践型のものでないと本当の生きた知識が身に付かないのではないかという反省があります。もっと踏み込んで述べるならば，現実生活の中での人間の知的営み，それは個人の頭の中に閉じた営みのみでなく，むしろ状況や他者との間に開かれたダイナミックな知的営みに支えられているという気づきからの反省です。

4．ディスカッション能力とは ── 話す・やりとり・考える ──

現在，私は，日本人のディスカッション能力を測る道具作りからはじめているのですが，それは大きく「話す力」，「やり取りする力」，「考える力」から構成されている。「話す力」とは，例えば，自分が主張したいことをまとめた上で話す，自分の考えや気持ちを豊かに表現できる，他者と意見が対立しても感情的にならずに冷静に論理的に話す，などです。ここで注意すべきことは，「おしゃべり」と「話す」とは異なるということです。「おしゃべり」の世界は共通した体験を思い起こすだけで通じ合うような身内（知り合い仲間）同士の閉じた話し言葉の世界であり，論理的というよりも感情的に分かり合う世界です。それに対し，「話す」の世界は，経験や知識や考え方や価値観の異なる人々を対象に，感情的というよりも論理的に分かるように筋道を立てて言葉を構成する，まさに状況に開かれた世界です。ここでは，簡潔にかつ明確に論理を構成する力が重要になるが，従来の学校教育では，「書き言葉の世界」での論理構成力の育成にはエネルギーを注いできたが，「話し言葉の世界」での論理構成力の育成を重視してこなかった。書き言葉の世界での論理構成がそのまま話し言葉の論理構成に直結するとは限らないことに注目するならば，根本的に見直さねばならない問題の1つです。

「やり取りする力」とは，自他の話をよく聴き，その背景にある意図や重要な点を明確にしていく力です。ディスカッションでは，言葉の表面的な意味よりも，言葉の背景にある意図や言外の意味を把握しながら，議論の流れに「のる」ことが重要です。例えば，質問の1つに，相手の主張した内容を自分なりに言い換えて，自分の理解の確からしさを他者に確認するミラー質問があります。このミラー質問を適切に行うことによって，相互の理解のズレを修正でき，その後の議論展開にスムーズに乗ることができるが，学生の多くがこうした質問の仕方を十分に習得していません。

最後に「考える力」とは，例えば，「相手はどの範囲や内容やレベルを望んでいるか」，「相手の話の前提は何か」，「自分はどの視点・立場に依拠しているか」を考えたり，一つひとつの意見を批判的に吟味検討したり，自己反省したり，いろいろな可能性を探る力です。日本人の一般的傾向として，自分の意見や考えの論理的な矛盾点や問題点を他者から突きつけられると，その批判的意見をポジティブではなく，ネガティブに受け止めがちです。子どもが真剣になって考えた努力の末での批判的な意見を無視して，親や教師が自分の考えのみを押し通していると，知らず識らずのうちに子どもの創造的・発見的な思考スタイルの芽を摘み取ってしまう危険性があるだけに，親や教師はそのことに配慮した関わり方をしなければならないのです。

5．対話型学習環境を作るためには

(1) 教師は各授業タイプの利点をどう認識・評価しているか

対話型教育の重要性を話しましたが，小・中学校の先生方は，知識伝達型，対話型，生徒同士のグループ学習型授業の利点について，どのように考えているか調査してみました。

知識伝達型授業は，教師の利便性と授業の効率性の点では優れているが，子どもの思考の深まりやコミュニケーションの深まりや生徒の意欲・関心の深まりなどは期待できない，と先生方は認識・評価しています。それに対し，対話型やグループ学習型では，授業に対する生徒の意欲や関心，コミュニ

ケーションや思考の深まりは期待できるが，授業の効率性や教師に利便性は低いと認識・評価しています。その中でも特に，対話型授業では，「話す力」，「やり取りする力」，「考える力」の育成も高く期待できるし，「話し合う態度」や「対人スキル」の育成の面でも効果的であると評価しています。

次に，ディスカッション能力は，どのような学習環境でどの程度獲得されると考えているかの質問に対しては，「話し合いの基本的態度」や「話す力」は，家庭での対話や学校の授業の中で，「やり取りする力」は学校の授業の中や友達同士の話し合いの中で，「考える力」は学校の授業の中でと認識・評価している教師が多いのです。

このように，創造的なディスカッション能力を育む上で対話型授業が理想であると認識・評価しているにもかかわらず，それでは何故，教師はそのような授業が現実にはできないと認識しているのでしょうか。その理由は，教師の側に「ディスカッション技能の欠如」，「ディスカッション教授法についての知識の欠如」，「指導要領による束縛」，「状況依存的な授業の組み直しの柔軟性の欠如」があり，生徒の側に「意見を表明するスキルの欠如」があるからとのこと。従って，質問誘導にいくら心がけても，結果的には，教師からの一方的な働きかけになり，双方向性の対話が成立しないとのことでした。

この調査で明らかになったように，多くの教師が，「自らのディスカッション技能の欠如が対話型授業を進めることのできない重要な要因の1つである」と自覚していることに注目するならば，子どもたちをいかに教育していくかという前に，まず現場の教師のディスカッション技能をいかに育むか，再教育をいかに行うか，ということの方が極めて重要かつ深刻な問題であることが分かります。実際に，現場の教師から，「ディスカッション技能を育むリカレントコースや研修制度」の設置を要望する多くの声があがっています。

(2) 授業中の子どもの積極的発言を説明する因果関係モデル

授業の中での子どもの積極的発言を生み出す原因系を探ってみると，「な

ぜ？」という問い返しが頻繁で，何でも話せる雰囲気の家庭に育った子どもは，疑問解決に向かって主体的に取り組む心構えができている。それが結果的には，教師主導型の授業場面での質問やグループ学習での積極的発言に結びつく。また，授業の中では，子どもからの「なぜ？」という教師への問い返しを教師が素直に受け入れる雰囲気を作ることが重要です。子どもから問い返されたときに，「こいつ，生意気な」ではなく「なかなかいいこと言うな」，「面白いことに目を向けてくれたな」と積極的に認める雰囲気を作ることです。そうすると，活発なディスカッション状況が授業の中に生まれ，「思考した結果」ではなく「思考のプロセス」がそこに浮き彫りになり，子どもたちがそのプロセスを味わい，楽しめるようになる。家庭でも学校でも，思考した「結果」をおそれず，その話し合い（思考）のプロセスを楽しめるように，何でも意見が自由に言い合えるような場を作ることが，何よりもまず重要だということです。

(3) 相互交流的な対話ができるようになるためには

相互交流的な対話が成立するためには何が重要か。教師に求められることは，まず，子どもと「並び合いの関係」に立って，子どもと真剣に向き合う姿勢。自分が構想している授業を一方的に伝えるのではなく，生徒の理解を確認しながら一緒に授業を構成していく姿勢と技量です。そのためには，時には，生徒に自分の体験を語り合う場を設けたり，生徒同士の意見を繋げていく，あるいは，教師の価値判断基準としての「ものさし」は一時的に横に置いて，生徒同士の「ものさし」にその場を任せて，自由に話し合わせ，自分もその場に一生徒として参加し，話し合いの輪の中に入る。また，子どもが正々堂々と勇気を持って，自分の分からないことを表明できるような雰囲気を作ること。ここで大事なことは，「分からない」ことを連発させるのではなく，「どこまでが分かり，どこからがまたどのような点が分からないのか」を自覚化させたりする中で，問題意識の明確化や問題解決に向けての主体的な動機づけの高揚を図ることです。つまり，生徒一人ひとりが，授業の中に，「自分は物理的に参加しているのではなく，心理的に参加しているの

である」という実感を持てるように，1つの知的営みの輪の中に入るように働きかけていくことが大切です。

　子ども（生徒）に求められることは，「問題意識を持つ」，「自分の考えを正確に表現する」，「無知を恐れない」，「評価を気にしない」，「異なる考え方を認め合う」，「枠にはまらず自由に考える」こと。「条件や立場の違いによって何が正解かは異なる」ことに気づくこと。「正しいか誤りか」ではなく「同意できるかできないか」の評価の仕方で他者の意見に耳を傾けること。その上で，1つの問題を巡って他の人と繋がっているという感覚を持つこと，などなどです。

　確かに，教師や生徒がこうした諸側面に注意を喚起し，努力していくことは必要ですが，それだけでは相互交流的な対話は生まれません。相互交流的な対話の中では，話し手と聞き手の役割は初めから動かぬものとして固定されているわけではなく，常に流動的に目まぐるしく変化するし，意見や考えも常に修正され変容されていく運命にあり，1つの結論さえ見いだせないこともあります。それだけに，ここでは，「正解」という1つの結果よりも，「いろいろな可能性の探索やアイディアの創出にチャレンジする」という積極的参加の自覚と努力，それに「思考プロセス」を楽しむ・味わう姿勢が極めて重要になります。その意味では，教師と生徒の双方が，従来の知識伝達型授業の中に潜在している暗黙の役割固定（教え手，学び手）の呪縛から解き放され，相互に協同し合いながら一緒にディスカッション過程での動的な思考プロセスを楽しめるように意識改革すると同時に，それが実践できるような教育・学習環境作りをしていかねばならないのです。

質疑応答

質問1（高大連携について）：大学と高校の交流は現在どの程度行われていますか。

回答（武谷）：九州大学でも高大連携事業に取り組み始め，昨年6月には福岡県の教育委員会と協定書を結びましたが，まだ枠組みが明確でないところがあります。学部学科単位，先生個人単位，あるいはボランティアベースでの交流など様々なので，それらをまとめて組織化する必要があると思っています。

質問2（私語対策について）：九州大学でも私語はあるのでしょうか。どのような対策をとっていますか。私語を対話のある授業に結び付けるような努力をされているのでしょうか。

質問3（21世紀プログラムの課題提示科目について）：21世紀プログラムで行われている有名な講師の講義は，21世紀プログラムの少数の生徒しか聞けないのでしょうか。

質問4（教育の理想と現実について）：学力をあげるために，総合学習として，例えば食品添加物を話題にしようしたところが，父兄の方よりそんなことよりも基礎学力をという強い要望があったといいます。せっかく一生懸命やろうとした先生が駆逐されてしまう。また，学級崩壊が起こっているような場合は，総合的学習もゆとり学習も全部駄目です。理想論ばかりの感じがします。今の教育についての議論は，理想論で実際はうまくいかないと思うのですが，どう考えられますか。

質問5（経済学部の入試について）：不景気な状況のなかで，産業も色々変革を迫られ，エンプロイアビリティやコンピテンシーの能力などが求められています。これまで企業訓練や教育体制に危機感を感じていたので，武谷先

生の入試改革は興味深かったのですが，なぜ経済・経営が最初に入っていなかったのでしょうか。

回答（新谷）：まず，私語の話ですが，九州大学に来て20年私語はほとんどありませんでした。しかしこのところ，愕然とすることが続けて起きました。「大学とはなにか」という講義は350人ぐらい入る教室で行いますが，前は私語はなかったのです。それが，一昨年ぐらいからとめどなくなってきました。特別講義の時もそうだったので，大学史料室の室員が，資料を配る際に「私語をやめてくれませんか」と言ったら，「何で？」っていう顔で見られたそうです。また，人数の多い授業で出欠をとると，時々出欠カードをまとめてドンと置いていく学生がいるのです。まとめて調べたら，案の定その中から学生番号のミスが見つかりました。どうも代返を頼んだらしい。そういうのまでありました。

　私語が起きないようにするには，実はこっちの技術でもあります。しかし，今は学ぶ気のない学生が来ており，いくらこっちがおもしろいものを見せようが，パフォーマンスをしようが何しようが，どうしようもない，という状況になっています。かつては，ビデオを見せると真剣に見たのですが，最近はビデオを流せば寝ます。始めから講義に関心がないという状況になってきています。愚痴ばかり言ってもしょうがないので，違った形で学生を煽らなきゃいけないのですが……。それを今考え悩んでいることころです。

　いろいろ言われることは理想論ではないかという御質問に対してですが，九州大学の教育学部でも小論文と口述で学生を選抜しています。乱暴な言い方をすると，そこでの学生の質が目に見えて下がっています。自分の問題意識で物が書けない，知的経験も物理的経験もない。口述試験で，同じ学校の生徒は，全く同じ行動様式をとる。ノックの叩き方や手の置き方などに神経を使って，本当の自己表現ができない学生が増えてきたのです。こういう試験を通るのは簡単です。理想論通りの学校生活を送れば，実は現実的に一番大学に入りやすい。そのことを周りの親御さんも，指導の先生たちも気付いていない。ちゃんと物を読んだり考えたりする力を付けておけば，本当はゆうゆうと入るはずなのです。理想にかえったほうが入りやすいのです。

学級崩壊は少し次元が違います。そこでは，教師と生徒との対話ができていない。学級崩壊を起こさないためには，実は対話による学習の場を低学年からやっていかなければならない。学級崩壊で，収拾がつかなくなっている教師というのは，往々にベテランの教師が多いのです。彼らは，自分のパターンでやってきたが，気づいたら子どもと距離が離れてしまい，今までのパターンが通じない。対話をする術を持っていないと，取り返しがつかないことが起きます。だから，現職の若い段階から対話のトレーニングを積んでいけばひょっとすると，学級崩壊も変わっていくかもしれない。ただ，「理想的」と言われることについても，実はそれが結構実際的な話なのです。

回答（武谷）：21世紀プログラムの外部講師による課題提示科目は一般学生には開放していません。21世紀の学生の20人だけで，10時から16時ぐらいまで話を聞いてディスカッションするという，ある意味で贅沢な形です。しかし，学生たちは，有名人の話を聞けたからといって舞い上がるのではなく，批判的に見ています。立花隆は東大等しか考えてないが，もっと下のレベルのことも考えるべきだといったことも後できちんと批判します。効果はかなりあるのではないかと思ってはいますが，残念ながら他の学生には開放しておりません。

　経済学部で何故AOをやらないかということですが，大学では，その学部の判断がまず最優先されます。AO選抜は，いずれも推薦入学をやってきた学部学科が，推薦という高校の縛りを外す形で移行してきました。そうした学部には，小論や課題探求試験，面接というノウハウをもってAOに移りましたが，経済学部は今のところ考えていないということです。ただ，一般選抜の前期日程はいわゆるペーパーテストですが，後期日程はいろいろな工夫があり，経済も小論文ですし，それから教育学部も小論文面接を行っています。

回答（丸野）：私語の問題と，どうやったら発話ができるのかという点は関連しています。実は，私はゼミでも講義形式でも一方的にせず対話型でやります。学生に最初にこう言います。私語は二重の意味で足を引っ張ると，1つは，全体のモチベーションが下がると消極的な意味で，もう1つは全体の

第4章　大学と学力

話を進めていく上では大事な情報が隠されているかも知れないという意味で，です。こちらが話したことに対して違うものの見方，考え方を近くの人に語りかけているということは，それを公にしたら全体に対して非常にポジティブな発展的な意見になるかもしれません。それで，私は私語に気づいたら「何か新しい考えをおもちのようですね。是非喋ってください」と言います。そうしたら絶対喋りません。講習会にもこれは非常に便利です。「今僕の意見に対して違った考えをおもちのようですね。是非それを出してください」というと，時にはそれが当たっている場合もあるのです。勇気をもって言えないがために隣の人に語りかけて確かめていることもあります。こうしたことも，1つのスキルだと思います。

　先生方の場合は，学生の質問にすぐに答えるのではなく「先生にもうちょっと分かるように話してくれない？」という切り出し方をして，「先生にはここ分からないけど，どこがどうなのかな」とつめていくことがとても大事だと思うのです。「そういうことだったの，それなら分かったけれど，これではどうだろうか」といってまた，分かったレベルでもう一回問い返してみる。生徒が何を一番聞きだしたいのかをわからずに，すぐに答えてしまうとそこでラリーが続きません。出来るだけ対話ラリーが続くことを心がけて，そのためにはどうしたらいいかを考えます。違った意見が出てくるのは当たり前なので「誰々さんこれをもっと」と積極的な形で僕の方から進めていきます。「AさんのAさんの意見に対してBさんどう思う？」といったつなぎ方をし，できるだけみんなが関わるようなやり方をしています。

質問6　（学生の将来像の希薄化と学力低下について）：学力低下の理由として私が一番と思うのは，学生がやりたいことを見つけてないことだと思います。将来の夢や，したい仕事などです。やりたいことがなければ，したくもない勉強なんて多分しないと思います。私だけでなく，周りの友達もそうです。大学に行ったのは，就職に有利だと思ったからです。やりたいことが見つからない。今3年生ですが就職活動に四苦八苦しています。この点について，先生達はそれについてどうお考えでしょうか。

質問（意見）7　（高大連携と大学入学後の適合性について）：先程高大連携

の話がありましたが，僕の卒業した城南高校では，九州大学や西南学院大学の先生に大学の講義とはどういうものかについて実際講義をしてもらうジョイントセミナーがありました。大学に入った後ミスマッチを感じる学生が結構いるのは，大学がどんなものなのか知らないのが大きい理由だと思います。大学がどういうものかを知ることでミスマッチは減ると思います。

質問8（ゆとり教育と学力問題の両立について）：大学の話が主でしたが，大学の下の小・中学校で，ゆとり教育といわれながら，僕は前よりもゆとりがなくなっていると思います。授業時間が減り，遠足などもどんどん減ってゆとりがなくなっている。基礎学力や，対話できる力とか，時間がない分どう両立していくかという問題にどのように対処していくかについて意見が聞きたいです。

質問9（大学生に知的好奇心を育む方法について）：「だべり」のレベルから，学問的な，知的な好奇心を満足させるような領域があるということを学生に気づかせ，ひきあげるために，具体的にはどのようなことをされているのでしょうか。

回答（新谷）：大学生が自分のやりたいことを見つけていないという傾向はずっとあると思います。ただこれには，目標をもってほしいと思うしかないのです。ゆとり教育の問題も含めて，こう思います。小・中学校の義務教育9年間で，人は，人間として一人前になっているはずです。高校は自分の人生選択のための3年間であるはずなのですが，ずっとその間教えっぱなしなのです。9年間なるべく詰め込んで教え，さらに高校でも補習や，朝0時限までして教えっぱなしの時間をつくり，ゆとりをとってしまう。本来高校生だったら，本当はほっといてもいいわけです。でも教師の側に勇気がなく，生徒の側もそれに甘んじて伸びようとしないという悪循環になっています。実験的に，まず進学校から受験指導やめていくといいと思います。それをみて次のところは指導を変えてゆけるでしょう。乱暴な意見でいつも顰蹙かいますけれども，これは僕はかなり正しいと思っています。そして，リハビリというのは1つは自分の所にくる学生とはなるべく雑談でもなんでも「だべり」から始めて，それを少しずつ知的なものにもちあげていく，モチベー

ションを高めていく努力はします。あとは，例えば自分で調べる力，ものを書かせる技術，人の言うことを最初から信用しないこと，と言います。講義の時，最初からノートとるのを止めさせるとか，批判的な力を養う練習をさせています。一方的に飼いならされてきた学び方から自分から学ぶ方向への変換を少しでもさせるようにと。具体的には，丸野さんが言われたようなやりとりはかなり採用していますね。ついでに言っときますと，僕の講義がすべて私語が多いのではありません。百人以内ならモチベーションがこっちに向かっていますし自信はあります。

回答（武谷）：学生さんからやりたいことが見つからないということ。それから城南高校のドリカムプランの紹介もありました。いわゆる進路指導ではなく，高校は入った時から十年先二十年先の自分がどうあるだろうかという作文から始まって自分で将来何をしたいかということを探させるという試みです。それはやはり，やりたいことを見つけるということになるかと思います。昔私たちが大学に入る頃は，価値観は大体1つで，いい大学に入って官庁とか大手の会社に入って将来そこで勤めることでしたが，それは今全部崩れています。多様な価値観の中で，自分なりにやりたいことを見つけるということが必要ではないかなという気がします。大学生の諸君には，九州大学は国立大学ですが，年間約50万円の授業料です。それを1回の講義で割りますと，1回1,500円か2,000円になります。学生は90分の講義にそれだけのお金を出して先生を雇っているという考えをもってほしいなと思います。そう思うと無駄にできませんよね。

回答（丸野）：自分のやりたいことが見つからないというのは，ある一面をついていると思います。心理学的には，学ぶとは出発点は真似ることです。その真似るときのモデルが，私たちの周りに多様にあるかというと，価値観の多様化といいながら実はない。競争に勝つための詰込み教育で，学ぶべきスタイルがなくなってきている。もう1つは，私たち大人のかまいすぎがある。無責任な形で突き放せない。もっと大人は距離をもって子供を突き放しましょうということしかないのではないか。突き放されると子供は自分から何かを見つけて動かない限り動けなくなります。そうすると自ずと自分で何

か発見していくと思うのです。そういう意味で，自分がやるものが見つからないということが学力低下に結びついていると彼が主張したのは，ある一面をついている。それは，我々大人の1つの反省の言葉でもあると私は思っております。

［コメント］

「大学と学力——入試と大学での学び——」をふりかえって
―――「いかに生きるか」という問いをめぐって―――

九州大学教育学部助教授　野々村淑子

1.「大学と学力」というテーマの背景と目的

(1) 背景――大学生の「学力低下」問題――

　第4回セミナーは，「大学と学力」をテーマとして開かれました。実は，現在社会を賑わせている「学力論争」，「学力低下」をめぐる論争は，小・中学生や高校生ではなく，大学生の学力が危機的な状況であるという議論が発端でした。大学生が，分数や小数の計算ができない，という調査結果が示され，それが大きな社会的な議論を引き起こしたのです。この問題提起は，受験戦争や詰め込み教育への批判のなかでうちだされてきた「ゆとり教育」の方向に対して，その結果入学してきた大学生の水準を危惧してなされたものと，まずは考えられます。長期的なスパンでみると，振り子の揺り戻し現象にあるといえます。

　ここでは，この論争そのものについて考察するよりも，むしろ「大学」における「学力」問題が現在の学力論争の発端であったということに注目します。このことは，何を語っているのでしょうか。

　「大学生の学力」とは，「学力」と称することのできる「能力」の最終段階（現行の制度上の，という限定つきですが）を示すものであり，そこに至る中等教育までの「学力」の到達地点です。まずは，それは大学に入る入り口で測定されます。それが入試です。小・中学校や高校でいくら「ゆとり教育」や「総合的な学習」をしても，大学入試が変わらなければ，結局のとこ

ろ変わらないという「実感」は，本セミナーでも出されたように，多くの人が納得させられてしまう状況だと思います。子どもたちも，親も，とにかく大学に入ることだけを目的とし，入試突破技術だけを得ようとしてしまう，という「実感」です。

しかし，大学のなかでは，こうした「実感」とは少し性格の違った実感を教員たちが持ち始めています。上記の大学生の「学力低下」論もそのひとつといえましょう。現在の大学生の学びの様子が，以前と比べてかなり違ってきている。大学においても，小学校のときのように，勉強の内容や方法をすべて先生が教えてくれるものと思っている学生が増えてきている，という実感です。

大学は，どのような学生を育てることを目標とするのか。そのために，どのような学びの場を提供すべきなのか。そして，どのような学生が入学することを期待すべきなのか。学力をめぐるさまざまな議論のなかで，こうしたことをあらためて考察し，明確化し，提示していくことは，大学の社会的義務であると考えます。

(2) 目的・方針―――九州大学における「学力」問題―――

このような背景から，本セミナーでは「入試」と「大学での学び」という2つのテーマを軸に提案をし，議論することにしました。つまり，大学に入学する際に大学側が要求する学力と，大学に入ってから大学の授業のなかで育成され評価される学力の2つです。

1つめの入試については，九州大学独自のユニークな入試や教育プログラムを開発し実績をあげている改革についての紹介を，それに中心的に携わってきた武谷峻一氏に依頼しました。2つめの大学での学びについては，大学生に特に望まれている対話能力の育成プログラムを研究中の丸野俊一氏に，その研究成果の発表を依頼しました。大きなテーマですので，まずは，足元である九州大学に焦点を絞って議論しようという方針でした。新谷恭明氏による第一提案は，これら2つの提案の前に，大学生にとって学力問題とは何か，この問題を論じなければならない背景は何か，について紹介するという

位置づけです。新谷氏の提案は，氏が企画・運営してきた「大学とは何か」という九州大学における低年次向けの授業での実践報告を中心としています。

また，公開セミナーというせっかくの機会であることから，参加者との対話が可能な形をとろうということも計画しました。時間の制約もあり，参加された方にとって十分であったと断言はできませんが，だされた質問や意見にはほぼすべて応答がなされました。主催者側としては，参加者の熱のこもった発言に触れ，とても実のあるセミナーとなったと考えています。参加された方々にとってもそうであることを願っています。

2．大学生にとって学ぶとはどういうことか

それぞれの提案の詳細については，別に記録が掲載されています。ですので，ここではセミナーのまとめではなく，教育史の教育・研究に携わる大学教師として，また自分の通ってきた大学生時代の学びの経験を思い起こしつつ，このセミナーの提案および質疑応答の議論に対する1つの意見を述べようと思います。

(1) 大学生とは

現代の大学は大衆化段階にあり，このことが，大学生の「学力低下」の原因のひとつともいわれています。今，大学生は何を目指して大学に行くのでしょうか。目的意識がない学生が多いといわれます。かくいう私も，かつて大学に入学した際，何かはっきりとした将来像があったわけではありませんでした。ですから，やはり大学生たるもの目的意識をちゃんと持つべきだ，と簡単にはいえない自分がここにいます。

本セミナーでも，「将来の夢をもつこともできなくて，勉強をしようとも思わない」という大学生の意見が出されました（詳細は「質疑応答」を参照）。今の私は，教師として，それぞれの講義やゼミのなかから将来の夢も含んで，おもしろさや重要性をつかんでほしい，と願う毎日です。なかなかうまくはいかず，このセミナーでも，提案されたスキルを密かに習得しようと耳を傾

けておりました。

　しかしながら，セミナーが終わり，この文章を書く段になって，それとは違う自分がよみがえってきました。それは，このように思ってしまう今現在の私とは違う，特に研究や教師の道をめざしているわけではなく，それより大学を卒業したあとの自分の生きていく道をつかみかねて，悩んでいる大学生であった自分です。「いかに生きるか」という問いに答えが見いだせずにいた自分です。

(2) 「いかに生きるか」という問い

> 　人類の長い歴史の中で「いかに生きるか」という問いが発せられたのはそう古いことではない。そのような問いが問いとして意味を持ち得るためには「いかに生くべきか」という問いに対して自ら答えを出し，その答えに従って生きて行く可能性が少なくとも存在していなければならないからである。しかしそのような可能性は古代にはほとんどなかったといってよいだろう。西欧の古代末期には特別な運命にもてあそばれた個人が自分の運命について考察している例はある。しかしそれは特殊な例であって，私たちが「いかに生きるべきか」と自ら問うような場合とは異なっている。中世においてすら中頃までは父親の職業を継ぐのがふつうの人生であった。
> 　十二世紀頃になってはじめて「いかに生きるか」という問いが実質的な意味をもつことになった。この頃に都市が成立し，そこで新たな職業選択の可能性が開かれていたからである。農村出身の子弟は都市でギルドやツンフト（手工業組合）の職人になる可能性があったし，大学に進学し，法律家や官僚，司祭になる可能性も生まれていた。このような可能性が開かれたとき，はじめて人は「いかに生きるか」という問いに直面したのである。それまでは父親の職業を継ぐことが当然のこととされていた。いまやなにを職業とすべきかを考える中で「いかに生きるか」という問いが重要な意味を持ったのである。
> 　これが「教養」の始まりであった。…
>
> (「『教養』とは何か」『阿部謹也著作集　第七巻』筑摩書房，2000 年，221 頁)

大学は，冒頭に書いたように，「学力」と称される能力が問われる最終段階です。そのために，この学力論争のきっかけともなりえたわけです。しかしながら同時に，現代の大学とは，高等教育まで受けることを選択した人にとっては，それぞれの生き方を決め，自分なりの人生を歩みだす前の，最後の教育を受ける期間です。つまり，大学を卒業するということは，中学まで，高校までで教育を終えて職業生活に入る人と同様に，自分が「いかに生きるか」ということを選択しうる最終段階の猶予期間だということになります。

　そんなことはあたりまえだ，といわれるかもしれません。しかし，阿部謹也氏がここで指摘するように，「いかに生きるか」という問いは，人間が職業選択の可能性を持って初めて抱えるようになった，経済史上，社会史上の，すなわち歴史上の出来事でありました。すべての青年たちが抱える，普遍的な悩みではなかったのです。そして，今日考えられているような，この悩みが一時的なものであって，大人になっていくに従って克服していかなければならない人間の普遍的な発達過程の一時期である，ということも，もちろんありませんでした。大人になっていく過程が，今日あるべきと考えられている姿になったのは，それほど古いことではないのです。

　西欧においては，都市が成立していく12世紀ごろから少しずつ，この「いかに生きるか」という問いを持ち得る人が存在しはじめました。しかし，この時代には，多くの人々にとっては，依然としてそれぞれの親の職業を受け継ぐことがやはりあたりまえの世界でした。それが，ルネサンス以降徐々に，市民革命の前後において，近代人は，「いかに生きるか」という問いを持ち得る自由を手に入れていきました。「いかに生きるか」を決定できる力は，生き方を強制する社会体制に対する重要な楔として成立してきたのです。

(3) 大学での学び

　12世紀に都市と共に成立した西欧中世の大学は，この「いかに生きるか」という問いこそを，イスラム経由で伝えられたギリシア・ローマの古典を鑑として探究しようとした人々によってつくられました。大学こそが，大学における学びこそが，生きていく道を見いだしていく，その知を生み出してい

く場であったわけです。阿部氏は，前掲書のなかで，学問自体が職業化し，閉鎖的になるに従って，「いかに生きるか」という問いから遊離していった，近代以降の歴史に触れています。

　このような歴史は，現在の諸問題に何を投げかけるでしょうか。冒頭で触れた大学教師たちの実感は，この遊離現象がまさに大学という場で目に見える形でおこっていることを示しています。分数や小数ができない，というよりもできないことに危機感を覚えることのない大学生たち。入学が学校時代の到達点であると思っている大学生たち。習った以上のことは学ぼうとしない，あるいは知らなくてもいいと思っている大学生たち。それでいて，学ばなければならないものが一定量あると信じて，ちゃんとそれを自分たちの水準にあわせて「教えて」ほしいと要求する大学生たち。課題が提示されればこなすことはできるが，自らは，何を問題としてとらえるべきかがよくわからない大学生たち。そしてなによりも，自分が「いかに生きるか」を考えることのできない大学生たち。この重い問いについて真正面から真剣に考えることを放棄している大学生たち……。もちろん，大学生たちが皆こうだといっているわけではありません。そうではない人も多くいます。ただ，そうした空気が広がっていることは確かです。

　あるいは，入学前から既に一定の職業をめざしている学生もいます。たしかに彼らは，決められない人よりは先に，そして何も考えない人よりは真剣に「いかに生きるか」についての答えを見いだしたのだと思います。しかし，大学において初めて知り得る学問の広さと深さのなかにこそ，「いかに生きるか」を問いかけることが重要だと私には思えてなりません。大学，そこでの学問の成立自体が，この問いに始まるという歴史が語るように……。

　本セミナーで提案されたAO入試や21世紀プログラム，また「大学とは何か」という低年次向けの教育プログラムは，この「いかに生きるか」について大学での学びのなかで探究できるシステムをつくっていこうとする試みであるといえます。セミナーでは言及されませんでしたが，九州大学教育学部では，ここ3年から5年ぐらいの間に課題探求型演習やインターンシップ演習などで，ただ教えられるだけの学びの態勢を改めようというカリキュラ

ム改革を実行しつつあります。まずは，大学が，社会が変わらなければ何も変わらない，という「実感」を受け止め，大学自体から変えていくように仕掛けていくプロジェクトが徐々に，さまざま試みられているのです。

　もちろんこうした努力は，大きな改革やプロジェクトでなければ不可能な部分もあります。専門課程への進み方，そこでの学びについて，大学生が自らこの問いを探究できるようなシステムづくりが必要だからです。また，個々の講義やゼミにおいて，それを可能とするような場，あるいは知のあり方というものを，いかに提示できるか，という教師の技能を磨いていく必要もあるでしょう。これはもう，教師自身の努力しかありません。丸野氏の提案は，討論や議論を中心とした大学での学びの重要性を改めて確認し，その技量を教師の側から，それも初等教育段階，あるいは家庭での会話の段階から身につけさせよう，その場づくりに心がけようというものでした。この，討論，議論を中心として運営される大学の講義や演習のあり方は，まさに12世紀に始まった中世の大学において重要視された教授方法です。固定化された，無批判的な知識は，学問自体の停滞を生むばかりか，私たちが「いかに生きるべきか」という，まさに動いている問い，動こうとする問いとは無関係のものでしかありません。

　とはいえ，今目の前にいる大学生に，子どもの頃からの……といってみても始まりません。少しずつ，お互いに協力しながら，大学における学問というものを，つまり教育・研究と学びの場を，私たちが「いかに生きるか」ということと結び合わせていくようにしていきたい。これが，私自身がこのセミナーを通して感じた最も大きな，そして切なる望みです。

3．「いかに生きるか」を問うことのできる大学へ

　そうはいっても，「いかに生きるべきか」についての問いを学問知のなかに投げかけ，議論し，理解し，自ら問うていくという作業が可能となるような場をつくっていくことは，言うは易し，行うは難し……というのが今現在の私の悩みです。日々改善に努力しなければなりません。丸野氏もいうよう

に，力量形成に努力するしかないと思います。
　ただ，ここで確認しておきたいのは，「いかに生きるべきか」という問いにこたえる力は，決して個々人の発達課題の問題ではなく，まして大人になれば誰もが自然に会得できるような，生易しいものではない，ということです。社会が徐々に近代化していくに従って，「自由」を手に入れると同時に人類が抱え込んだ最も難しい課題といってもよいのではないでしょうか。12世紀のヨーロッパにおけるような，強烈な意識や個性をもった人々だけではなく，すべての人々が，「いかに生きるのか」と自分に問い，その答えを自分で見いだしつつ，生きていかねばならなくなったからです。これをやりとおせる力が，大学における「学力」であると私は思います。武谷氏のいう，「既製服を選ぶのではなく，自分の力でオーダーメイドの服をつくっていく能力」，あるいは丸野氏のいう，「周りにある重要な資源を発見し，それを組み合わせて新しい物を創っていくマネージ能力」は，この力に不可欠なものです。
　この力は，あれこれの知識をもっているかどうかや，小数分数が扱えるかどうかという学力とは次元の異なる能力です。もちろん，大学での学びの基礎として，こうした学力は必要です。そうした基礎学力が不足していると，それぞれの学問の知見のなかに，「いかに生きるか」を問うより前に，何によってその学問が成り立っているのかさえも理解できないことになります。新谷氏が，講義内容がどんどん薄くなって情けないと嘆いていますが，それは，肝心の議論に進むより前に，既存の知識を提示しなければならなくなり，それで時間が終了してしまう，という危機感です。何かを問うよりも，わかっていることを話して終わりになってしまうのは，非常にもったいない。すべて知ってから講義に望むというのは無理としても，少なくとも常識的な知識は知らないから教えてという前に，知らないことを恥じて自分で調べるべきだ，と言われたいのだと思います。そうすれば，より深い問題について考察し議論することが，講義やゼミの場で可能になるわけです。
　大学は，到達点ではありえません。ただ現実的にいえば，やはり高校生は受験のための勉強はするのではないか，と私などは思ってしまいます。入試

改革は進んではいますが、学部を決めて受験する大学がやはり多数であるため、それまでにある程度は大学での学問のあり方や成り立ちを知っておく必要があります。その意味で、高大の連携はとても意義のあることです。ただ、そうした対策も受験勉強も、あくまでそれがすべてではなく、「いかに生きるか」について考えていくための、とりあえずの通過点でしかない、というくらいの気持ちでかかるもの、というのが私の考えです。

　以上が、「大学と学力」をテーマに開かれた第4回セミナーを振り返った私のコメントです。「いかに生きるか」ということは、まずは自分の生きていく糧をいかにして得るかということかもしれません。しかしそれだけではありません。経済的に自立したからといってこの「いかに生きるか」という問いに真剣に向き合っているかというとそうとばかりはいえませんし、逆に経済的に自立していなくても、その答えを見いだす力を持っている人も数多くいます。また、ここでは大学での学びに限定して述べましたが、大学でしかこの問いが成立しないわけではもちろんありません。

　「生きること」と「学力」との関係について考えなければならないことはたくさんあります。しかしながら、私自身はこのセミナーを通じて多くのものを得、そして考えなおすことができました。「いかに生きるか」という問いから離れることのないように、自分の研究、そして大学での学びの場に関わっていきたい、そして、そのための力をつけなければ、と新たに決意した次第です。

第5章　世界の学力問題

[提案1] 韓国の学力議論と対応，そして今後の課題
　　　　　　　　　　　韓国教育開発院研究委員　鄭　　廣姫

[提案2] シンガポールにおける学力問題
　　　　　　　　　　　福岡国際大学助教授　竹熊　真波

[提案3] 欧米の学力問題――イギリス・アメリカを中心に――
　　　　　　　　　　　九州大学教育学部教授　望田　研吾

[質疑応答]

[コメント1] 各国の様々な試み
　　　　　　　　　　　九州大学教育学部教授　稲葉　継雄

[コメント2] 4ヵ国の取組みから――「それぞれ」の学力観の模索――
　　　　　　　　　　　九州大学教育学部助教授　竹熊　尚夫

[提案1]

韓国の学力議論と対応，そして今後の課題

韓国教育開発院研究委員　鄭　廣姫

　韓国だけに限らず学力をめぐる論議が依然として世界中で盛んに行われています。今日は韓国で行われている「学力」をめぐる諸論議を中心に，今なぜ学力か，韓国で「学力」低下の原因とされているのは何か？　これらに対する対応は？　などを中心にお話し，そこから今後の課題を考えてみたいと思います。

　「今なぜ学力か」と考えるとき，1番目に国家競争力の強化という国家政策との関係が挙げられます。韓国では世界各国と同じく大々的な教育改革が行われており，「知識基盤社会」などと特徴づけられる21世紀社会にどのよ

表1　上位5％に該当する韓国の生徒の国際水準

区分	読解力	数学	理科
全体	6位	2位	1位
上位5％	20位	6位	5位

資料：OECD (2001) PISA 2000 結果分析

表2　学習興味度・協同学習能力などの国際比較

括弧は比較対象国数

分野	韓国順位
読解，数学興味度	19位（20ヵ国）
読解・数学自我概念度	20位（20ヵ国）
協同的学習能力	24位（24ヵ国）
競争的学習能力	17位（24ヵ国）

資料：OECD (2001) PISA 2000 結果分析

うに対応するかを主要課題としています。特に，資源もあまりない小さな国・韓国にとって有能な人材育成は実に生き残るための道だと言わざるを得ません。そこで韓国では従前の「教育部」を「教育人的資源部」（日本の文部科学省に当たる）と改称し，教育部長官（日本の文部科学大臣）職を格上げ，副総理兼任とするなど国家水準で教育により力を入れようとしています。「国家人的資源開発基本計画」(2001年) という総合的な政策を樹立し，そこに「全国民の基本力量の強化」を重要な内容としたのもその一例といえます。

2番目には最近各国の注目を集めているOECDの学習到達度国際比較研究（PISA）の結果が挙げられます。これはOECDの27ヵ国の小・中学生を対象にその学習到達度を調査したもので，その結果（OECD・PISA 2001）に関連国の関心が高まっているのはご存じのとおりです。この調査によると，韓国の児童・生徒の学習到達度は調査対象国の中では比較的に高いレベルを示していますが，ただし優秀グループが相対的に少ないという問題があり，特に教科興味度，協同学習力などの調査領域では調査国の中でほぼ最下位を示しているのも注目を引いています（表1,2参照）。

3番目に，日本の大学入試センター試験に当たる韓国の大学修学能力考査で，近年その成績が大幅に落ちていることから学力低下問題が大きく扱われています。これこそ韓国で学力低下問題を表面化し，論議を盛んにさせた理由かと思いますが，この他にも，学習不振者，つまり「読書き算」の基礎学力不振者が小学校だけではなく，中・高校においても散見されているのが問題となっています。

このように「学力」問題が起こった理由を今韓国での議論の中から整理してみますと，大きく学校教育の機能的側面と教育制度の側面に分けて見ることが出来ます。まず学力低下に関連して「学校教育の危機」「公教育の危機」という学校教育の機能低下問題が学力低下を起こしているとされています。日本では最近小学校を中心とした「学級崩壊」が大問題になっているようですが，韓国では特に中高校を中心に生徒があまり授業を聞いていない問題現象が深刻になっています。「学校教育の危機」とはこの現象を指しており，そこから学力が低下されていると言われているのです。この現象が起こって

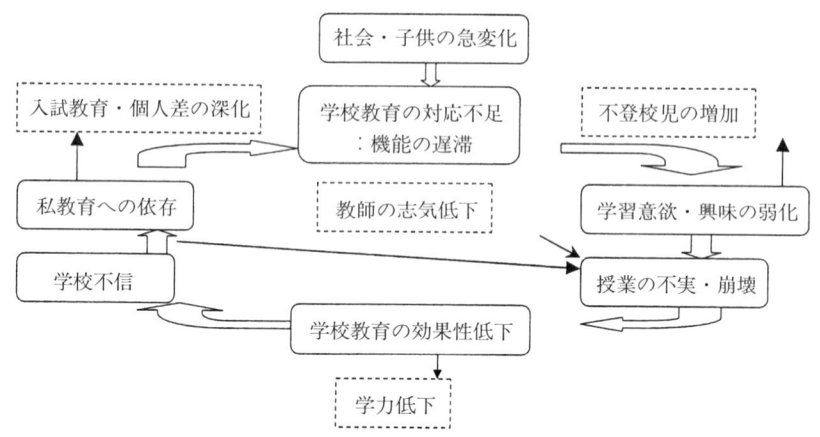

図1　学校教育の危機の悪循環的構造と学力低下

いる今の学校教育の状況をここで描いてみましょう。即ち子どもを取り囲む社会は急速に変化しているのに，学校教育は個々人の多様な興味とは関係なく相変わらずつまらないことばかりやっている，生徒の個人差も大きくて生徒によっては授業があまり易し過ぎるか，あるいはまだ理解していないのにどんどん前に進んでいく，学習意欲が湧かず興味もなくなり，授業中雑談ばかりするか寝るかする生徒が増えるなど授業崩壊が進んでいるし，いろんな問題が絡んでいる中で不登校問題も増えていく，一方教える側の志気や意欲も低下しているので学校教育の効果はますます落ちていく，学校への不信感が増加し，そこで私教育への依存度がどんどん高くなり，入試教育，個人差の深化が際立っていく，当然ながら学校教育の対応はより難しくなり，機能がさらに低下していく，という悪循環の構造が学校教育の危機や学力低下を呼んでいるということです（図1参照）。

また教育制度の面では，①高校平準化，②特技・適性重視の新大学入試制度，③教育課程の改正，④その他，教員定年の短縮や官主導の開かれた教育などが学力論議でよく取り上げられています。この中でも「高校平準化」制度は最近韓国の学力低下論議において最も注目を引いている争点の1つです。これは高校入試競争が社会的な大問題になった約30年前に導入し

た制度で，高校入学志願者が居住地域で「連合考査」という地域単位で行われる試験を受け，抽選により区域の高校に通うことになる仕組みです。ソウルなど大都市を中心に1974年度から導入し始めたこの制度は現在該当生徒の約70％程度がこの制度の影響圏の下にありますが，最近学力の「下向平準化」制とも批判されるなど再検討が強く求められています。次に，特技・適性重視の「新大学入試制度」は1995年の教育改革案により発表されたもので，従来の試験成績中心の選抜から個々人の素質や適性を重視する入試制度への転換を図ったものです。児童・生徒の素質・個性を生かす多様な教育活動が出来る特色ある学校づくりや学ぶ楽しみが溢れる学校づくり，いわゆる「新しい学校文化の創造」という願望を込めた制度でもあります。これを定着させるために，大学修学能力考査も易しくする方針を取っています。しかし，この一連の大学入試政策が生徒の間に特技があれば勉強しなくても大学へいけるよ，という安易な姿勢や遊ぶ学校風土を助長しているといわれています。また，「第7次教育課程」（日本の学習指導要領に当たる，1997年改正）の問題が提起されています。この新しい教育課程は「水準別（習熟度別）教育課程」とも言われており，画一的で，暗記・注入的に行われている従来の学校教育への改善が期待されています。しかし，実践現場ではこれは現実とあまりに離れているし，特に水準別教育は現段階では無理であり，また「遂行評価」などは生徒と教師をともに混乱させむしろ授業不実をもたらし結果的に「学力」低下を呼ぶ可能性が高いという声が上がっています。その他にも，今の「学力低下」を「教員定年短縮」や官主導の「開かれた教育」の問題に結びつけている見方もあります。教員定年の短縮というのは，今まで65歳であった教員の定年年齢を1999年度から62歳に下げたことを意味します。これは1998年の韓国の経済危機による社会構造改革の一環とされていますが，定年該当の教員以外も多くの先生が一気に退職してしまって，特に小学校の場合，教師の大不足現象まで発生し，一時大混乱の状態に落ちるなど，その後遺症がいまだに続いています。「教員不足」というのはいうまでもなく教育活動の不実につながるものですし，その他にも多くの教師の退職により教員の志気低下と短時間内の多くの教員の補充による教員の質問

題なども相次いで提起されており，そのような点から学力低下論議に取り上げられているのです。また「開かれた教育」の問題に関しては特に官主導の問題が指摘されています。もともとこれは1980年後半から一部の私立学校を中心に始まり，静かに広がって行ったいわゆる現場から進んでいた教育改革と言ってもいいものでした。しかし1990年代の半ばにいきなり教育部が介入してから，現場の理解や情熱などが欠如されているまま全国的に拡散される状況が作られ，結局自由放任的な授業の雰囲気を生み出してしまったということです。そこで今の学力低下はこの後遺症でもあるという見方が出されているのです。

　これらの問題に対して韓国の教育では，学校運営の自律化・多様化，英才教育の本格化，基礎学力責任制度の強化，学校評価制の導入，教職総合発展方案の樹立，教育環境の改善などさまざまな政策を幅広く樹立し，推進中にあります。これらの政策は総合的には韓国の最大問題・「公教育の危機」に対する「公教育の内実化」政策として位置づけることもできますが，それぞれの内容を若干見ますと，まず，学校運営の自律化，多様化政策とは，校長の裁量権を拡大すると同時に，生徒の学校選択権，教科選択権の拡大などを通して社会と学習者の多様なニーズに応えるための政策といえます。この一環として，最近，外国語や科学教育など特殊な分野を重点的に教えている「特殊目的高校」，一般の学校より多くの自律権を与える「自律学校」，技術や職業教育，また不登校などに対応する「特性化学校」「オルタナティブ学校」の設置や支援，政府の補助金に依存しないで自立し，自由に学校運営ができるような「自立型私立学校」を認定，運営しています。英才教育に関連しては，まず英才教育振興法（2000年）を制定し，英才学校として「プサン（釜山）科学高校」のスタートをはじめ（2003年度から），一般の学校に英才学級を設置・運営すると同時に，大学付設など既存の英才教育院を活用するなどの政策を推進しています。また，基礎学力不振者が増加している問題に対しては従来の「基礎学力責任制度」をより充実化していく方針を取っています。学校教育のアカウンタビリティを強化し教育の質を高めるために2000年度から導入した学校評価制は2年間の実験的段階を経て，2002年度

から本格的な学校評価を実施しています。教育の質は教員の質に左右されるという観点から，当面している教員不足への対策を含めて教員志気の高揚，特に優秀教員の確保と教員の専門性伸張のための教員政策・「教職発展総合方案」(2001年7月) を樹立する一方，師範大学，教育大学，教育大学院などへの評価を実施するなど教員養成機関の質管理にも力を入れています。その他にも，35人学級実現などを含めた「教育条件改善推進計画」(2001年)を樹立・推進しており，授業に必要なプログラムの開発や支援資料を作成・普及するなど，いわゆる教室改革のための支援を強化していることも挙げられます。特に，これからの知識基盤社会に対応するための教育方法の改善と情報教育基盤作りが国家レベルで大々的に進んでおり，その一環として全国学校にLANを設置し，すべての教室とすべての教員にコンピュータを普及，全国教育情報共有体制を構築しています。

　以上の韓国の学力論議と対応を整理してみますと，まず，韓国は国際的にはOECD・PISAにより生徒の学習到達度が比較的に高い国とされており，UNICEFの分析結果においても最も効率的な教育制度のモデルとされていること，しかし，国内的には毎年行われている「大学修学能力試験」などで例のない低い点数が記録されたことから「学力低下」問題が深刻な社会問題として提起されていること，韓国で学力低下が起こっている理由としては教育本質の問題に関わっている「公教育の危機」問題をはじめ，教育制度・政策的な問題，即ち「高校平準化制」，官主導の「開かれた教育」や「新教育課程」の無理な推進などの弊害などが挙げられていること，そしてその対応とは教育全般にかけておりまさに韓国の教育改革そのものになっていることなどがいえます。

　以上のことから私は次のような点を今後の課題として提示したいと思います。まず，「学力」とは何か明確にすることです。韓国の学力論議と対応が教育全般にかけていることに関しては先ほども申し上げましたが，このように教育全体の構造や流れの中で「学力」問題を扱うのはこれからの教育のあり方を求めていくに必要だとは思います。ただし，これは「学力」の意味の不明さにも関わることで，ひょっとするといったい論議の焦点とは何か，何

表3　IEAの第3回国際数学・理科教育調査，第3段階調査結果の韓日比較

単位：順位，括弧は参加国数

区分		成績	好き嫌い	学校外での一日学習時間	問題解決活動の頻度＊	教師の演示・実験の頻度
数学	韓国	2 (26)	34 (38)	27 (28)	18 (24)	
	日本	4	35	26	7	
理科	韓国	5 (38)	23 (24)	23 (24)	14 (20)	14 (14)
	日本	4	22	21	8	10

＊考えのもとになる理由を説明することの割合　　　資料：IEA の TIMSS-R，国際調査結果

のための，また誰のための問題提起，対応なのかが不明，あるいは混同される恐れがあるようにも思われます。「学力」の意味が不明だということは本格的な「学力」論議はまだ始まっていないことを意味しているかも知れません。国際比較調査結果を取り上げている論議を見ても，学習到達度に関する結果をそのまま「学力」水準として受け取っていることが多く見られます。もちろん，「学習到達度」が「学力」と無関係とはいえませんが，だからといって同じともいえません　韓国の場合は特にその内容間の関係をよく見る必要があると思います。というのは，韓国の生徒の「学習到達度」が比較的に高いという結果を出した OECD・PISA 調査でも「読解・数学への興味度」「協同的な学習能力」「競争的学習能力」の領域ではすべて下位水準を見せているからです（上記表2参照）。これは IEA の第3回国際数学・理科教育調査，第2段階調査（TIMSS-R）でもほぼ同じです（表3参照）。このことは OECD・PISA の「学習到達度」結果は観点によって多様に解釈できることを示唆しています。「教科成績は高いけどその教科は好きではない」という韓国の現状は，今後「学力」のことを考える際，特に注目して考えなければならない課題だと思います。ここで私は今後学力問題を考える時は「学力」とは何か，それをまず考えることと同時に，子どもが「国民」「社会人」として，「地球村」の人として，そして何よりも「人間」，また「自分」として生涯にかけて「よく」生きるための「力」とは何かを熟考することを提案したいと思います。関連して2番目に，「学力」問題を国家競争力という観点だけではなく一人ひとりの子どもの「人生の質」という観点から考えること

を提案したいと思います。そして単に成績の高低ではなく，自ら学ぶ，また他人と協力して問題を解決していくことの大切さを見逃さないことを強調したいと思います。教育が重視している子どもの成長とは学ぶ楽しみ，その内発的な力から来るものではないでしょうか？　他人からの詰め込みではなく自ら進んで学んでいく学びの楽しみ，他人と協力して問題解決に向かうことの大切さを子どもに知ってもらうこと，またそのために行政や学校，家庭，そして子ども本人が為すべきことは何かを考えること，これがこれから我々みんなが一緒に努めるもう一つの課題だと思います。最後に，教育関係者間の信頼性の回復と協力関係の構築のための努力を強調したいと思います。私は韓国で行われている「学力」低下論を見ていると何となく教育制度への批判のための手段として「学力」問題を取り上げているのではないかという気がするのです。同時に韓国の「学力」論議の範囲の広さは「学力」の意味の曖昧さの上に，教育関係者間の不信感にも深く関わっていると思っております。「学力」の高低は教育の質，教師の質に左右されるものとよく言われています。しかしこれは行政と教育実践者，そして家庭，いわゆる教育主体が信頼感を持ち，お互いに協力していくことを前提とすることでしょう。この点で教育のあり方を求めながら，教育主体間の信頼をどのように回復し，お互い協力していくか，そこに今の「学力」問題解決の道があるのではないかと思っております。どうもありがとうございました。

［提案2］

シンガポールにおける学力問題

福岡国際大学助教授　竹熊　真波

1．教育の概況

　シンガポール共和国は，福岡市の2倍程度の大変小さな領土の中に華人，マレー人，タミール系インド人約400万人がひしめく多民族国家で，イギリスより自治権を獲得して40年程度の若い国です。この国をみるためのキーワードは2つあると思います。すなわち，「サバイバル」，「生き残り」と「多民族の統一」です。教育政策においても，建国以来人材こそ唯一の資源だとする「マンパワー政策」と，英語と各民族の母語を学習する「二言語政策」が採用され，小学5年から始まる能力別の厳しい教育制度がとられています。英才教育に関しても，1984年から小学校3年の時点で上位1％の人を選抜する「英才教育プログラム」が行われています。

　はじめに教育の状況ですが，シンガポールの小学校では2部制がとられており，例えば2，4，6年生が午前中なら1，3，5年生が同じ教室を午後から使うことになっています。私がインタビューしました小学2年生の場合，午前の部でしたが，月曜から金曜日まで1時間目が朝7時半から始まって30分刻みで2時間休みなく授業が行われ，25分の休憩の後，さらに30分刻みで3時間続けて授業をこなすというハードスケジュールでした。ちょうど今私の娘が小学2年生なので，両者の週あたりの授業時間を計算しましたら，シンガポールの場合30分×50コマで1,500分でした。国の基準は47コマでいいということなので，基準より少し多めの学校だったようです。一方，

娘の方は45分授業が24コマで1,080分。引き算しますと7時間もシンガポールの子どもが余計に勉強している状況になります。

次に、小学校1年生の教科書内容についても比較してみます。日本の教科書は100頁程度ですが、シンガポールの教科書は、1A、1Bと2冊綴りになっていて全部で196頁に及んでおります。教える内容については日本とあまり変わらず、教える順番もそれほど違いがありませんでした。ただ驚いたのが1Bの方で、日本では2年次以降に教えられる、4×2＝8といった掛け算や、割り算、さすがにこれは概念だけでしたが、このレベルまで教えられていたことです。さらに教科書の各章の末尾には算数をパソコンで勉強しようというコーナーがありました。我が娘の学校でもパソコンの授業が導入されていまして、小学校1年生で名刺を作ってきて感心したのですが、シンガポールではパソコン「を」学ぶのではなく、パソコン「で」算数を学ぶというレベルにまで達しているのです。

2．シンガポールにおける「学力」

このようなシンガポールの教育の現状を踏まえ、「基礎学力」、「語学力」、「情報活用能力」そして日本で今とても重視されている生きる力、「自己教育力」について検討していきたいと思います。まず「基礎学力」ですが、99年に行われた中学2年生を対象とする数学と理科の教育調査（TIMSS-R）の参加38ヵ国・地域中上位5ヵ国の結果をみますと、シンガポールは数学で第1位、理科でも第2位という非常に高い成績でした。日本もそれぞれ5位と4位に位置してはいますが、シンガポールの場合、83年に初めて理科調査に参加した時には26ヵ国中18位と、下から数えたほうが早いような状況であり、この十数年の間に飛躍的な学力の向上が見られたのが大きな特徴です。もう1つ、同じ中学2年生に対して「学校外で3時間以上学習している人」の割合を調べた結果によると、シンガポールは59％が学校以外でも勉強すると答えていました。これは国際平均33％を大きく上回る数値です。一方、日本は残念ながら17％で下から2番目という結果でした。

しかしこれらの結果について、「厳しい詰め込み教育をすれば学力は上がるだろうがやる気がなければ意味がない」、あるいは「日本はむしろ生きる力、ゆとりというのを考えているんだ」といった反論があるかもしれません。それでは、学習意欲についてはどうかといいますと、日本は数学が「大好き」と答える人が9％、「好き」が39％で足して半分に満たない一方、シンガポールは「大好き」30％、「好き」49％、合わせて79％もの人が数学が好きだと答えています。理科も同様で、シンガポールはただ単に学力が高いだけではなく学習意欲も高いという結果がでているのです。

これはどうしてでしょうか。こうした数値を見ると、日本のゆとり教育というのは本当の意味での「ゆとり」なのか、そして、日本のように建て前の平等に捕らわれず子どもの能力や意欲に応じた教育を行うことが結局は子ども自身、ひいては社会全体の学力や意欲を高めることになるのではないか、という思いが生じます。日本でも塾や私学では既に能力別が導入されてはいますが、大半の公立学校ではやはり平等が強調されます。だからこそ意欲を持たせるために「ゆとり」をという考えになるのでしょうが、むしろシンガポールのようにはっきりと能力別のコース分けをしたほうが学習意欲の向上につながるのではないでしょうか。しかし、「下のほうにランキングされた者は、学習意欲が下がるのではないか、あるいは非行に走るのではないか」との心配もあるでしょう。この点については、確かに上の方からランクの落ちるコースに入れられれば学習意欲が下がるが、最も学習意欲が低いのは「最優秀」のプログラムに位置づけられた学生だという調査結果があります。その理由として、それだけ期待がかけられ、そのプレッシャーから勉強が嫌いといってしまうのであろうと分析されていました。日本がこのような教育制度を実際に取り入れるかどうかは別としても、1つの方法として考えてみる価値はあると思います。

次に「語学力」です。シンガポールでは、英語、華語、マレー語、タミール語の4つの公用語を採用していること、また「二言語政策」をとっていることもあり、15歳以上の住民の71％が英語が話せ、2言語以上話せる人も57％という高い比率です。しかしながら、家庭で話す言葉について見ます

第5章 世界の学力問題

と，華人といわれる中国系の人たちの多くは，やはり家では英語ではなくて華語すなわち北京語，あるいは広東語とか福建語といった中国方言を話しています。同様に，マレー人はマレー語，インド系の人はタミール語あるいはその他のインド方言を家庭で話す比率が高くなっています。従って，決して英語は日常的に家庭で話す言葉ではなく，もちろん日本と違って一歩家庭の外へ出ればいつでも英語を使うチャンスはあるわけですけれども，やはり学校の中で教育として教えられる言葉であるということは強調しておくべきだと思います。関連して「異文化体験」について，99年から2000年にアジア8ヵ国の小中学生を対象とする教育の国際化に関する調査の結果を紹介します。まず，「海外旅行をしたことがありますか」という質問については，シンガポールの小中学生の87.5％が「ある」と答えており，2位の台湾（60.1％）を大きく引き離していました。もちろんシンガポールはとても小さな国ですので，遠出の旅行をすれば必ず国境を越えるという事情があります。「外国人の親友」についてもクラスメイトに外国人というのがいるということもありまして，56.1％，2人に1人がいると答えており，他のアジア諸国（7.2〜19.2％）に比べ突出した数値になっていました。日本はどうかと思いまして，私が教えている大学生250人に聞いてみましたが，今高校で海外に修学旅行に行く人が多いようで，海外旅行経験者が約51％でした。外国人の友達がいる者は15.2％で，福岡の大学生の異文化体験はシンガポールの小中学生に遠く及ばない結果となりました。

　第3に「情報活用能力」についてですが，シンガポールでは97年にマスタープランということでITを教育に導入しようという計画が出されました。これは昨年2002年までに2人に1台のコンピュータを設置しようというものでした。さらに今年はマスタープランIIが出されまして，カリキュラム改革や評価などにもっとITを用いようという，より高度なIT教育を目指す段階に移行しております。具体例として福岡市とシンガポールの小学校の，ホームページ開設状況を見ますと，福岡市の小学校の場合，145校中93校，64％が自校のホームページを持っておりました。もちろんシンガポールでは100％の開設率です。しかも，シンガポールのホームページは英語で作成

されていますので，全世界からアクセス出来るというのが日本とは大きく違う点です。

　最後に「自己教育力」です。これについては 97 年に首相自らが批判的で創造的に「考える力」を育成しようと声をかけたり，カリキュラムの 30％の削減が試みられるなど，日本と同様の改革に取り組んでいます。関連して「愛国心教育」についてですが，英語が堪能で，異文化接触が多いということになりますと，心までグローバル化され，別にシンガポールに留まる必要性を感じなくなることがあるでしょう。特に英語能力の高いエリート層にその傾向が強くなりますので，そういう優秀な人材を留めておくためにも愛国心教育が強調されています。さらに英語に不自由がないということは，例えばテレビを見る際にもそれは英語圏文化や思考様式のいい面も悪い面も直輸入されることを意味します。シンガポール政府は特にマイナス面の直輸入に危機感を抱いておりまして，インド，中国，マレー文化はアジアの非常に素晴らしい価値観を持った文化であるということ，シンガポールの道徳教育の価値の中心というのは「家族」であること，などを強調しております。「生きる力」についても，「決して死ぬと言わない（Never Say to Die）」ということを謳っています。

3．シンガポールから見た日本の「学力」

　最後にまとめとして私の意見を少し述べさせて頂きます。まず，「語学」，「情報活用能力」については，日本はシンガポールどころか既に世界の潮流に乗り遅れているのではないか，もっと危機感を持って取り組む必要があるのではないか，と思います。もちろんこれについて遅れたからどうだという議論になりますとまた別の問題になりますが，シンガポールのように国家としての「生き残り」を願うならば，もう少し日本も真剣に取り組まなければならないと感じました。もう一点，「学力」と「生きる力」ですが，日本は「生きる力」や「ゆとり」を強調しすぎて「学力」が落ちているという議論がありますが，シンガポールを見る限り，これは両立しうるのではないか，

表1　第3回数学・理科国際教育調査　第2段階調査結果（TIMSS-R）上位5ヵ国

数　　学		理　　科	
国・地域	平均得点	国・地域	平均得点
1　シンガポール	604	1　台湾	569
2　韓国	587	2　シンガポール	568
3　台湾	585	3　ハンガリー	552
4　香港	582	4　日本	550
5　日本	579	5　韓国	549

＊参加国・地域＝38
得点は全生徒の平均値が500点，標準偏差が100点となるよう算出。

という感想を持っております。つまりITをもう少し上手に活用することによって生じる「ゆとり」もあるのではないかということです。1979年にシンガポールは「日本に学べ運動」というのを展開して，交番制度など日本の良いところをたくさん輸入したのですが，2000年に入った今，今度は日本がシンガポールに学ぶ時代ではないかということを大胆に提言して終わりたいと思います。どうもありがとうございました。

［提案3］

欧米の学力問題
―― イギリス・アメリカを中心に ――

九州大学教育学部教授　望田　研吾

　まず，はじめにイギリスとアメリカの学力状況をIEAやOECDの調査を通して見てみます。1999年に実施されたIEA（国際教育到達度評価学会）調査の結果ではイングランドは数学20位，理科9位，アメリカは理科18位です。次にOECD（経済協力開発機構）のPISA（学習到達度調査）ですが，総合読解力，数学的分野，科学的分野という3つで調査されていますが，イギリスはアメリカに比べると上位に位置しています。総合読解力ではイギリスが8位で，アメリカは15位です。数学的分野ではイギリス8位，アメリカ19位。科学的分野はイギリス4位，アメリカは14位となっています。

イギリスの学力低下問題

　イギリスの学力低下問題は1970年代後半から，教育水準低下の問題として議論されてきました。ニューライト（保守派）の主張によれば，その原因は総合制中等学校にあると考えられました。総合制において中等学校へ無試験で入学させるようになったことなどにより，教育における厳しさが欠けたことが，水準低下の背景にあると主張したのです。また，企業やビジネスの側からの基礎学力の不足，学校が働いて生活するのに十分な基礎学力を与えていないという懸念や批判も出されました。

サッチャーの改革

　1980年代に，サッチャーの教育改革が始まりました。改革のポイントは

教育システムにおいて市場原理を徹底させることでした。親が自由に学校を選べるようにして、学校間の競争を強化しました。国のカリキュラムの基準（ナショナル・カリキュラム）を作って、義務教育段階で教えるべき内容や水準を確立しました。それに基づいて学校評価が実施されるようになりました。Ofsted という専門の評価機関が作られ、そこが学校を評価して報告を出します。報告はインターネットで公開されており、誰でも閲覧できます。また共通試験の学校ごとの成績を比較するためにリーグ・テーブルとよばれる学校の成績ランク表が公開されています。タイムズ紙に掲載された中等学校のリーグ・テーブルを見ると、すべての中等学校の成績が載っており、学校のランクが一目でわかるようになっています。トップ・テンの学校だけでなく、ワースト・テンの学校も出されており、学校にとってはかなり厳しいものとなっております。

学力格差の問題

イギリスにおける学力問題の中味を見ると、1つには社会階層に関わる学力問題という要素があります。とりわけ中産階級と労働者階級の間での試験成績、義務教育以降の在学率、高等教育への進学率などにおける格差があり、それを縮めていくことが課題となってきました。また、男女間の格差という要素もあります。特に労働者階級の男子の学力は女子に比べて低いと言われています。

ブレア政権の学力向上策

現代の教育政策について見ていきます。1997年からの労働党ブレア政権は教育改善に力を入れており、その目標はすべての子どもの学力を向上させることです。政権の1期目の課題は、初等学校生徒の基礎学力向上で、特に3 R's（読み書き計算）の能力向上が目指されました。11歳で、読み書きは2002年までに80％が標準に達する、また計算能力は2002年までに75％が標準に達するという国全体の数値目標も設定されました。しかし、結果的には目標は達成できませんでした。2期目の課題は、11歳から18歳という年

齢段階の中等教育の改革です。改革の中心は中等学校の多様化・個性化です。それを推進する中核は専門中等学校（スペシャリスト・スクール）です。専門中等学校というのはテクノロジー，語学，芸術，スポーツ，科学，工学，ビジネスと企業，数学とコンピューティングなど特定のカリキュラム分野に焦点を当てた中等学校です。現在1,000校あり，2006年までに2,000校にするという目標となっています。またビーコン（灯台）スクールという学校もつくられました。他の学校のモデルとなり，また他の学校をサポートするような優秀な学校を指定して，よい実践を普及させることが目的です。現在，初等学校，中等学校合わせて，1,150校あります。さらに，アカデミーという中等学校もつくられました。これは主に教育困難地域において政府と民間の協力のもとで作られる私立学校です。専門中等学校と同じようにカリキュラム上の焦点を持つようになっています。2005年までに20校，2006年までに33校作るという目標で進められています。専門中等学校の目的は狭いスペシャリストを作るというのではなく，専門を持つことによって学校全体を改善して質を向上させることが現在の大きな目標です。

　現在，イギリスにおける学力向上策の1つとして進められているのが学校のIT化（授業でのIT利用）です。授業でのIT利用を強化したり，カリキュラムをオンライン化して自宅においてもアクセスできるようにすることなどが進められています。例えば，2003年の1月に訪問したある専門中等学校（テクノロジー・カレッジ）で行われていた，インタラクティブ・ホワイトボードを使用した数学（幾何）の授業が大変印象に残りました。幾何の合同の概念を教えるのに，コンピュータと連動したホワイト・ボードを使って，自由に図形を逆転，反転したり，移動させたりしていました。視覚的に分かりやすい形で合同の概念を学ぶことができます。授業でのIT利用も学力向上策の一環として見ることができます。

アメリカの学力低下問題

　次に，アメリカにおける現在の学力向上策を見てみましょう。学力低下の指摘は1983年の『危機に立つ国家』以来言われてきました。大学入試の

SATの点数の低下が特に問題となりました。この問題を指摘したのはイギリスと同じように，企業・ビジネス側です。ハイスクール卒業生が基礎的な学力を身に付けていないという問題が指摘されました。それ以来，80年代90年代にかけて，教育の優秀性を目指す改革に取り組んできました。

優秀性を目指す教育改革

90年からは教育の国家目標が設定され，その目標は1994年に「2000年の目標」として法制化されました。そこでは全部で8つの項目が掲げられています。その中には「4学年，8学年，12学年において主要教科について学力を評価し，一定の学力水準に到達させる」や「数学と理科の学力で世界一になる」といったものが含まれています。このように国家を挙げて取り組んだ成果について，1999年12月に評価が行われました。そこでは，就学前教育について改善が見られたということ，第3回IEA調査で4年生の理科で3位になったなどが示されましたが，全体として不十分であったことなどが指摘されました。

学力格差の問題

アメリカでも学力格差の問題があります。特に人種間，特に白人とマイノリティ・グループの間の格差です。そのためマイノリティ・グループに対してどのようにケアをするのかが課題となってきました。また，貧困家庭の子どもと恵まれた家庭の子の間の格差もあり，それをどうするかも大きな問題となっています。貧困家庭の子どもへの対策として，アメリカのいくつかの州ではバウチャー（金券）制で私立学校へ子どもが通えるようにしています。アメリカでは外国の子どもと比較して学力が低いという問題と国内的には特に人種間の格差の問題が存在します。

ブッシュ政権の学力向上策

現在のブッシュ政権の学力向上策を見ましょう。2002年に学力の底上げを目的として「どの子も置き去りにしない」法が作られました。この法律に

は4つの柱があります。第1に，アカウンタビリティの確保です。これは学校のアカウンタビリティを確保するために特に読解力と算数の学力テストを実施して結果を公表するというものです。テストを作成する場合に連邦政府が援助するようにしています。第2は，柔軟性です。これは連邦補助金の使用において州や学区の裁量で柔軟に使用できるようにすることが中心です。現場で最も必要とされるところに補助金を交付するという実態に即した連邦補助金の適用が目指されたのです。第3に，効果が立証された教育方法への資源の集中です。特に読解力の指導において，科学的に立証された教育方法を用いることが強調されました。第4に，親の選択権の拡大です。「2年連続で成果が上がらない学校の生徒は他の公立学校に転校できる」「3年連続で成果が上がらない場合は，親が選択した補助的教育サービス（家庭教師や課外授業）を要求する権利がある」「4年連続で成果が上がらない場合には，教職員を入れ替えて学校をリストラする」ことが規定されました。2002年に成立したこの法律では以上のような4つの柱でアメリカ全体の学力の底上げを図ろうとしています。

　アメリカで作られた「どの子も置き去りにしない」法のPRのためのインターネットの資料を紹介します。8月1日にブッシュ大統領がサインをしている写真とともに，この法律はアメリカの新時代を築くものであり，「アメリカの教育において失敗は許されない」と言明されています。次の画面ではこの法律が成立した経緯を「教育にお金が足らないのか，そうではない。教育費は1985年以来増えている。しかし標準の読解力に達した4年生の割合は変わらない。教育費は増えているのに，テストの結果は上がっていない。この法律は共和党，民主党という党派的なものではない。アメリカ全体の法律である」と説明しています。以下の画面では「改革の4原則は，アカウンタビリティ，柔軟性，研究に基づく改革，親の選択である」「テストにおいては3年から8年までのすべての生徒の読解力と算数をテストする」「改善されない場合の対処，地方が改革を決めることができるという柔軟性。地方のコントロールと柔軟性によって連邦補助金が最も必要なところに向けられるようになる。官僚制のためにお金が使われるのではなく，実際の教育のた

めにお金が使われる」「効果がない方法を使っている学校も多いが科学的に立証された方法に基づく授業を推進する」「学校が改善されない場合に親が選択することによって事態を変えることができる。親が選択した学校への通学費を学区は負担しなければならない。学校が危険校と指定された場合，親は子どもの転校を要求することができる」と説明が続きます。最後に，教育長官の「アメリカ全体の学力を向上させるためにこの法律を作った。この法律はアメリカの教育において歴史的な政策である」というコメントで説明は終わっています。

以上，イギリスとアメリカの学力問題を見てきました。両国とも学力低下問題の存在が前提となっており，学力向上策に国を挙げて取り組んでいます。その場合の学力の中心的要素は，テストで測ることができる基礎的な学力です。基礎学力を中心として学校間の競争を促進しているというのが大きな特徴ですが，その方向性は日本のゆとり教育の方向性とは逆だと言えます。

「2000 年の目標：アメリカ教育法」（1994）

・すべての子どもが小学校に入ったときに学習するための十分な準備ができているようにする。――高い質の就学前教育の提供
・ハイ・スクール卒業率を 90％以上にする。
・4学年，8学年，12学年において主要教科について学力を評価し，一定の学力水準に到達させる。――英語，数学，科学，外国語，公民，経済，美術，歴史，地理
・すべての教員が継続的に職能の向上を図る。――21世紀にふさわしい知識・スキルをすべての子どもに身につけさせるのに必要な専門的力量を高めるための研修機会を提供する。
・数学と理科の学力で世界一になる。
・すべての成人に国際的経済競争に勝ち抜くための読み書き計算能力と知識・スキルを習得させる。
・すべての学校を安全で，規律正しくそして麻薬・アルコールがない学校にする。
・すべての学校が親の関与・参加を促進する。――子どもの発達を一層促進するため

質 疑 応 答

司会（稲葉）：これより質疑応答に移りたいと思います。

質問1：シンガポールでは最優秀の学生のクラスに入れられた子どもたちほど勉強が好きではないと答えているとのことでしたが，これは英才教育としては上手くいっていないということではないかと疑問に思ったのですが，どうでしょうか。

回答（竹熊）：シンガポールにもあまりに能力主義が行きすぎたための欠点があります。GEP（Gifted Education Program：英才教育プログラム）では，小学校3年生の段階で500名，全生徒数の約1％の学生が選抜され，特別教育を受けます。小学校6年でさらに120名程度の学生が補充されます。この生徒たちはいつでも成績が悪いと下に落とされるという，危機感を常に持っています。下から上がるよりも，上から落とされるのは大変なプレッシャーです。大学でも優はいらない可でいいという人がいますが，最優秀のクラスの学生になるほど，自分に課すプレッシャーが強くなります。先ほどは嫌いになると言ってしまいましたが，自分自身を追い詰めてしまうという面で嫌になってしまうということです。そこでGEPの主導者は常に学生に対し，あなた方は成績が優秀であるだけではなく，精神的にも社会のことを考えて奉仕していくのですよと呼びかけています。また，このプログラムは主要科目だけでなく，音楽や芸術にもあります。もう一点，以前は義務教育でなかったこともあり，留年せずに初等学校卒業試験（PSLE）に合格できる人が6割ぐらいしかいませんでした。しかし，能力別クラスの導入によって全体の成績も向上し，2002年は合格率が96.7％でした。このことをシンガポール政府は評価していますが100％ではありませんし，他にも非行や自殺の問題などがあります。

第5章 世界の学力問題

質問2：シンガポールも日本も理科や数学といった分野の学力は高いですが，シンガポールの方では，理科や数学を学ぶのが好きと言っている子どもたちが多いのに，日本の子どもたちは好きな子どもが少ない。今度の教育改革では「好きなことは上手くなる。学ぶことが好きになったら，学力はどんどん上がる」と前文部大臣が言っていましたが，現実はそれと違う結果になってきています。現在の「ゆとり教育」は少し変わってきているのでしょうが，日本のように好きな子が多くないのに教育を徹底させるというのはどのようなものかと感じますが，先生方の意見をお聞きしたいと思います。

回答（望田）：日本の場合に関しては，これまで数学や理科でも受験中心の科目教育で，受験のためには覚えなければならない。好きではないけれども，受験のために仕方なく一生懸命やる，といった形で教育がなされた所があります。これを国際的にみると，日本の場合には学力は高いけれども必ずしも興味は高くない，将来数学や理科を使う職業に就きたい子どもが少ない。このように今までの教育の在り方に問題があったと思います。

質問3：現在の子どもは，現代化や近代化の潮流から社会が豊かになってきた価値観と，消費というか勉強以外の出来上がった遊ぶ環境に囲まれております。私は現在子どもたちを教えていますが，はっきり申し上げて出来る子ほど勉強が好きです。勉強する時間があるから勉強する楽しさが分かり興味が出てくるのではと考えられます。今はパソコンやサッカーなど勉強以外に興味が持てるものがいくらでもある，だから世界的な学力低下の現象が出ているのではと思います。

回答（望田）：学校を取り巻く環境としてそのような機会が増えた状況は実際にあると思います。けれども子どもたちの数学や理科への興味・関心については，将来そのような分野で働く意欲が乏しいといった問題に関して，それらを教える教科の教授法にも問題があったのではないか，学校自体にも学校以外の環境の変化にも問題があったでしょうが，受験体制を念頭に置いた知識伝達の仕方，教授の仕方に大きなウェイトがあり必ずしも興味や関心を呼び起こすような教育ではなかったのではないかというのが私の意見です。

回答（竹熊）：シンガポールの場合を見ましたら，必ずしも詰め込み教育イ

コール勉強嫌いではないと思います。日本でも「ゆとり」イコール勉強が好きということにはなっていないと思います。勿論，日本では理数科目が好きということが恥ずかしいという子が多いのに，シンガポールでは好きということがカッコイイというような要因もあるのかもしれません。ですが，シンガポールでは出来る子はどんどんステップ・アップしていった方が良いということで，コース分けされ能力対応がされている訳です。ただ，7割以上の人が中位のクラスに行きます。出来ないから嫌いという子がそれなりのケアを受けられるのであれば，シンガポールのようなやり方のほうが出来ないから嫌いという子は少なくなるのかなと思いました。ただこれが一番良い例であると言っているのではなく，このような実例もあるということで，では日本はどのようにしたらよいかという点で参考になればと思います。

質問 4：日本では 1985 年くらいが受験競争のピークの時期と言われています。学生数の減少などにより，現在の受験状況は軟化してきていますが，その一方で学力は低下してきている。これはやはり勉強に関心がわかないというのであれば，時間をとって繰り返し理解するまで教えるという過程が不足しているからではないかと思いますが。

回答（稲葉）：確かに色々な考えがあると思われます。ご参考になればと思います。1985 年くらいが受験のピークであったというのにも別の見方をされる方もおられるでしょうし，受験校に関する競争は緩和されていないとの意見もあろうかと思います。難関校に対する受験の難易度にも様々な状況が考えられると思われます。

質問（意見）5：質問と意見が合わさっておりますが，学校教育には教育機能とともに選抜機能もあると思います。選抜機能には競争原理や市場原理がよく馴染むと思うのですけれども，日本では四大卒でも就職が思うようにならず，子どもたちが勉強して力をつけていったとしても，就職などの出口が保証されない状況があると思います。そのような厳しい状況を日本は教育制度が改善したからといって克服されるのであろうかとの疑問があります。それぞれどのような取り組みをしているのでしょうか。

回答（望田）：イギリス・アメリカの考え方は，職業・産業構造というものが

21世紀において大きく変動するであろうと，そしてそれにはITが深く関与してくるであろうと言われています。その産業構造の変動に対して子どもたちを準備するための基礎を学校教育が教えていく必要がある。そのためには学校教育が変わらなければならない，そのためには競争原理が必要になるという考え方です。変動する産業構造に対応するためにいかに教育が対応していくかという時に競争原理が必要になるという考え方です。

回答（竹熊）：シンガポールではようやく6年間の義務教育が制度化されましたが，それまでは制度化されていませんでしたので不登校の問題もありませんでした。ただし日本の高校でも9割ぐらいの学生が通うように，殆どの学生が通っていました。これは学校にそれなりの魅力がないと実現しないことだと思います。そしてシンガポールの場合，教育政策は経済と密接な関係を持っています。「これからは知識基盤経済だ」ということになると，進んでITを導入し，日本で現在広まりつつあるブロードバンドにしても，シンガポールでは既に5年ぐらい前から全土で利用可能になっています。また学歴に関しても，小学校しか出ていない人と，大学まで出ている人では明確に区別されており，給与もそれに連動して区別されております。日本のような大学を出ていれば何か役立つだろうというような曖昧なものではなく，大学に行けばこういう職に就ける，幾らぐらい収入があるといったことが社会的に明確になっております。学歴と就職や給与昇進などが直結しているので皆それを求めるといった面があります。今のシンガポールの状況が今後も続いていくかは分かりませんが，少なくとも現在は社会構造とそれを支える教育歴・学歴は密接であり，明確な社会階層を形成しています。このような社会構造を支えるのに教育は明確な役割を担っており，その出口も明確になっていることが分かります。

回答（鄭）：学力は本当に必要なものかどうかという疑問が出ている中で，競争社会に入っていくことが本当にいいことなのかどうかということは私の提案に関連があると思いました。大切なのは，本当に学力が高いということと，自分の人生の質や価値が高いということと本当に関わりがあるのかということをもう一度考えていきたいということです。もちろん国家競争力をつ

けることも大切であると思われます。しかし自分を含めた人が幸せかどうかを考えないと本当に進むべき道はどこかが分からなくなります。2位では駄目，1位にならなければならないと考えると人は段々苦しくなってきます。これからの社会は競争ばかりが強調されるのではなく，共に生きることを大切にする，共生の社会になっていかなければならないのではないかと思います。共に生きる社会とはどういうことか，他人と生きる社会とはどういうことか，環境とともに生きるとはどういうことかということを真剣に考えられることが大切だと思います。韓国では成績は高いですが，協同で学習する能力が大変低いです。また問題解決能力をつける授業など，生徒は受けておりません。長期的な視野に立って問題を解決していくことは色々な知恵がないと出来ないことです。危機に直面した時，どのように正しい判断で乗り越えていけるか，賢い判断ができるか，最善の選択が出来るかが本当に教育されていかなければならないことです。そのような教育が現在なされているか反省しなければならないと思います。

　世界的な情報化社会を目指して，韓国ではすべての子どもがコンピュータを使っています。しかし，情報化社会というのは単純にコンピュータを使う能力を意味しません。どのように情報を収集して，どのようにそれらを選択するか，解析するかということです。人に有効な情報をいかに伝えるか，新たな情報が正しいか判断していくことです。韓国では，学校の授業でのコンピュータの活用を20％に高めるということが検討されています。それはそれで大切かもしれませんが，もっと肝心なことは情報化社会とは何か，国際化社会とは何かという中身を考えなければ物事の本質が見えなくなってしまいます。競争原理の社会をつくるか，皆が共に生きる社会をつくるかということは別の問題であると思います。形だけ勉強ができていたとしても，自ら学び問題を解決していく能力がなければ本当に幸せな人生は送れないですね。それは個人の幸せでもないし，国のためにも損です。個人個人の幸せが合わさって国の幸せとなり，ひいては競争力に繋がってほしいと願っています。個人一人ひとりが幸せになる，幸せを実感できる教育が必要になると思われます。それがこれからの社会を考える根本ではないかと思います。どんな生

涯学習社会をつくっていくか，これからの学力とはどういうものかを指向する時に，基礎学力は当然必要だと思いますが，学ぶことの楽しさがなければ学習は続かないと思います。もしも社会や国家が教えることがあるとしたら，学びの楽しさこそ根本でなければならないと思います。

司会（稲葉）：既定の質疑応答の時間があっという間に過ぎてしまいました。大変有意義なセミナーが持てましたこと，活発に質問をあげていただいたことに感謝致します。

［コメント1］

各国の様々な試み

九州大学教育学部教授　稲葉　継雄

　「世界の学力問題」を考えるにあたり，本セミナー準備委員会では，対象国をアメリカ・イギリス・韓国・シンガポールの4ヵ国とした。アジアの代表としての韓国・シンガポールは，いわゆる「教育熱」の高さにおいて世界でも指折りであり，それが両国をアジアNIEsの双璧たらしめた，というのが通説となっている。果たしてこの通説は正しいのか，教育熱の加熱がもたらす問題はないのか，そして欧米とアジアで「学力」観はどう違うのか——。筆者は，このような関心をもって3氏の発表を謹聴した。

　鄭廣姫氏は，日本でいえば国立教育政策研究所に相当する韓国教育開発院の研究員であるだけに，今日の韓国における学力論議を踏まえて，韓国政府がいかなる対応政策をとっているかを紹介することに力点を置いた。

　鄭氏は，「学力とは何か」をまず考えるべきである，「新しい学力（生きる力）」の韓国版は「自己主導的学習能力」であるがその内容は必ずしも明確ではない，としつつも，一般的にいわれる韓国の児童・生徒・学生の学力低下に危機感を抱いているようである。OECDの調査結果（PISA 2000）において読解力・数学・理科の成績は上位にあるものの，教科興味度（それらの科目を好きかどうか）は非常に低いこと，2001年度「大学修学能力試験」（日本の「大学入試センター試験」に当たるが，国公私立を問わず大学進学希望者全員が受験しなければならない）の成績が史上最悪であったこと，「学級崩壊」ならぬ「学校崩壊」という言葉が流布するほど公教育が危機的状況にあること，などの指摘がそれである。

これに対して韓国政府は，学校運営の多様化・自律化，「基礎学力責任制」，学校評価制，教職発展総合方案などさまざまな対応策を講じていることが紹介された。総じて，エリートから基礎学力不足者まで児童・生徒の能力と適性に応じようとする政策が展開されていることは分かったが，いかんせん「特殊目的学校」，「自立型私立学校」，「基礎学力責任制」など日本では馴染みのない制度が多く，短い時間では充分な説明とまではいかない憾みが残った。

　竹熊真波氏（福岡国際大学助教授）は，自身が小学生の子どもを持つ母親でもあるところから，日本とシンガポールの小学校カリキュラムを手始めに教育体制全般の比較に及び，「サバイバル」と「多民族の統一」をキーワードとするシンガポール教育の特徴を解説した。また，シンガポールの学校生活を描いた民放のビデオテープは，竹熊氏の解説に一層の現実味を加えた。

　竹熊氏の発表を視聴して，フロアの最大公約数的な反応は，正直に言って「度肝を抜かれた」というところであった。小学校5年生からの能力別コース分け（EM 1・2・3），小学校卒業試験，中学校レベルでのコース分け（Special・Express・Normal），さらには小学校3年生からの英才教育プログラム……そこにおける凄まじいまでの競争を想って「度肝を抜かれた」のは，筆者ばかりではなかったようである。

　ただ，筆者個人としては一抹の懸念も残った。水さえも輸入に頼らざるをえない資源小国シンガポールが，国際社会でのサバイバルを懸けて国民の学力アップ〜国家的競争力アップを図るのは当然であるが，どんなに頑張っても全員がエリートコースに乗れるはずはなく，仲間うちでのサバイバル競争に敗れたいわゆる「落ちこぼれ」組はどうすればいいのか，ということである。

　しかし，竹熊氏の狙いはあくまでも，日本との比較においてシンガポールの特色を浮き彫りにすることにあり，シンガポール教育の欠点としては，能力主義が行き過ぎるあまり児童・生徒の近視・非行・自殺など問題もあるという事実を指摘するにとどまった。

　学力をめぐる氏の次のような意見は，傾聴に値するであろう。

「シンガポールでは小学校 1 年生から，パソコン「を」学ぶのではなくてパソコン「で」算数を学ぶ。そういうレベルまで達している。」

「建て前の平等にとらわれず子どもの能力や意欲に応じた教育を行うことが，結局は子ども自身，ひいては社会全体の学力や意欲を高めることになるのではないかとも思います。つまり，日本の塾とか私学ではもう既に能力別に行われているんですけれども，公立学校ではやっぱり平等というのが強調されます。だからこそ意欲を持たせるためにゆとりを，という考えになるんですけれども，逆にシンガポールのようにはっきりと能力別のコース分けをしたほうがある意味でいいのかもしれない。」

「学力と生きる力。日本は生きる力を強調し過ぎて学力が落ちているというふうな言い方をしていますけれども，シンガポールを見る限りこれは両立しうるのではないか，という感想を持っております。つまり，IT をもう少し上手に活用することによって生じるゆとりもあるのではないかということです。」

望田研吾氏（九州大学教授）は，「欧米の学力問題――イギリス・アメリカを中心に」と題して発表したが，イギリスに関しては，まさに氏の専門領域である中等教育改革が中心であった。とくにサッチャー政権以来の，教育システムへの市場原理の導入が重点的に紹介された。その徹底ぶりの一環としてのリーグ・テーブル（中等学校の成績表，トップからワーストまで公表される）の活用は非常に印象的であった。

また，現ブレア政権下の中等学校多様化・個性化政策，すなわち専門中等学校（Specialist School）・ビーコンスクール（Beacon School）・アカデミーなど新型中等学校の展開相が示された。なかんずく専門中等学校をめぐっては，後の質疑応答でも議論が交わされたが，「専門中等学校の目的は，狭義のスペシャリストを作るというのではなく，専門を持つことによって学校全体を改善し質を向上させること」という望田氏の説明が聴衆の充分な理解を得られたかは疑問である。

アメリカについては，1994 年の「2000 年の目標」，2002 年の「どの子も置き去りにしない法（No Child Left Behind Act）」など法制の内容と，そ

れを通じたアメリカ政府の積極姿勢が紹介された。これを聞いて筆者は，「危機に立つ国家（A Nation at Risk）」はもはやアメリカではなく日本であるとの感を強くした。

質疑応答では，発表内容以外にも波及して活発な討論が展開された。ここでそれに触れる余裕はないが，結果的に鄭廣姫氏が話を締め括る形になったので，同氏の発言の一部を引用して，このコメントの結語に代えたい。

「大切なのは，学力が高いということと，自分の人生の質や価値が高いということが本当に関わりがあるのかをもう一度考えていきたいということです。勿論，国家競争力をつけることも大切であると思われます。しかし，自分を含めた人が幸せかどうかを考えないと，本当に進むべき道はどれかがわからなくなります。2位では駄目，1位にならなければならないと考えると，人はだんだん苦しくなってきます。これからの社会は，競争ばかりが強調されるのではなく，共に生きることを大切にする共生の社会になっていかなければならないのではないかと思います。

共に生きる社会とはどういうことか，他人と生きる社会とはどういうことか，環境とともに生きるとはどういうことか，ということを真剣に考えることが大切だと思います。長期的な視野に立って問題を解決していくことはいろいろな知恵がないとできないことです。危機に直面した時，どういうふうに困難を乗り越えていけるか，賢い判断ができるか，最善の選択ができるかが，本当に教育されていかなければならないことです。そのような教育が現在なされているか，反省しなければならないと思います。」

［コメント２］

４ヵ国の取組みから
―― 「それぞれ」の学力観の模索 ――

九州大学教育学部助教授　竹熊　尚夫

　本公開セミナーでは，「世界の学力問題」として韓国，シンガポールそして，イギリス，アメリカの学力問題が取りあげられた。それぞれの発表はこれまでの比較・国際教育学における研究成果や現地調査に基づくもので，海外の諸国・地域においてその「居住者・市民」が持つ，教育への期待や要望といった様々な教育観をくみ取りながら，日本においてタイムリーな課題について，新たな問いかけを行おうとしたものである。またこれは，グローバルな視野に立てば，国際的な動向に基づく国家間比較，いわゆる国家間・地域間競争の舞台（アリーナ）がそのままセミナー会場に持ち込まれたことにもなり，国家的なものをはじめとして様々なアイデンティティに揺り動かされながらも，自らの独自性と発展（勝利もしくは安定）の双方を得ようという矛盾や葛藤のなかで，参加者と共にバランス点（妥協点）を探ろうと試みたものとも言えよう。

　以下では，３名の発表とこれに基づく質疑応答を順にとりあげ，筆者なりにまとめた上でそれぞれにコメントを加えていきたい。

　まず第１番目の発表である韓国については，鄭廣姫韓国教育開発院研究員からOECDやIEAといった国際的調査では比較的学力が高いと判断されながらも，国内的には危機感を抱く韓国民の教育観と，将来の知識基盤型社会構築のための政府の対策をわかりやすく整理して報告いただいた。危機感を抱く理由については鄭氏の報告をご覧いただくとして，学力問題に関する韓国の危機意識は実は日本にも通じるものがあるように思われた。儒教国家と

して教育を重視する国民性はもちろんであるが，より「高い」教育が人生の将来において社会的地位や経済的地位などの「高さ」と直結しているという信念いわゆる学歴信仰や，経済危機以降の国民的に自信を取り戻そうという意識や，東アジアの周辺国との競争の真っ只中にあり学力の遅れが国力の遅れをもたらすという国家的警戒感などにその要因があるように見受けられた。「完璧」主義的な国民性なのだろうか。これまでの韓国にそのような性質を感じたことはなかったのだが，韓国での過剰なまでの反応は，毅然とした韓国的教育観（らしさ）を飛び越え，日本に似た慌ただしさを感じた。

　こうした韓国の学力低下論争への政府の対応は，鄭氏によると世界的に共通に見られるものではあるものの，韓国特有の状況において，教師問題，教育の多様化，自律化などが扱われているという。

　筆者の個人的なとらえ方ではあるが，ともすれば教育に関わるものは「教育にかかわる問題を教育内の対処・対策で問題を解決しよう」という「教育万能」観，換言すれば「教育閉塞感」につながる「教育鎖国（学校外の他の領域に無頓着もしくは関係の遮断）」的状態を意識的・無意識的に自らの発想の前提として持ちがちになる。教育問題の多くは家庭や社会，組織，集団（民族を含む）の相互作用のなかで生じてきている。「教育」的な見地から社会（政治，経済等）を見ることも，政治や経済，社会との連携の上で「教育問題」を社会改革の視点から捉えることも求められるように筆者には思えた。鄭廣姫氏からは競争のみを重視した「学力観」に疑問が付され，学力論争の根底にあるこれからの社会への展望と価値観の新たな創出について，質疑応答の際に出されたコメントに筆者も賛同するが，より具体化されたビジョンの検討と提示が筆者を含めて求められている。

　続いて第2番目のシンガポールについての発表では，より一層の危機意識を持った国家による，高度人材養成のための能力別の教育制度が，ITや二言語学習を取り込みながら国民に国家意識をも求めている実態が報告された。福岡市の2倍程度の面積に400万人の多民族な住民が共存する都市国家で，いわゆる「実験国家」として知られているシンガポールは，失敗に臆することなくトライアルを重ねることを重視する。国家としては40年を経て，「白

手起家」としては2世代目（リー・クアン・ユーが第1世代とすると，ゴー・チョク・トンが2世代目にあたる）というところであろうか。中国の格言（日本も同じだろうが）では3世代目で家を潰すというが，安穏とすることなく，もしかすると危機意識をあおることで，グローバル・IT社会に立ち向かおうとしている。

　ここで報告者である福岡国際大学助教授の竹熊真波氏は，プレッシャーの高い，しかもハードワークをこなす厳しい教育環境の割には，教科を好きと答えるシンガポーリアンの特徴とその実態から，「詰め込み」が必ずしも「勉強嫌い」にするわけでもなく，逆に日本のような「時間数減少＝ゆとり」「簡易化＝おもしろさ」といった誤解や，そうした強調が，子どもの「勉強好き」につながったり「学力低下」を導くわけでもないのではという疑問を提示し，より分析的な，新たな「学び観」の必要性を喚起した。

　また，「生きる力」については，筆者には，これからのシンガポールで求められる「生きる力」とはどのようなものかがシンガポール政府には明確となっているという印象を得た。日本では，伝統的（価値に基づく）生きる力，田園で（自然環境と）生きていく力，将来的生きる力，危機（災害）時に生きのびる力などしばしば衝突しあう多様な「生きる力」があるように思われるが，シンガポールの場合，都市国家，「ハブ：Hub」国家という事情もあって中心概念は非常に鮮明であり，ITに基づいた教育に教育そのものを転換しようとしているように映った。日本の個々の学校には「学校曼陀羅」といえるような図式化された学校教育目標・理念図がある。これらに新しく「生きる力」も加えられたはずではあるが，関係性はともかくも方向性は明確になってはいない。生徒はそれを体得することが求められているが，シンガポールに優秀さと窮屈さを感じると共に，曖昧ななかでの意味の多様性が日本的特徴とも言えるのであろうかと感じた。

　最後の報告は望田研吾九州大学人間環境学研究院教授より，イギリスとアメリカの学力問題について，階層社会や多民族社会としての背景をもとに歴史的経緯をふまえた報告がなされた。イギリスとアメリカ，いずれもかつては「英国病」や「危機に立つ国家」という状況から回復し，現代世界の政治

経済や教育においてやはり主導的な地位を確保しているというイメージを，日本をはじめとして持たれている国である。だが，OECD や IEA の学力調査ではそれほど高い水準を示してはいないようである。それぞれの国は，国の威信を示すような伝統的なエリート校も擁している一方で，地方分権の進んだ中で，エリート校以外の個々の学校の学力レベルの低さに対して，国家的政策からの対策を採っており，学校の優れた教育実践も行われている。まずイギリスでは市場原理の導入によって学校間の競争を強化し，中等学校を多様化個性化することで教育の質の向上が図られていることが紹介され，アメリカでは貧困層へのケアと共に学校のアカウンタビリティ（説明責任）の確保や，制度的柔軟性，効果的学習法の開発と採用，親の選択権の拡大による学力の底上げが目指されていることなどが報告された。望田教授はこの中で，基礎学力を中心とした競争原理による学力向上策は両国に共通している教育（政策）の特徴であると指摘している。ただそれは階層，民族，地域といった多様性を配慮してからであろうか，一斉に画一的内容で国全体を引き上げをねらうという平板なものではないように思えた。集権化と分権化は交互に作用しあうであろうが，分権化は幅の広く，柔軟な政策で，学校や個々人を縛るというより，ゆるめて自由な発想に期待するというように，個々人の能力の発揮や専門性，指導力ひいては人間性への信頼を置く思想に基づいているようにも見えるが，弱者の切り捨てにも繋がりかねないことでもある。

　韓国，シンガポール，英米そして日本とそれぞれの政策が描く構図はその取り巻く社会，文化環境に応じて，部分部分での濃淡の描き方は異なっているが，様々な要求のバランスを保持する（均衡点の競合）ということが各地域，国で市民の責任において求められている。

　そしてもう一つ報告を聞いて考えさせられたのは，イギリス，アメリカ双方とも政党間の政策に教育の議題が明瞭に掲げられており，のみならず政治の場で教育が論じられているという点である。両国のやり方をそのまま日本に導入するというものではないが，かつて日教組と文部省が対立していたとき，双方は自ら提唱する教育を信念を持って議論していたという場があったと思える。「対立」や「コンフリクト」とまでなくとも教育に関する熱い議

論の場を，百家争鳴から交通整理して大きなうねりへと導くのは，教育にあたるものの務めであろうと筆者には感じられた。

　質疑応答では，より広い観点から特に日本の学力問題との比較の視点から質問があった。特にこれまでの受験体制下での教育の方法，授業の方法，学びのあり方への評価と，今後の望まれる教育の方向性が，フロアーと各報告者の中で活発に討議され，こうした様々な意見交換を通して，再び参加者全員に投げかけられたことが本セミナーの最大の貢献であったと思える。

第 III 部

学力問題をめぐって

[公開シンポジウム]

二つの学力観と子どもの学力問題

九州大学教育学部助教授　　松田　武雄

　5回にわたる公開セミナーの締めくくりとして,「学力問題を考える」というテーマで公開シンポジウムを開催した。当日は,学校関係者や市民など定員の300人に近い参加者があり,学力問題に対する関心の高さが示された。望田研吾氏(九州大学教育学部教授)が司会を務め,大槻達也氏(文部科学省教育課程課長),野上兵一氏(日本PTA全国協議会教育問題委員会委員長),石川史郎氏(経済同友会幹事・教育委員会副委員長),中留武昭氏(九州大学教育学部教授,現在は九州大学名誉教授)の各氏が提案を行った後,フロアーからの質問に答えて登壇者がそれぞれ発言した。

1．学力問題への提言

(1) 「確かな学力」と新しい学習指導要領の意義

　最初に大槻氏から,現在の学力問題と新しい学習指導要領の意義について,文部科学省の立場から次のような趣旨の提案がなされた。

　学力をめぐる議論は論者によって多様であり,議論がかみ合わない面もある。文部科学省としては,知識・技能だけでなく学ぶ意欲・思考力・判断力・表現力も含めて広い学力観という立場をとっている。この学力観では,基礎・基本や知識・技能を軽視すべきではないという点に留意する必要があり,それを「確かな学力」と言っている。

　子どもたちの学力の現状について,いくつかの国際的な調査をもとに言え

ることは、日本の子どもたちの学力は全体として概ね良好であり、知識・技能やそれを活用する力は国際的にも上位にあるということである。しかし一方で、学習内容を十分理解できていない子どもが少なくない、学ぶ意欲が他の先進国に比べて低い、学ぶ習慣が身についていない、子どもの学びを支える自然体験・社会体験が不足している、という問題がある。特に子どもたちの学ぶ意欲をどのように向上させるのかがこれからの最も大きな課題である。この点について、調査を通じていくつかの解決のヒントも出ており、指導の改善に役立てたいと考えている。それぞれの現場でも、子どもの学習状況や学力の状況を把握した上で、それぞれの課題に応じた具体的な改善をしてほしいし、個に応じた習熟度別指導をしてほしいと思う。ただ、習熟度別の集団を固定してしまったり、子どもたちの意欲を失わせるようなやり方にならないように留意してほしい。

　平成8（1996）年に中央教育審議会から出された答申の中で「生きる力」という教育の考え方が全面に出され、そうした考え方のもとで新しい学習指導要領が作成されて平成14（2002）年度から実施されている。「確かな学力」を育むために、一つには教育内容の厳選が言われ、3割削減ということだけが強調されているが、移行・統合によってかなりの部分を減らしているのであって、決して3割教えなくなったわけではない。もう一つは「総合的な学習の時間」の導入ということで、全国的に良い取り組みが出ているが、一方で体験主義に陥ってしまっている学校もある。学校としてカリキュラムを持った上で、子どもたちに合わせた「総合的な学習の時間」を展開していく必要がある。

(2) **学力低下に対する保護者の不安**

　次に野上兵一氏は子どもの保護者の立場から、日本PTA全国協議会が昨年行った保護者の意識調査を紹介しながら、次のような趣旨の提案を行った。

　調査結果によると、新学習指導要領による学力低下への心配についての質問に対して、4分の3の保護者が心配しているという結果が出た。ただ学力だけでなくいろいろな力が低下していると感じており、「自ら学び自ら考え

る力」「自分の考えを表現し伝える力」「ものごとに進んで関わり解決する力」が低下していると保護者は感じている。

現在の教育改革との関わりでは，「読・書・算など基礎・基本」「基礎的な教養や深く考える力」など基礎的な学力が教育改革によって低下するのではないかという回答が多い。しかし，「総合的な学習の時間」に対してプラス効果を期待している人は，学力低下をそれほど心配していないという結果も出ている。保護者が「総合的な学習」をよく理解していないことからくる不安や心配がこうした結果に反映していると思われる。また，完全学校週5日制に対して抵抗感のある層ほど学力低下を心配する割合も高くなっている。

保護者の意識調査を通じて言えることは，多くの保護者が現在の教育改革や子どもの学力低下について不安に思っているということである。特に今まで子どもの教育について関心のなかった保護者ほど不安感は強い。当初，ゆとりの教育が始まると思っていたが，昨年（2002年）2月に「学びのすすめ」が出されて，また偏差値教育に戻ってしまうのかという戸惑いの感があった。この点は，保護者以上に教師がそのように思ったのではないだろうか。文部科学省としても，もっとその説明を現場の教師や保護者にするべきではないかと思う。

(3) 学ぼうとするパワーやエネルギーを持ちつづける

石川氏は企業家の立場から，地域社会や企業社会において生きていく上で大事な学力とは何かという視点から率直に語られた。以下，その要約である。

子どもは，自分というものがどんな人間なのか，一方で，社会にどのような職業があるのかを知らないため，自己と職業とを結びつけられず，職業観も形成されないのではないか。このような事情もあり，現在，新卒の無業者やフリーターが増大している。いかに学力があっても，自己認識，他者認識，社会認識がないと，どうしたら良いのか判らないというのが現状である。

ただ知識を習得するだけでなく，学ぶことを愛し探求するためには感性と精神が必要である。学力は，学ぼうとする心の力と五感という感性である。それを引き起こすのはエネルギーであり，エネルギーを持っていれば，そこ

からパワーも出てくる。これが学力の原点であり、学力テストの点数だけではない。従って、学ぼうとする力の動機づけをどうするか、ということが根っこにある。職業の世界でも同じで、自分の仕事を愛すること、これが非常に大事なことではないかと思う。

テストは結果としての知識を測定するものだが、その結果でプロセスをチェックすることができるので、目標にしていたことよりも悪い結果が出た場合、その原因を追求し改善していく必要がある。県や市の単位で学校にフィードバックすべきであると思う。

学力低下というのは、単に点数が下がった、国際比較で低下したということではなく、学ぼうとするパワーやエネルギーの低下であり、感性が相対的に低下したと捉えなくてはいけない。企業においても社員が学ぶことをやめた時、その人の能力は間もなく低下していき、やがて結果的に辞めていくことになる。その意味で、学ぶパワーやエネルギーを生涯持ち続けられるような人間になるよう、子どもたちの可能性を育てていく必要がある。

(4) 新学習指導要領における「新しい学力観」と「総合的な学習の時間」の関連性

最後に中留氏は研究者の立場から、「新しい学力観」と「総合的な学習の時間」との関連性、現在の教育改革の意義について次のような趣旨の提案を行った。

大学生の学力低下が話題になり、新学習指導要領、学校週5日制がきっかけとなって、学力低下をめぐる議論が今日まで続いている。その中で、小・中学生の学力低下よりむしろ大人の問題があるという指摘や、学力低下以上に「学びからの逃避」が深刻化しているという指摘がある。また、国際学力比較調査や関西地区での学力調査の結果なども踏まえて、学力論争が起きている。関西地区での学力調査は、平均点の低下に対して「新しい学力観」を無理に連関させようとしており問題がある。まだ「総合的な学習の時間」が入っていない従前の教科の中での「新しい学力観」であり、調査の内容を厳密に識別する必要がある。当初、「新しい学力観」は学習の指導目標と学習過程の工夫の中に入ったのであり、カリキュラムを変えたわけではないので

ある。

　知識・理解・技能という内容知があり，これは伝統的な学力と言われるものである。それを支える根の部分が重要であり，見えない学力，つまり関心・意欲・思考・判断力・表現力，感性といった新しい学力である。内容知は客観的な数値でもって判断できるが，後者の方法知は形で見えるものではない。

　内容知と方法知を結びつける作業が必要となり，それはカリキュラムの問題であって，「総合的な学習の時間」である。つまり，教科等で得た知識・理解・技能を，関心・意欲・思考力・判断力・スキルを通して生きる力に変えていく，という時間である。そこで，これに関わる学校観，教材観，カリキュラム観，児童生徒観，指導観を変えないといけない。その基本的な考え方を変えないで，国際理解や環境教育などをやっていれば何とかなるという考え方は行き詰まる。さらに土壌の部分の学校文化も変える必要があり，トータルに学力を捉えなければならない。

　学校文化というのは，その学校における構成員の多くの者が当然のごとく見ている見方・考え方であり，これがネガティブだと子どもの学力にも影響する。その要因は同僚性・革新性・自律性であり，同僚性は「学校で授業内容について話し合う雰囲気がある」，革新性は「学校で環境の変化に対応しようとする雰囲気がある」，自律性は「学校で高め合う雰囲気がある」という内容である。

　今回の教育改革の大きなポイントは，「学校の自主性・自律性の確立」と「教育課程の基準の大綱化・弾力化」をセットにして捉えるということであり，「総合的な学習の時間」を軸にして，教科と生きる力とを連関させていくということである。

2．学力問題について議論する ―― フロアーからの質問に答えて ――

(1) 「学びのすすめ」とゆとり教育

　以上のような4氏の提案に基づき，休憩の後，フロアーからの質問に答え

る形で登壇者から発言がなされたが，それに先立ち，野上氏の提案で触れられた文部科学省の「学びのすすめ」について，大槻氏から大要次のような説明がなされた。

「学びのすすめ」は，新学習指導要領に向けて文部科学省が話してきたことと違っているわけではない。広い学力観に立つと，知識・理解を中心とした学力を踏まえて思考力・判断力・表現力等を育んでいくのであり，「学びのすすめ」がこれまでの方針を変えたものではない。ただ，なぜ新学習指導要領が実施される直前に出されたのかという疑問はあると思う。新学習指導要領は「ゆとり」という視点で理解されてきたと思うが，何のための「ゆとり」か，ということを改めて考える必要がある。子どもたちの生活の「ゆとり」ということももちろんあるが，もう一つには教育課程上の「ゆとり」ということもある。学ぶ知識の量は多少削減したとしても，そこでじっくり考えるという「ゆとり」を持とう，という趣旨があった。そのような広い学力観について，新学習指導要領の実施される前に大切な点をアピールしたのが「学びのすすめ」であると理解していただきたい。ただ，発表の時期が新学習指導要領実施の直前であったため，説明が十分だったのかどうかという反省は持っている。これからは引き続きいろいろな機会をとらえて説明していきたい。

このような大槻氏の説明に関連してフロアーから，「ゆとり教育とは，勉強の量を減らすとか，勉強しなくてもよいとかいうものでなく，子どもが学びの中で興味や関心を抱いた時に，納得できるまで追求する時間的なゆとりを提供する教育だと私はとらえています。そのための『学びのすすめ』だと思いますが，実際のゆとり教育というのは一体何でしょうか」という意見・質問が寄せられた。この意見に関連して野上氏から，次のような趣旨の発言がなされた。

「学びのすすめ」について，大槻氏の説明で納得できるが，時期的なこともあって意外な感じがした。文部科学省として現在でも広報に努力されていると思うが，さらに一層広報活動をしていただければありがたい。「ゆとり

教育」という点について言えば，新学習指導要領が実施されて以降，小中学校は本当にゆとりがあるのだろうか。自分の子どもが通っている学校では，スキー遠足がなくなったりして学校行事が減った。県の PTA の会合の時に，運動会を短時間で行ったり，始業式・終業式の後に授業があったり，試験が終わった日も授業があったり，というような話題が出る。現在は試行錯誤している途中であるかもしれないが，子どもにとって時間的なゆとりがなくなっているように思う。子どもにとって精神的時間的なゆとりが必要であるし，先生も心にゆとりが必要である，また親も心にゆとりがないといけない。保護者やおとなが率先してゆとりの持てるようなことをしていくことが大事だ。

野上氏の発言に関連して，「現場ではますますゆとりがなく，疲労が増す一方です。教師自身ゆとりがなくて，子どもの思いや願いをしっかり受け止めることができるのだろうかと不安です。教員の定数増や学級の定数を減らすことを望んでいます」という意見があった。この意見に対して，大槻氏から次のような内容の発言があった。

現在，1学級の平均児童数は公立小学校で 26.6 人，公立中学校で 31.3 人である。学級規模を考える場合，ある程度の学習集団や生活集団の規模が必要である。また，各教科で効果的な人数規模の違いはあるだろう。算数・数学のように，理解度・習熟度に差が出るような教科では少人数で指導した方が良いとか，音楽や体育などでは一定の規模がないと効果が出にくいというような学習面のことがある。そういうことを考えながら，学級定数について考えていく必要がある。また，いくつかの調査を通じて，学級の人数の差によって生徒の成績はほとんど変わらないという結果も出ている。だからといって学級規模を小さくすることをやめた方が良いというのではない。問題は，学級規模を変えても同じ指導方法をとっていたのでは効果は現れないということであり，その場の児童・生徒の実態に応じた，また学習内容に応じた指導方法を模索する必要があるということである。学級定数の問題は指導方法の改善と合わせて考えていく必要がある。

(2) 3割削減と学力低下への懸念

「ゆとり教育」との関連で，学力低下への懸念，公立と私立との学力差に対する心配の声も出された。この点について，大槻氏から大要次のような発言がなされた。

今回の完全学校週5日制と「総合的な学習の時間」の導入により，学習内容は平均して十数％くらい減っている。2割近く減っている教科もある。従来は授業時間と学習内容をパラレルに減らしてきたが，そうするといつまでも教育課程上のゆとりができない。そこで今回は，授業時間以上に学習内容を減らし，一定の教科内容を学習するために必要な時間は標準的な配当時間よりも少なくてすむようにした。そこで時間上のゆとりが生じ，まだ理解不足の子どもは理解のための復習をしたり，理解している子どもはもっと掘り下げて学習したりすることができるようになる。また，3割削減といっても，卒業するまでにはそれほど減っていない。無くなった内容もあるが，むしろ移行・統合したものが多い。意味の理解や概念をきちんと学ぶ方向を今，目指しているということを理解していただきたい。公立と私立の学力差ということに関わって，高校入試や大学入試でどのような学力を問うかということが，それ以前の学校段階に大きな影響を及ぼすので，入試の工夫もしていただきたいと思う。

学習内容の3割削減とも関わってフロアーから，「小中学校9年間の義務教育をトータルに考えることが重要だと思います。小中学校の学習指導要領を整理統合し，一貫するよう検討，計画して進める方が良いのではないかと思います」という意見が出され，再び大槻氏から次のような趣旨の発言があった。

学習内容については，小学校，中学校，高校で重なっている部分を調整し，最終的に高校までで統合するようにした。また，幼小，小中，中高という校種を越えた連携を図ることが大事だ。それから，小学校の高学年になって教科担任制を導入している学校もあり，工夫次第ではそういうこともできる。

(3) 企業が求める人材・能力と学校で形成される学力との関係

　企業の求める能力と学校で培われる学力とはどこまで関係していくべきなのか，企業は知識と学ぼうとするパワーのどちらを重視するのか，という質問があり，石川氏がそれに答えて次のように発言した。

　知識よりもパワーや思いやりが大事だ。非常に良くできる優等生は企業としてあまり歓迎しない。過去の経験からすると，そのような優等生は人の言っていることに耳を傾ける謙虚さがない。それぞれ強いところ，弱いところがあるので，相補いながら仕事を進めていく。そのような謙虚さや思いやりが企業で必要な能力とマッチングしていく。現在欠けているのは表現力であり，相手に対して筋道を立てて説明する能力が弱い。さらにリベラルアーツも欠けている。ここに企業の求める能力とのギャップがある。

　この点に関連して司会の望田氏から，石川氏の学力観は新学習指導要領の「生きる力」に通じるものがあるように思うが，現在の教育改革について経済界ではどのような評価をしているのか，という質問がなされ，石川氏は次のように答えた。

　まず感性の重要性が文部科学省では位置づけられていなかったが，「確かな学力」として取り入れられたというのは我々としても嬉しい。ただ，難しいのは精神的な自立という面であり，最近，出勤拒否が増えている。わが社で言えば，最初，週に1回カウンセリングルームを開いて臨床心理士が来ていたが，現在は週3日になっている。大学で社会的不適応の学生が増えていることの反映である。子どもの頃から友達と遊ばない，遊ぶ時間がない，遊ぶ空間がない，そういうことが関係しているのではないか。

　その点に関して大槻氏は，子どもの学びを支える自然体験・社会体験が不足している点を指摘し，調査結果から，自然体験・社会体験のある子どもの方が社会性・道徳性が育っていることを紹介した。そこで，総合的な学習の時間や特別活動・行事，さらに土日などで，いろいろな体験をしてもらう必要性について指摘した。

(4) 「総合的な学習の時間」と伝統的な教育方法

　「総合的な学習の時間」は，教師が責任をもって自らカリキュラムをつくり動かすことのできる貴重な経験の場ではないかという意見がフロアーから出され，それに賛同して中留氏から次のような発言がなされた。

　これまで教師は，学校全体のカリキュラムをつくり動かすということができなかったが，「総合的な学習の時間」の導入によってそれが可能となった。従って，教師は子どもたちの学力に責任を持つ必要がある。それとともに教師は保護者や住民に責任を持つということが，今回の教育改革で出てきた。それは一人の教師だけでは困難で，組織として責任を持てるようなシステムづくりをしていく必要性がある。その際に重要なのは管理職であるが，主任層のリーダーシップも重要である。「総合的な学習の時間」を活性化したカリキュラムを動かしている学校を調査すると，例外なく学校の中心に主任層がいてきちんと動いている。

　一方，学力向上のために「単純な読書算を繰り返し行う」ような昔からの方法を学ぶべきではないかという質問があり，それに対して中留氏は次のように答えた。

　「新しい学力観」というと，今までと全然違うように受け取られがちであるが，伝統的な学力観と対立的に捉えない方が良い。バランスとか統合が大事である。暗記や暗唱を徹底する復古主義的な方法は悪いわけではなく必要な場合もあるが，このような教育方法が復活してくることに対しては少し警戒する必要がある。

3．二つの学力観と子どもの学力問題のリアリティ

　学力の捉え方として，知識・理解・技能という側面とともに学ぶ意欲・思考力・判断力・表現力も含めて広い学力観という立場に立つという点で，大槻氏と中留氏は共通していたように思う。特に現在進行している教育改革の中では，「生きる力」を育てる「新しい学力観」に立って，「総合的な学習の時間」に取り組み，体験的な学習を重視するという点でも共通する提案趣旨

であった。石川氏の学力論も，学ぶ意欲を重視するという点で大槻氏や中留氏とも共通していたように思う。

　一方，野上氏は，新しい学習指導要領のもとでの学力低下に対する親の不安を代弁する問題提起を行い，会場からも同じような趣旨の発言があった。また，教育現場の立場からも，学校での学習内容が削減されてどんどんハードルを下げ，それによって子どもたちが努力しなくなったし，実際に子どもたちの学力低下を実感している，企業が求める人材と現在公立学校で行っている教育のあり方とは乖離しているという発言があり，この点についての議論をすべきであるという指摘がなされた。

　他方，教師の指導方法に対する疑問も出された。つまり学校現場では，子どもを教えたり指導したりするのではなく支援しなければいけないという誤解があり，公開授業では教科の授業ではなく生活科や総合的な学習の授業に偏る傾向がある，という指摘である。文部科学省の方針とは異なり，学校現場では教科教育が軽視されつつあり，学校現場の実態を文部科学省は見てほしいという意見も出されたのである。

　このような問題点の指摘を踏まえて議論がなされることが期待されたが，時間の関係で終了せざるを得なかったのが残念であった。全体として「新しい学力観」にシフトしたシンポジウムの内容であったため，「新しい学力観」とはどういうものであるのか，それに基づく新指導要領や「総合的な学習の時間」の意義については理解が深められたと思うが，果してそのような方向性で現在の学力問題が解決されるのかどうか，という親の率直な不安や学校現場のとまどいは残ったままになったように思われる。現在，日本が直面している学力問題を克服していく妙薬を見つけるのは極めて困難な道であるということを改めて実感したシンポジウムであった。

　ところで，このシンポジウムの中で，石川氏と中留氏から批判の対象とされた苅谷剛彦氏は，その1ヵ月後に新著『なぜ教育論争は不毛なのか　学力論争を越えて』を刊行している（中公新書）。この中で苅谷氏は，「もう，学力論争は終わった」という立場から，「学力低下論争の次に来るもの」を議論すべきことを提起している。

確かに学力低下論争は終わったかもしれないが，学力論争は今後も続くのではないだろうか。シンポジウムにおいても一貫して問題となったのは，いわゆる二つの学力観をめぐるものであり，その対立と調整はそれぞれの時代において形を変えながら歴史的に現れていたものであり，それは今後も揺れ動きながら続くと思われるからである。

　しかし，苅谷氏の主張するところは，子どもの学力問題の背後にあるリアリティに目を向けて議論し，その改善方策を考えるべきであるという点にある。「生きる力」や学習意欲，体験的な学習に現れる階層差や家庭の文化的環境の違い，そこから生ずる教育の不平等さらには社会的不平等の拡大という社会的現実を見据え，「どういう学力観に立つかではなく，学力という現象を通じて現れる教育の問題を基点に，改革の議論を一歩前に進めていく」ことの重要性について語っているのである。実際の学校現場において教師が「どういう学力観に立つか」という点は無視できない問題であるが，「学力という現象を通じて現れる教育の問題」について議論することによって，教育における個別性や多様性に応じた改善方策を考える前提条件が形成されるように思う。

　確かに福岡市という一つの自治体の中だけでも，それぞれの校区の地域事情は大きく異なるし，階層格差もあれば家庭環境の違いもある。現在の学校教育は，そのような多様性にどれだけ柔軟に対応できる仕組みと人材を持っているのだろうか。「新しい学力観」に基づく「総合的な学習の時間」は，そうした多様性に対する柔軟性を表現することができるカリキュラムとして編成することも可能である。子どもの学力問題のリアリティに根ざしたカリキュラムづくりが，それぞれの学校で創意工夫して行われていくことを期待したい。

［公開セミナー］

子どもと学力のリアリティはみいだされたか
―― 公開セミナーを終えて ――

九州大学教育学部助教授　吉谷　武志

1．セミナーのねらい

　大学生の学力低下，あるいは年々歳々，学生の学習態度や行動様式が幼稚化してきているのではないのか，といったことが大学教員が集まる場で話題になるようになって久しい。もとはといえば，われわれの世代が大学で学んでいた頃から，すでに同じことが言われていたようでもある。こうした一種の「感じ」は，大学に職を有する者が，あとから来る世代に対してずっと持ち続けてきたもののようでもある。しかし，こうした「感じ」にすぎなかったものを，一連の「学力（低下）論争」は，学校，あるいは教育関係者の枠を越えて，真正面から取り上げることになった。このこと自体は，社会の急速な変化の果てに新しい世紀を迎えた今，必要なことであったことは疑いを容れない。

　本書の「はじめに」でも示されているように，多くの「学力問題」に関する議論がなされ，少なくとも「学力が低下している（らしい）」というところまでは議論が到達したかのように思える。OECDやIEAによる学力調査の結果は，どうやら日本の子どもたちの学力に，基礎学力か応用力か，あるいは学習そのものからの逃避であるかは別として，何らかの課題，問題があることを示している。大学の理科系の教員を中心として発信された，「分数のできない大学生」という指摘は，「生きる力」を重視し，学習内容の精選を旗印に，様々な教育内容の，しかし結局は各分野一律になされるに至った

削減に対して，日本社会の活力，世界的な競争力の低下への危機感を伴ってなされたものである。この中で，いささかジャーナリスティックな言い方をすれば，今回の「学力（低下）論争」で初めて，公式にはともかく，文部科学省は明確な言葉を用いて批判者と対峙するスピーカーを得，同じ土俵で議論してきたかにみえる。

　しかしながら，仮にそうであるとしても，今回の「学力（低下）論争」は過去の論争と打って変わって，それほど明快なものであったのだろうか。多くの議論がなされ，タイムリーに出された国際的な学力調査の結果があったにもかかわらず，その詳細はまだ明確ではないのではないか。今回のセミナーの根底には，語り尽くされた感のある「学力（低下）論争」に同じような議論を付け加えるだけでは，屋上に屋を重ねるだけに終わってしまうという認識が当初からあった。少なくとも，これまでの論争とは違った形で，セミナーを主催する九州大学近辺，あるいは福岡市を中心とする，まさに「地域」に何らかの有用な情報を提供し，一定の成果を上げ，課題の明確化をはかる必要があるだろう。こうした姿勢で，今回の公開セミナーは企画された。

　「学力（低下）論争」について，自身も当初からそれに関わってきた市川伸一氏（『学力低下論争』ちくま新書，2002年）も指摘しているように，論文や著書の形で，あるいは公開の討論の形で議論を進めてきた各論者の立場は，一見非常にその論点（対立点）が明瞭で，わかりやすいかのようであるが，実はそうでもない。学力の低下を問題にするにせよ，学力がそれほど低下していないという立場を取るにせよ，実のところ，それぞれの論者の立場は，いわば一定の条件や前提にたって論じられており，必ずしもこの２つの立場でのみ対峙しているわけではない。この点について，市川氏は中井浩一氏による『論争・学力低下論』（中公新書ラクレ，2001年）に登場する学力論者の議論を，「学力低下」に憂慮するか楽観的であるか，また現今の教育改革路線に賛成であるか反対であるかという，２つの軸の下に整理し直し，示している（市川前掲書16頁，本書160頁に引用）。そこでは，論争がこの２つの軸により形成される４辺（４隅）に分布することを示している。そして，問題はこうした論争そのものの論点の整理を行い，議論されている内容の「リ

アリティ」がどこにあるのかを見極めることであると指摘している。

　この度の学力に関する連続セミナーを実施し，またそれをここに整理するに当たって，市川氏の指摘した，こうした点を筆者も大事にしたい。すなわち，全国的な論争をふまえることは当然であるとして，さらにこのセミナーが，リアリティ，とくに開催地である福岡，あるいは九州という地方の現状をふまえ，そこに何が提示できているのかということである。もちろん各回のセミナーにおいて議論され，論及されたことは，全国的な教育政策や現状を反映しているし，また国際比較による各国の教育改革の動向である。要はそうした議論の中で，最も基本的な論点，これまでの論争での成果をふまえつつも，いわば「地域的なリアリティ」をもった課題として何が提起できているかということ，それをここで整理してみたい。そうすることで，九州大学教育学部に在籍する研究者を中心としつつ，学校関係者，行政関係者，教育の専門家だけでなく，親をはじめとする地域の多くの人々の参加を募り，特定の意見や視点に偏ることなく，できる限り幅広い視点から，学力問題に取り組んだ今回の公開セミナーの趣旨に応えうると考える。

2．セミナーで提起されたもの

　セミナー各回の詳細は第Ⅱ部に示されているとおりである。論点の詳細についてはそちらを見ていただきたいが，各回のセミナーのテーマを順に示せばつぎのようになる。まず「学習指導要領」と学力の関連，続いていわば「生きる力」を培うために最も重視されようとしている「総合的な学習の時間」と学力，地元福岡の中学生，高校生を直接指導している立場からの中学生，高校生の学力，完成教育の場であるはずの大学での学力，ここでは入試のあり方が学力問題に深く関わることが示される。さらに，学力低下の問題は日本だけの問題ではなく世界的に取り組まれている課題であることから，韓国，シンガポール，そして英国と米国を素材に，国際的な学力問題への取組みが検討されている。以下，それぞれの論点を整理してみたい。

(1) 第1回「学習指導要領と学力」

　高校教師，また教育センターでの実践研究の立場から，佐々木秀成氏は現在の高校生の学習に対する姿勢の両極化を指摘し，OECDの学習到達度調査に見られるように，日本の高校生の1週間の学習時間が参加国中最低であることに注意を喚起している。氏の考える学力は，学習によって獲得された「知識の総量」であるという側面と，その知識を使って「自ら学び考えることのできる力」という側面の2つであるとされている。後者は，「学力（低下）論争」でとかく批判されることの多い「生きる力」に通じるものであろう。ここで氏の指摘する問題は，本当の課題は，後者をいかにして育成するのかということだというものである。

　日本の高校生に見られる両極分化，すなわち学習に励む高校生とともに，他方，自宅学習や読書さえしない高校生が存在しているという現状の中で基礎学力とともに，生きる力を培う教育はなされうるのか。福岡県の高校では，こうした「生きる力」の育成に向けた取組みとして，様々に新しい試みを行っており，習熟度別学習の導入，高校と大学，あるいは高校と中学の連携，特色ある新学科の設置，さらに近年広く知られるようになった「ドリカムプラン」（福岡県立城南高校）のような取組みに，活路を見いだそうとしていることが指摘されている。こうした地道な取組みにより，現状を悲観も楽観もしないが「ひとりひとりが学ぶ楽しさを身につけていくこと」の重要さが示されている。具体的な提案では，基礎学力に焦点化し，学習時間を確保する試みや読書指導など，いわば基本に立ち返る方向性が示されている。

　佐々木氏の高校教育からの提案に対して，小学校教師である，倉本哲男氏（水俣市立袋小学校）は，本務校での総合的学習に関する実践と氏が関心を寄せているアメリカにおける「サービス・ラーニング」について言及している。

　倉本氏により，サービス・ラーニングを通して見いだされたものは，学力とは「全人格的な『育つ力』である」というものである。日米の教育現場を比較することにより，日米では「求められる学力の質が違うのではないのか」という点が指摘される。ただし，この全人格的な「育つ力」は，教科学習とかけ離れた場所にあるのではなく，「国語や社会の力，理科の力へとつ

なげるというように，単なる体験学習にせず，教科から出発し，体験を通してまた教科に戻る」というものでなければならない。この点は，かつて問題解決学習が「はい回る」ことに解消された経緯を知る点で，当然の指摘であるといわざるを得ない。

こうした教育現場をふまえた提案をうけた中留武昭氏（九州大学教育学部：当時）は，学力論争の根底にある問題，すなわち「基礎学力とは何か」という点においてさえ，コンセンサスがないことをまず指摘している。一方では「基礎基本」といい，また他方では「問題解決能力」や「意欲」にまで言及される現状に対して，最も重要なことはこれらが学力のそれぞれ一部分しか示していない点であると注意を喚起している。本文中に挿入された「学力の樹」（と筆者は呼びたいのだが，本書36頁を参照されたい）で示されたように，目に見える部分としての幹や枝葉を構成する「教科の学力」（知識・理解や技能）とそれらを支える「見えない学力」としての「意欲，関心，態度」，そして「判断力，思考力，表現力」など，その相関を見てとる必要があることが指摘されている。中留氏は，このたびの学習指導要領の目玉となった感のある「総合的学習の時間」こそが，この「樹」全体を支え，生かすものとして積極的に評価すべきことを指摘している。さらに，「学力の樹」を支え，成長させるためには，その土壌としての「学校文化」の改善が不可欠であり，今後の学校経営の基盤である「協働性」は，その構成員に深く染みついている，学校の競争的風土を改善し，学校文化を改善するものであると論じている。

(2) 第2回　学力と「総合的な学習」

ここでは，教育施策の策定，その評価研究の立場にある今泉柔剛氏（福岡県教育庁），坂野慎二氏（国立教育政策研究所），そして吉本圭一氏（九州大学教育学部）の3氏より，学力を社会との関係において見直し，現実社会で必要とされる「学力」を具体的に提示するとともに，施策上の提案も併せて行われた。子どもたちに求められる学力，あるいは学力不足というものは，当該社会との関係を抜きには論議できないという当たり前の点を忘れては，学

力論議は無為な空論になる可能性があるからである。しかも今日，大学で求められる「受験学力」でさえ，様々な入試改善の試みによりかつてのような詰込み的なものが万能ではなくなっているという現状をもふまえ，高校段階での総合的学習が「受験学力」の源にもなりうることが指摘されている。

ここでは，まず「誰の何をもって学力とするのか」(学力の定義)，次に「学力問題およびその現状をどのように把握するのか」，さらに教育改革の現状分析が行われ，「学力問題と総合的学習の関係」が海外の事情をふまえて検討されている。これらは，現実に展開されていくはずの「総合的学習の時間」と「学力」の関係をダイナミックに捉えるための試みであり，両者の間にある「と」ということについて議論がなされた。

今泉氏は高校教育の施策を推進する立場から，「高校生にとって10年後，20年後に実社会で役立つ学習」を問うている。そこには知識，それを活用する論理的な力，議論を整理し，表現する力など，いわば学習指導要領でも指摘されている力も含まれるけれども，それ以上のものがあるとする。とりわけ，自分が学習し，身につけていく上記の力を生かし，発現，発展させていくような「器」であり，意欲，モチベーションが重要であるとされている。

ここにおいて，3氏は共通の方向性を有しており，坂野氏による「リテラシー」としての学力，すなわち「知っているものを使って何ができるのか」という点の重視，吉本氏による職業社会において通用する力としての「コンピテンシー」のそれぞれが，学校という場を巣立った先の社会を視野に入れていることになる。この点で，今日なぜ生きる力が問題とされるのかについての，じつは最も基本的な要因の1つを再確認されていることになる。特に，吉本氏による「青年を社会人にさせない日本的システム」という指摘は，国際的な学力テストに現れる結果がどこに由来するのか，その原因の1つを暗示しているように思える。

3氏は，こうした「志」，「リテラシー」あるいは「コンピテンシー」を育むには，教育施策を遂行する当局にとっての課題が大きいことを指摘している。すなわち，今泉氏は，「総合的学習」を実効化し，上記のような能力(学力)を形成するには，施策の実態を実践者である教師にも親にも広く

報せねばならず，実践例の周知などを含む「対話」が不可欠であることを訴えている。坂野氏からは，こうした力を育むべき「総合的学習の時間」が一種の「丸投げ」に陥りがちな現状にたいして，対象が地域（とその人材）であれ，企業であれ，互いに「give and take」の関係を永続させうるような「連携」のあり方を模索する必要があると指摘している。最後に，吉本氏は教育成果，すなわち子どもたちが社会に出た後にどのように教育が成果を発揮しうるのかの「フォローアップ」の必要性や大学での学習と社会における職業生活の体験となる「ボランティア活動」（九州大学教育学部では，正規のカリキュラムとしてこうした活動をすでに実施している）などの職業・社会生活への移行支援の必要性について言及している。

このほか3氏の議論と質疑では，福岡県，文部科学省の総合的な学習の推進に関わる具体的な課題，事例が，多岐にわたり，また国際比較も盛り込んで展開されている。

(3) 第3回　中学生・高校生の学力問題

第3回の公開セミナーでは，特に小学校から高校までの学校に学ぶ子どもを念頭に置いて，具体的な論議がなされた。

北島龍雄氏（福岡高校校長）は，高校教師の立場から，生徒の指導にあたって，ひとまず課題解決能力をして「学力」と考える立場に立つ。しかしそれをさらに，高校の教育課程全体（教科，特別活動，総合的な学習の3領域すべて）により育まれる能力である「広義の学力」と，具体的な教科に関する試験（入学試験を例示している）により測れるような力としての「狭義の学力」とに分けている。3 R's も「狭義の学力」の具体的な姿である。当然のことながら，教科の知識として測りうる「狭義の学力」に基づいて「広義の学力」が生かされるのであり，この両者の関係をふまえた「学力向上策」が提案されることになる。その上で氏の提案した学力向上の必須要件は，学校側の取組みから，家庭，行政，そして受験の一方の当事者である大学にまで及び，具体的なものであった。

まず，家庭での学習習慣の確立が非常に重要であること，経験的に「学習

または授業の質×時間＝学力」という等式が成立するが故に，日常の学習習慣の形成，幼児期からのしつけにも目を配るべきであるとされる。次に，学校がなすべきことは基礎学力の確保と授業の質の改善が課題となる。さらに，高校教育にとって，いやが上にも直接的な影響を与える大学入試について，大学がすべきことは何をおいても「良質な入試問題」を用意し，多様化した高校教育に対応しうる入試方法を実施することも必要となる。また，これらの実現のために，教育行政は，今回の「学力（低下）論争」で再三指摘されたように，信頼できるデータを提示・収集し，それにより教育現場での努力を効果的に支援すべきであるということが指摘・提案された。

　他方，受験指導に携わる中で，小学生，中学生を多年にわたり学習支援してきた立場から，筒井勝美氏（英進館館長）は極めて具体的な事例により，学力低下の要因を提示した。氏によれば，最も基本的な問題は，度重なる学習指導要領の改訂により，「精選」という名の下に実は教育内容が「一律」に削減された点にある。その結果，今日の教科書（の学習）は子どもに確かな学力を提供する使命を果たせずにいることが論じられた。高校教師と進学支援者の立場上の違いはあるが，北島氏と同じく，筒井氏も学力は「潜在能力×意欲×時間」であることを強調している。日本の子どもたちにとっては「遺失学力」のリカバリーが必須の課題であり，小学校，中学校時代からの取り返しが必要であることが指摘された。

　立場は異なるものの，両氏により，子どもの実情に即して同様の方向性が提案されたことは非常に興味深い。すなわち，子どもたちの潜在能力に信頼しつつ，学校がいかにして子どもたちを「指導」しうるのか，ここに学力向上の要点があることが指摘されている。

　これに対して吉谷は，福岡市内の小学校，中学校での参与観察によりみえてきた学力の基本的な側面，要素について指摘した。すなわち，中国帰国児童生徒や外国人児童生徒など，海外にルーツを有し，言語，宗教，生活習慣など文化的な差異を介在させる子どもたちの学びに視点を定めて学力問題をみた。とくに学力について，広くは思考力そのものの構成要素であり，その媒介，礎となる言語能力の形成と文化的背景（差異）から考察を行った。日

本語という，新たに学び取る必要のある言語を用いて「言語能力」，つまり抽象的な思考に耐えうる「学習言語」を獲得すべきこうした（外国にルーツをもつ）子どもたちについて，果たして学校はその必要性に気づき，対処し得ているのだろうか。実際には，確かな，大人としての思考力を支える「学力」，それと言語能力（国語，日本語）の関係にはあまり着目されることがないのではないか。こうした子どもたちの言語の獲得について，もう少し目を向けるならば，日本の子どもたちの学力不振の一端にも気づくことができるのではないのか。こうした子どもたちへの言語および学習支援の過程から，他の子どもたちに適用可能なものが多くみいだせるのではないか，と論じた。

(4) 第4回 大学と学力 ── 入試と大学での学び ──

　大学に職を得ているものにとっては，大学生の学力問題は常に意識させられてきたものである。特に近年，大学入試の多様化（改革）が進む中，入学者の現状と彼らが卒業していくまでの教育を改善するため，様々な入試改革，教育改革の試みがなされている。そうした現状と試みを九州大学を例に，フロアーとのディスカッションに重点を置いた論議を行った。

　新谷恭明氏（九州大学教育学部）は，大学での学びの基礎となる低年次教育の改革の重要性を指摘し，自らの試みを紹介している。特に，「対話型の講義」を重視する立場から，「自分で調査をする力，ものを考える力，整理する力，書く力，論議する力」などは，まさに大学で要請，あるいは養成されるべき学力そのものであると指摘している。

　武谷峻一氏（九州大学アドミッションセンター）は，自らが関わっている九州大学の，筆記試験にのみ依拠するのではなく，「認知領域」と「情意領域」の両者をはかる工夫を取り入れた，長期にわたる選抜過程を経て行われるAO入試の特色とその成果を強調している。また，新谷氏と同じく，実態調査の結果から，実は低年次の「教養科目」の成績と「専門科目」の成績が相関するというデータが示されており，近年の専門課程（高年次）を重視する大学の教育課程のあり方にとってこの指摘は興味深い。

　新谷，武谷両氏の提起を承けて，丸野俊一氏（九州大学教育学部）は「創

造的対話力をはぐくむ」教育（学校）のあり方という，氏が現在取り組んでいる研究テーマに関わった提案を行っている。それによると，確かに日本人も，教師自身が「自己の考えを自由に表現したり，他者との間で創造的かつ批判的な意見交換を繰り返しながら，他者と一緒になってよりよいアイデアを創出していくことは重要である」と分かりつつも，現実にはそのような基本的な態度や技能，価値観が十分に育っていない点に日本の学力問題の一側面がある，と指摘している。実際の授業の場面では，学生側には「正解指向」（無知をさらけ出したくない）があり，同時に他者との対立を回避しようとする「対立感回避」の傾向がある。他方教師側には，「発問や質問」をエンカレッジする姿勢が欠如し，裏返せば学生同様に「徹底的に議論することの怖さ」や「権威失墜」への不安などが見られるという。両者が相まって，「学生の学力低下を嘆く構図」ができあがっているのであろう。筆者にとっても教師として，自らの課題を明確に示された思いがする。

　丸野氏により，こうした事態を打開するためには，「分かればできる」（知識伝達型学習）から「分かってもできない」「できるけど分からない」という，現実の世界に生起している状況をきちんと見据え，それに対応できる問題発見型の学びを位置づけ，復権を果たす必要があるとされている。

　なお，丸野氏の指摘は，学力低下問題あるいはその解決への核心部分には，児童生徒や学生側であるよりも，むしろ教育に携わる学校，教師や大人の側にこそ問題がある，というセミナーにおける共通の認識に通じるものであると理解したい。

(5) 第5回　世界の学力問題

　教育問題は多くの場合，現実社会の発展と教育制度，内容，方法等にずれが生じた際に生起する。他国の片隅で起こったことが，瞬時に世界に伝播する今日，他国の教育問題，教育改革，施策の動向は注目に値するものとなる。第5回のセミナーでは，鄭廣姫氏（韓国教育開発院），竹熊真波氏（福岡国際大学），望田研吾氏（九州大学教育学部）により，韓国，シンガポール，英国および米国の学力問題についての取組みが紹介された。

鄭氏によると，近年の韓国では，大学入学資格試験である「大学修学能力考査」の2001年度の成績が過去最低になるなど，学力低下問題は政府による優先課題の1つと位置づけられている。また，学校へのLANの導入や小学校からの英語教育，少人数学級（35人学級）の実施，「学校教育の評価」の導入など，批判もあるが，低学力問題への対処として行われていることが紹介されている。

こうした積極的な対策にもかかわらず，国際学力調査の結果では，韓国の学力上位者5％について「協同的な学習能力」（24ヵ国中最低）や「学習興味度」（19位）が芳しくないことが示されている。こうしたことをふまえて韓国では，日本での「生きる力」に関する論議を思わせる「自己主導的学習能力」が課題視されているという。こうした点とともに，IEAの調査で日韓両国ともに，学力調査では理科や数学の成績が高いにもかかわらず，この科目の学習が「好きではない」という結果が出ていることも示されている。東アジアの隣同士の国が同じく当面している共通の課題である。なお，韓国の場合，近年の教育改革全般が現状を招いたと考えられているのだが，特に学校や教員の資質，意欲，それを支える待遇に言及されていることは興味深い。

竹熊真波氏の報告は，人材養成（人的資源開発）が国家存亡の基礎であるシンガポールの，簡潔な教育重視政策を紹介している。もちろん多民族国家として英語と民族言語をすべての子どもが学ぶ「二言語政策」をもち，英才教育をとり入れ，さらにIT教育で他国に先駆けるこの国の事情を，日本と単純に比較することは慎まれている。しかしながら，近年，そうした教育重視の政策の中で，国際教育調査において，基礎学力の急速な伸びとともに，学習に対する意欲の高さを達成した実情は興味深い。現実主義的な視点から，能力別コースを導入して学習意欲を高めるという試みは，過当競争の中で学力上位者に学習意欲が低くなるという傾向がある課題なども指摘されつつも，しかし全般的には好評で，学力達成と生きる力の育成が，単純に背反するのではなく，方法次第では両立しうることを示している。

最後に，望田研吾氏による報告は，英国，米国という，先進国内でも国民

の教育において明確な教育目標（達成目標）を掲げて教育改革を推進してきた両国の動向を簡明に紹介している。

　英国は IEA や OECD の学力調査では比較的上位に位置している。ところが現在でこそ，OECD の調査（PISA）で，総合的読解力，数学的分野で 8 位，科学的分野では 4 位に位置付く英国であるが，1970 年代に遡れば，「教育水準低下問題」が真剣に議論されていた。その後，サッチャー改革の一環としての各学校の達成度の公表という競争原理による「リーグ・テーブル」の実施など，社会階層にかかわる学力格差，学力低下を克服することがめざされてきた。現ブレア政権でも，初等学校における基礎学力向上，とくに「3 R's の能力向上が目指され」るにいたっている。その後，中等教育段階の教育制度改革が進められており，改革の指標（モデル）となる「ビーコン（灯台）スクール」の試みなども，具体的に紹介されている。

　米国についても同様に，80 年代以来，国家を挙げた教育課題として学力問題が指摘され（『危機に立つ国家』），教育目標が明確に設定されるとともに，「人種間，特に白人とマイノリティ・グループの間の格差」をいかに克服するのかが課題とされてきた。また現ブッシュ政権下では「どの子も置き去りにしない」法が制定され，アカウンタビリティ，地方の財政運用の柔軟性の導入，効果的な教育方法への資源の集中，親の選択権の保障など，極めて具体的な施策が打ち出されている点が指摘されている。

　両国に見られるのは，学力低下，学力水準の向上など，実態を把握する努力とともに，その事態への具体的な目標（数値目標）が設定され，教育施策が行われるという特色であろう。こうした傾向は，同じく欧州ではたとえば中等教育改革において示された，中等教育修了時に該当年齢の 80％の者にバカロレア水準を達成させることを目標とする，フランスの政策などにも見られる。こうした具体性は，先の韓国と同様に，日本の教育改革，さらにはその評価や論議のあり方に示唆を与えてくれるだろう。

3．セミナーの成果——リアリティは見いだされたか——

　今回の学力問題に関する連続セミナーでは，様々な面から学力問題が検討されてきた。冒頭で述べたように，このセミナーにおいて当初から目指された，学力問題の「リアリティ」や福岡という地の「地域特性」もその中でかなり見いだせたのではないだろうか。各回の注目すべき論点はすでに述べてきたので，筆者が見いだした興味深い論点のいくつかを提示して，本論を終えたい。

　セミナー全体を通して，「学力」についての定義がなされてきた。表現こそ違え，一方で「広義の学力」とされたり，「生きる力，育つ力，自ら学ぶ力」とされ，他方では「狭義の学力」，つまり「学業成績」とされた。重要なのは，前者にしろ，今日の社会との接点を持たずに存在し得ないものという点であろう。3R'sに始まる基礎的な知識をもとに育まれる「基礎学力」とは矛盾しない，あるいはむしろそれを基礎として初めて育成されうる「生きる力」をいかにして育てるのかが課題であり，それについては福岡県内外での試みが具体的に示された。

　これに対して，注目すべきは第1回セミナーのコメントとして出された，土戸敏彦氏（九州大学教育学部）からの指摘であろう。今日の学力問題の議論が国家や教師の立場を問わず，子どもが客体とされている中で，この求められるべき「広義の学力」さえ管理されてしまわないかという指摘である。つまり，われわれの課題は，学力の解釈ではなく，それを支える価値観を明らかにし，それを反省することが重要だという視点である。現実に生きる子ども，社会に巣立つ子どもを育てる学校教育，あるいはそこでの学力養成は，確かに現実（社会）を無視できないものである。だからといって，その社会の現実に迎合する教育は，最終的には社会そのものをも台無しにしてしまうのではないか。担保されるべき視点であるように思われる。

　また同じく第1回目のセミナーでは，久米弘氏（九州大学教育学部）から，学力を論じる立場はいかにも多いけれど，その前提とすべき点への注目，あるいは教師としての「位置取り」の重要性が指摘されている。教授者として

「学力」を制御可能なものとするための手だて，すなわち，現在の学習者の水準の把握（アセスメント），教育目標を測定可能な具体的な目標に変換し，予測される学習者の変化ができる限り具体的に測定できるような発問と教示の系列を作成する。そうした基本的な作業，その活動の評価がなされてこそ，学力論は語られるべきであるという。学力はどこか「真空」の中でつくられるのではなく，「教育現場」で培われるもの，この至極当然の視点が時に軽んじられているのかも知れない。

次に，上記の指摘と通じるのだが，丸野氏をはじめ多くの論者が指摘した点，すなわち実は「学力問題」とは子どもの問題（だけ）ではなく，教師問題であり，学校問題であるということである。初等教育から高等教育に至るまで，教師自身（大人）がいかにして「創造的な対話力を育んでいるのか」が，この問題の前提となるべきであろう。確かに世間では，今日の教師が抱える様々な課題，多忙化，急速な社会変化からの立ち後れ，さらに意欲の喪失などが指摘され，対処すべく様々な施策が提案されてはいる。しかしながら，それらは学力低下問題の中の「1つの問題」として位置づけられてきたにすぎないのではないだろうか。

今回のセミナーでは，全体シンポジウムの場も含めて，それぞれの論者は，単なる提案者，論者としてだけではなく，自身が教育に携わる者としての立場から，学力問題に取り組む道を示した提案が多かったように思う。こうした自らの直面する問題（個別問題）をまず自らの課題として認識し，さらにそれを共通の課題として普遍化し，同時に自らの課題の解決を図るというなかで，初めて具体的に課題解決の道に踏み込めるのではないだろうか。各提案者の本セミナーへの参加の姿勢に感謝の意を表したい。

最後に，このたびの公開セミナーは学力低下問題という困難な課題の解決に向けて，実に様々な視点を提供し，とりわけ福岡の地で行われている実践，具体的対処方策，あるいは施策を提案し得ているように思われる。今回の議論を足場に，今後，さらに一層，議論を深めていきたい。

あ と が き

　本書は，平成15年1月から3月にかけて行われた九州大学箱崎文系地区社会貢献委員会・九州大学教育学部主催による「公開シンポジウム」と「公開セミナー」（全5回）をまとめたものです。広く市民の方々に読んでいただいて，今日の「学力問題」の現状を知っていただくことを目的としています。

　もともとこの社会貢献事業は梶山千里九州大学総長の発案によるものでしたが，九州大学箱崎文系地区の社会貢献委員会において種々討議を重ねた結果，今回は初めての試みでもあるので，文系各学部がそれぞれの学問の独自性を生かした社会貢献事業を企画・実施することになりました。

　私たち九州大学教育学部では，直ちに社会貢献実行委員会を組織し，教育学部の社会貢献事業として，広く市民の方々を対象に，今日最も大きな教育問題・社会問題になっている「学力問題」をテーマにした「公開シンポジウム」と「公開セミナー」を開催することにし，このテーマに直接関係する教育学専攻の教官を中心とした社会貢献実行委員会および実行小委員会，事務局を組織して，平成14年10月から本格的に準備を進めて参りました。そして平成15年1月11日(土)に第1回の「公開セミナー」を福岡国際ホールで開き，以後ほぼ隔週土曜日に「公開セミナー」を開催いたしました。さらに「公開シンポジウム」を3月15日(土)に天神エルガーラ・ホールで開催いたしました。この間，雨天の日もありましたが，大勢の市民の方々の参加を得て活発な討論や意見交換が行われましたので，私たちとしても十分に当初の目的が達成されたものと自負しております。

　この社会貢献事業を企画・実施するに当たり，実に多くの方々からご協力をいただきました。「公開シンポジウム」は，学力問題を全般的に捉えることを目的に，教育行政，保護者，企業（社会），教育研究のそれぞれの分野を代表した方々に講師をお願いし，ご意見を伺うことにいたしました。それぞれの講師の依頼につきましては，文部科学省の金森越哉官房審議官，九州大学の早田憲治事務局長，日本PTA全国協議会事務局および経済同友会事務局の方々のお世話になりました。また「公開セミナー」は具体的な学力問題を取り上げることにし，それぞれの

「セミナー」担当の教官グループがそれぞれに講師をお願いいたしました。講師の方々には快くお引き受けいただき、ありがとうございました。御礼申し上げます。また「公開シンポジウム」と「公開セミナー」の開催に当たっては、福岡県教育庁教育振興部高校教育課、義務教育課および福岡市教育委員会生涯学習課、学校教育課の方々にお世話になりました。福岡県PTA連合会の井戸正巳事務局長にはシンポジウムの企画について適切なアドバイスをしていただきました。さらに紀伊國屋書店博多店、紀伊國屋書店天神店、ジュンク堂書店、丸善福岡ビル店、丸善店屋町店、福岡銀行箱崎支店・美和台支店および各支店、佐賀銀行各支店、九州銀行福岡支店、大分銀行博多支店・福岡支店、福岡中央銀行各支店、みずほ銀行博多支店、竹中工務店九州支店、福岡経済同友会にはポスターを掲示していただきました（順不同）。

なお、九州大学大学院人間環境学府発達・社会システム教育学コースの大学院生諸君および九州大学教育学部の学生諸君には、「公開シンポジウム」と「公開セミナー」の実施委員として協力していただきました。

本書の出版に際しては、九州大学出版会の藤木雅幸編集長、編集部の永山俊二さん、二場由起美さんにお世話になりました。御礼申し上げます。

このような社会貢献事業の機会を与えてくださった梶山千里九州大学総長、および本社会貢献事業の企画から出版に至るまで、ご協力くださいました方々、また積極的にご参加くださいました多くの市民の皆様に改めて感謝申し上げます。

平成15年12月2日

九州大学教育学部社会貢献実行委員会を代表して

住田正樹

九州大学教育学部「公開シンポジウム」・「公開セミナー」一覧

I. 公開シンポジウム
　「いま，学力を考える」
　平成 15 年 3 月 15 日（土）午後 1 時 30 分～午後 4 時 15 分
　天神エルガーラ・大ホール
　　提案者：大槻達也　文部科学省　教育課程課長
　　　　　　野上兵一　日本 PTA 全国協議会常任幹事
　　　　　　石川史郎　経済同友会幹事　教育委員会副委員長
　　　　　　中留武昭　九州大学教授（教育学部）
　　司　会：望田研吾　九州大学教授（教育学部）
　　　　　　　　　　　　　　（担当：○住田正樹，松田武雄，吉谷武志）

II. 公開セミナー
　第 1 回「学習指導要領と学力」
　平成 15 年 1 月 11 日（土）午後 1 時 30 分～午後 4 時
　福岡国際ホール
　　提案者：佐々木秀成　福岡県教育センター教育指導部長
　　　　　　倉本哲男　　熊本県水俣市立袋小学校教諭
　　　　　　中留武昭　　九州大学教授（教育学部）
　　司　会：土戸敏彦　　九州大学教授（教育学部）
　　　　　　　　　　　　　　（担当：○土戸敏彦，中留武昭，久米弘）

　第 2 回「学力と『総合的な学習』」
　平成 15 年 1 月 25 日（土）午後 1 時 30 分～午後 4 時
　福岡国際ホール
　　提案者：今泉柔剛　福岡県教育庁高校教育課長
　　　　　　坂野慎二　国立教育政策研究所総括研究官
　　　　　　吉本圭一　九州大学助教授（教育学部）
　　司　会：南里悦史　九州大学教授（教育学部）
　　　　　　　　　　　　　　（担当：○南里悦史，吉本圭一，伊藤周平）

第3回「中学生・高校生の学力問題」
平成15年2月8日（土）午後1時30分〜午後4時
福岡国際ホール
　提案者：北島龍雄　福岡県立福岡高等学校長
　　　　　筒井勝美　英進館館長
　　　　　吉谷武志　九州大学助教授（教育学部）
　司　会：坂元一光　九州大学助教授（教育学部）
　　　　　　　　　　（担当：○住田正樹，吉谷武志，坂元一光）

第4回「大学と学力──入試と大学での学び──」
平成15年2月22日（土）午後1時30分〜午後4時
福岡国際ホール
　提案者：新谷恭明　九州大学教授（教育学部）
　　　　　武谷峻一　九州大学教授（アドミッションセンター）
　　　　　丸野俊一　九州大学教授（教育学部）
　司　会：松田武雄　九州大学助教授（教育学部）
　　　　　（担当：○新谷恭明，松田武雄，野々村淑子，丸野俊一，野島一彦）

第5回「世界の学力問題」
平成15年3月1日（土）午後1時30分〜午後4時
福岡国際ホール
　提案者：鄭　廣姫　韓国教育開発院　研究委員
　　　　　竹熊真波　福岡国際大学助教授（国際コミュニケーション学部）
　　　　　望田研吾　九州大学教授（教育学部）
　司　会：稲葉継雄　九州大学教授（教育学部）
　　　　　　　　　　（担当：○望田研吾，稲葉継雄，竹熊尚夫）
　　　　　　　　　　　　　　　○印は，責任者
　　　　　　　　　　　　　　　※所属は当時

九州大学教育学部社会貢献実行委員会委員

九州大学教育学部長　　（長）針塚　　進
九州大学教育学部教官　　　　中留　武昭　◎△住田　正樹　△南里　悦史
　　　　　　　　　　　　　△新谷　恭明　△望田　研吾　　稲葉　継雄
　　　　　　　　　　　　　△土戸　敏彦　　丸野　俊一　　野島　一彦
　　　　　　　　　　　○△松田　武雄　　吉本　圭一　　伊藤　周平
　　　　　　　　　　　　　野々村淑子　○△吉谷　武志　　久米　　弘
　　　　　　　　　　　　　坂元　一光　　竹熊　尚夫
　　　　　　　　　　　　　長尾　秀吉　　山城　千秋　　高　　仁淑

（長）は，委員長
◎印は，事務局長
○印は，事務局
△印は，小委員会
※所属は当時

九州大学教育学部社会貢献実施委員

九州大学大学院人間環境学府大学院生（発達・社会システム専攻教育学コース）
　　　　　　　　　　○福嶌　　智　　横山　　卓　　溝田めぐみ
　　　　　　　　　　　佐喜本　愛　　有源探ジェラード
　　　　　　　　　　　陳　　　昊　　川野　哲也　　乙須　　翼
　　　　　　　　　　　大竹　晋吾　　日下部達哉　　江頭　智宏
　　　　　　　　　　　東野　充成　　関　　儀久　　劉　　錦南
　　　　　　　　　　　永田　香織　　上村あかね　　中屋　大介
　　　　　　　　　　　長濱　博文　　永田　　誠　　東内瑠里子
　　　　　　　　　　　髙橋　幸裕　　井上美香子　　山瀬　範子
　　　　　　　　　　　石田智恵美　　佐々木　学　　中村　真弓

九州大学教育学部生
　　　　　　　　　　　垂見　直樹　　雪丸　武彦　　林田　浩司
　　　　　　　　　　　杉山　大悟　　上野　浩美　　後藤祐美子
　　　　　　　　　　　永江由紀子（文学部）　山岸賢一郎（研究生）

○印は，責任者
※所属は当時

いま，学力を考える
2004 年 2 月 25 日　初版発行

編　者　九州大学教育学部
発行者　福　留　久　大
発行所　（財）九州大学出版会
　　　　〒812-0053 福岡市東区箱崎 7-1-146
　　　　　　　　　　　九州大学構内
　　　　電話　092-641-0515（直通）
　　　　振替　01710-6-3677
　　　　印刷／九州電算㈱・大同印刷㈱　製本／篠原製本㈱

© 2004 Printed in Japan　　　　　　　ISBN 4-87378-817-X